D1731158

Judith Rosen

Martin von Tours

HISTORISCHE BIOGRAFIE

Herausgegeben von
Manfred Clauss
Nikolas Jaspert
Michael North
und Volker Reinhardt

Martin von Tours an der Fassade der Kathedrale San Martino in Lucca.

Judith Rosen

Martin von Tours

Der barmherzige Heilige

Philipp von Zabern

Für Klaus

Die Deutsche Nationalbibliothek verzeichnet diese Publikation
in der Deutschen Nationalbibliografie;
detaillierte bibliografische Daten sind im Internet über
http://dnb.d-nb.de abrufbar.

Der Zabern Verlag ist ein Imprint der WBG
(Wissenschaftliche Buchgesellschaft), Darmstadt
© 2016 by WBG (Wissenschaftliche Buchgesellschaft), Darmstadt
Redaktion: Daphne Schadewaldt, Wiesbaden
Umschlaggestaltung: Vogelsang Design, Aachen
Umschlagbild: Martin von Tours. Ungarische Tafelmalerei (um 1490).
Ungarische Nationalgalerie Budapest. Foto: © bpk-Berlin
Satz: Janß GmbH, Pfungstadt
Die Herausgabe des Werkes wurde durch
die Vereinsmitglieder der WBG ermöglicht.
Gedruckt auf säurefreiem und alterungsbeständigem Papier
Printed in Germany

Besuchen Sie uns im Internet: www.wbg-wissenverbindet.de

ISBN 978-3-8053-5024-2

Elektronisch sind folgende Ausgaben erhältlich:
eBook (PDF): 978-3-8053-5008-2
eBook (epub): 978-3-8053-5010-5

Inhalt

Die Macht
der Erinnerung

Liebe aber wird in Ewigkeit nicht ausgetilgt,
Barmherzigkeit besteht für immer.

Jesus Sirach 40,17

Im Vorfeld des 11. März 2013 entspann sich eine heftige Diskussion.[1] Der Vorsitzende der Linkspartei in Nordrhein-Westfalen schlug vor, das Fest des heiligen Martin samt seinen Bräuchen in ein Sonne-Mond-und-Sterne-Fest umzubenennen. Er begründete seinen Vorstoß mit der Sorge um muslimische Kinder, denen keine christlichen Traditionen aufgedrängt werden sollten. Nicht nur Christen protestierten. Der Vorsitzende des Zentralrats der Muslime, Aiman A. Mazyek, stellte klar: „Das Leben des heiligen Martin ist doch geradezu vorbildlich, auch für Muslime."

Als Bundeskanzlerin Angela Merkel am 21. Februar 2015 Papst Franziskus zum ersten Mal im Vatikan besuchte, schenkte er ihr eine Medaille mit dem Bild des heiligen Martin. Franziskus erklärte, dass er die Medaille gerne Regierungschefs in die Hand lege, weil der ausgebreitete Mantel sie an ihre wichtige Aufgabe erinnere, ihr Volk und die Armen zu schützen. Der argentinische Papst verehrt den Bischof von Tours, ist der Heilige doch zusammen mit der heiligen Clara Patron der Stadt Buenos Aires und der gleichnamigen Diözese, der Jorge Mario Bergoglio als Bischof von 1989 bis zu seiner Papstwahl 2013 vorstand.

Weit bekannt ist Martin als Patron der Armen und Gefangenen, der Polizisten und Soldaten, der Reisenden und der Kaufleute.[2] Weniger bekannt ist, dass er auch Schutzheiliger der Flüchtlinge ist. Der dritte Bischof von Tours ist aktueller denn je.

Martins Leben und vor allem sein Nachleben sind eine Erfolgsgeschichte, die auszumalen der demütige Mann Gottes sich verbeten hätte. „Toujours Martin de Tours" reimte sein moderner Nachfolger auf dem Bischofsstuhl von Tours, als sich 1997 das Todesjahr des Heiligen zum 1 600. Mal jährte.[3] Das elegante Wortspiel bringt das eigentliche Wunder des viel gerühmten Wundertäters auf den Punkt: die Jahrhunderte überdauernde Erinnerung an einen zweifellos charismatischen Mann. Seine ungebrochene Popularität gründet vor allem auf einer Geste der Barmherzigkeit, die zur Ikone christlicher *caritas* wurde: Das Bild des Soldaten, der im französischen Amiens seinen Mantel teilt, um einen frierenden Bettler zu wärmen, prägte Generationen von Kindern und trug vielleicht mehr zu ihrer christlichen Sozialisation bei als manche Unterweisung im Religionsunterricht.

Was wissen wir vom heiligen Martin? Ohne die Schriften seines Zeitgenossen und Bewunderers Sulpicius Severus so gut wie nichts. Seine *Vita Martini*, drei Briefe und drei Dialoge, welche die Martinsvita ergänzen, bilden die Grundlage für alle Martinsbiographien von der Antike bis heute, so für Paulinus von Périgueux im fünften und Venantius Fortunatus und Gregor von Tours im sechsten Jahrhundert.[4]

Dem modernen Verfasser einer Martinsbiographie stellt sich die Frage: Wie weit darf man dem rhetorischen Feuerwerk des einzigen antiken Zeugen trauen? Das herauszufinden ist die Aufgabe der vorliegenden Biographie und vielleicht auch des Lesers, der sich ein persönliches Bild von Martin machen möchte. Möglicherweise stellt er sich ebenfalls die Frage: Was ist die historische Wahrheit über Martin? Es könnte sein, dass die Antwort weniger eindeutig ausfällt, als er sich erhofft hat.

Nach 1 700 Jahren, nach den antiken Lebensbeschreibungen, den mittelalterlichen Legenden, der modernen Forschung und dem traditionellen Brauchtum liegt jedoch eine Erkenntnis nahe: Martin von Tours war und ist eine Herausforderung: historisch, literarisch und spirituell.

1. Eine gute Tat
und
ihre langen Folgen

Ein eisiger Winterwind fegte vom Ärmelkanal in das Tal der Somme. Wer in Amiens nicht vor die Tür gehen musste, blieb zu Hause. Denn der Dauerfrost hatte bereits viele Menschenleben gekostet. Der Soldat Martin hatte die Kaserne verlassen und war auf dem Weg in die Stadt. In einem Torbogen sah er einen Bettler. Vergeblich hatte der nur mit Fetzen bekleidete Mann die Vorüberhastenden um ein Almosen angefleht. Martin hatte die Mitleid heischende Szene beobachtet und ärgerte sich über die Hartherzigkeit der Leute, die sich offensichtlich an das alltägliche Gesicht der Armut gewöhnt hatten.

Nun trat der vor Kälte zitternde Bettler auf den Soldaten zu. Kurzentschlossen zog Martin, dem man den Offizier ansah, den Soldatenumhang, das *sagum*, von den Schultern. Er griff nach seinem kurzen scharfen Schwert, das er an der Seite trug, und hieb den Mantel in der Mitte durch. Die eine Hälfte gab er dem Frierenden, die andere warf er sich wieder über die Schulter. Als er weiterging, hörte er das Lachen einiger Umstehender. Sie rissen Witze über den merkwürdig gekleideten Soldaten, den sie als Angehörigen der berittenen Eliteeinheit, der *schola palatina*, mit besonderem Vergnügen verspotteten. Ihr Hohn ließ den barmherzigen Soldaten kalt.[1]

Im Verlauf des 4. Jahrhunderts hatte Amiens – das römische Ambiana – wie viele gallische Städte, darunter Tours und Poitiers, zwei Veränderungen erfahren, die eine Folge der Germaneneinfälle waren: Das Stadtgebiet war von 160 auf etwa 20 Hektar verringert und das verkleinerte Gemeinwesen war ummauert worden.[2] *Castrum* nannte man den neuen Stadttypus, weil die Soldaten nicht mehr in Lagern, den *castra*, außerhalb der Mauern, sondern hinter den Mauern ihre Garnison hatten. Der Historiker Ammianus Marcellinus kannte Amiens, das zur römischen Provinz Belgica secunda gehörte, aus eigener Anschauung und zog einen Vergleich mit anderen gallischen Städten. Für ihn war Amiens eine Stadt, „die unter den anderen herausragte".[3] Wie bedeutend der Ort an der Somme war, bekräftigte Kaiser Valentinian I. im Jahr 367 mit der Entscheidung, dort seinen Sohn Gratian zum Mitkaiser zu erheben.[4]

Amiens war für seine Webereien berühmt, vor allem für seine Soldatenmäntel. Das grob gewebte, viereckige Tuch wurde als Umhang getragen und auf der rechten Schulter mit einer Fibel zusammengehalten. Im Sommer trugen die Soldaten einen dünneren, im Winter einen dickeren Umhang über der Rüstung. Nach dem Höchstpreisedikt des Kaisers Diocletian aus dem Jahr 301 kostete ein *sagum* aus Amiens bis zu 8 000 Denare, ein Mehrfaches dessen, was ein Soldat als jährlichen Sold erhielt.[5] Sulpicius Severus, der die Begegnung in Amiens überlieferte, wählte für den Uniformmantel nicht das lateinische Wort, sondern entschied sich für die griechische Übersetzung *chlamys*. Bei der literarischen Ausgestaltung der Episode verzichtete der Autor auf eine genaue Zeitangabe, die er offensichtlich nicht mehr herausfinden konnte. Auch Martin selbst, mit dem sich der Biograph später ausgiebig unterhielt, dürfte sich nicht mehr an das genaue Jahr erinnert haben bis auf die Besonderheit, dass der Winter damals besonders hart war.

Dem biblisch gebildeten Leser kam bei Sulpicius' Erzählung die Geschichte des barmherzigen Samariters in den Sinn, die der Evangelist Lukas überlieferte: Als Einziger half der Mann aus Samaria einem Reisenden, der von Räubern überfallen worden war, behandelte seine Wunden und brachte ihn in eine Herberge.[6] Es lag auf der Hand: Der Soldat Martin war in die Fußstapfen des barmherzigen Samariters getreten, und seine großzügige Geste war gleichsam die Ouvertüre für die vielen guten Taten, die er künftig in seinem „zweiten Leben" als Mönch, Bischof und Missionar vollbringen würde. Der spätantike Autor Venantius Fortunatus, der das Leben des heiligen Martin in Verse brachte, lobte dessen Tat als „erstes Unterpfand seiner Tugenden und Beweis seiner Liebe".[7]

Martins Mantel war Teil seiner Uniform, die dem Soldaten wie seine übrige Ausrüstung gestellt wurde. Venantius Fortunatus erwähnte seinen weißen Mantel. Ihn trugen die Angehörigen der *schola palatina*.[8] Damals wie heute durfte man keinen Teil der Uniform hergeben, geschweige denn sie mutwillig beschädigen. So barmherzig Martins Geste war: Der Soldat beging ein Dienstvergehen. Doch sein Mitleid mit dem Bettler war größer als sein soldatischer Gehorsam und die Sorge vor Bestrafung. Martin hatte Glück. Seine Vorgesetzten sahen wohl von einer Ahndung ab; auch der Bettler, stolzer Besitzer eines halben Offiziersmantels, kam ungeschoren davon. Die zeitgenössische Überlieferung schwieg jedenfalls über eine Disziplinarstrafe. Der Spott der Passanten und später wohl auch das Feixen der Kameraden in der Kaserne wären für viele Strafe genug gewesen. Martin ertrug die Schmähungen vielleicht auch deswegen gelassen, weil er zu seiner Uniform als *ultima ratio* gegriffen hatte, wie sein umsichtiger Biograph sogar zweimal betonte: „Zu dieser Zeit also, als Martin bereits nichts mehr hatte außer seinen Waffen und dem einfachen Militärumhang", begegnete er einem Bettler.[9] Um die Bescheidenheit Martins herauszustellen, sprach Sulpicius fälschlich von einem „einfachen" Mantel. Wenige Zeilen später erfährt der Leser den Grund für Martins prekäre Lage: „Er hatte nichts außer seinem Soldatenmantel, den er trug. Denn er hatte bereits alles Übrige für eine andere gute Tat eingesetzt."[10] Wie sich der Soldat dem Bettler gegenüber verhielt, war keine Ausnahme, sondern die Regel in seinem Leben. Seine Großzügigkeit hatte den Geber mittlerweile selbst an den Rand der

13

Armut gebracht. In einem Punkt allerdings übertrieb Sulpicius: Nimmt man den Biographen wörtlich, lief der Eliteoffizier nahezu nackt durch Amiens, nur notdürftig bedeckt mit seinem Soldatenmantel. Als er die Episode niederschrieb, hatte Sulpicius wohl den entkleideten Jesus am Sitz des Statthalters Pontius Pilatus vor Augen, dem dessen Soldaten einen purpurroten Umhang überwarfen, während sie ihn verspotteten und folterten.[11] Das sollte nicht die einzige Ähnlichkeit zwischen Martin und Jesus bleiben, die Sulpicius nicht müde wurde, in seiner Biographie aufzudecken und seinen Lesern eindrücklich zu vermitteln.

Mit seiner Barmherzigkeit hat Martin den einen oder anderen Zuschauer damals doch beschämt. Amiens war zum Teil christianisiert, und wahrscheinlich gehörten auch Christen zu den Augenzeugen der Mantelteilung. Während die einen lachten, drückte andere das schlechte Gewissen. Denn sie hätten unschwer mehr herschenken können als einen halben Soldatenmantel.[12] Anfang oder Mitte des 3. Jahrhunderts wurde eine Christin namens Theodosia aus Amiens in Rom bestattet.[13] Auf einer Inschrift ist ferner eine Floreda *sanctimonialis* in Amiens bezeugt, die nur vage in die Zeit vor 500 zu datieren ist. Auch ihr Epitheton *sanctimonialis* – die Gottesdienerin – ist nicht eindeutig zu bestimmen.[14] Das Beiwort deutet kaum auf eine Klosterinsassin hin. Inschriften wie die aus Amiens kommen in Nord- und Mittelfrankreich im Vergleich zu Südfrankreich nur vereinzelt vor, ein Hinweis auf den geringeren Grad der Christianisierung.[15] Als erster Bischof von Amiens ist ein Firminus bezeugt, der während der Christenverfolgung des Kaisers Diocletian (284–305) den Märtyrertod erlitten haben soll. Weitere Blutzeugen, die in der Stadt an der Somme ihr Leben ließen, waren Victoricius und Fuscienus. Auch sie sollen Bischöfe gewesen sein.[16]

Wer heute an Sankt Martin denkt, sieht meist einen Reiter vor sich, der sich mitleidig zu einem vor ihm knienden Bettler neigt. Sulpicius Severus erwähnte mit keinem Wort ein Pferd. Ist der bildenden Kunst etwa jahrhundertelang die Phantasie durchgegan-

Fresko der Mantelteilung von 1429 in der Stiftskirche St. Martin und St. Severus in Maifeld in der Eifel.

gen? Die kaiserliche Garde, der Martin angehörte, war eine Reitereinheit. So lag es nahe, die bildliche Darstellung der Mantelteilung mit einem Pferd zu verbinden. Reiterdarstellungen waren auch in der römischen Kunst beliebt, und das Pferd galt als herrschaftliches Zeichen, Attribut der Kaiser und Helden. Im frühen Christentum entwickelte es sich zum Auferstehungssymbol und schließlich zum Sinnbild für die Kirche, den Heiligen Geist und die Himmelfahrt. Als Einzeldarstellung ist die Mantelteilung vom Pferd herab seit dem 10. Jahrhundert nachweisbar. Sie blieb Mittelpunkt der Bilderzyklen über das Leben des Heiligen, die es seit dem 5. und 6. Jahrhundert gibt und deren ältestes Exemplar in Tours zu finden ist.[17]

Ob die mittelalterlichen Künstler dem bescheidenen Martin einen Gefallen taten, als sie sich entschieden, ihn seinen Umhang hoch zu Ross teilen zu lassen, kann man bezweifeln.[18] Herrschen gehörte nicht zum Vokabular des späteren Bischofs von Tours, der den Weg zu den Menschen suchte. Zu seinen Idealen zählten Barmherzigkeit und Demut. Während im 19. Jahrhundert die Mantelteilung zu Pferd die typische Darstellung blieb, zeichnete sich seit den 1970er Jahren ein Umdenken ab.[19] Falls der historische Martin tatsächlich auf seinem Weg in die Stadt ritt und nicht, wie in römischen Städten üblich, zu Fuß unterwegs war, ist eher vorstellbar, dass er von seinem Pferd abgestiegen ist und den vor Kälte halbtoten Bettler in den wärmenden Umhang gehüllt hat.

Die österreichische Schriftstellerin Ilse Aichinger fasste ihr Unbehagen an der Darstellung der Mantelteilung in einen Vierzeiler mit dem Titel *Nachruf*:

Gib mir den Mantel, Martin
Aber geh erst vom Sattel
Und lass dein Schwert, wo es ist,
gib mir den ganzen.[20]

Nach gut 1 700 Jahren lässt sich das „Pferderätsel" nicht mehr eindeutig lösen. Martins Biograph tat recht daran, den Mantel des

Schweigens über das Tier zu breiten. Man mag es bedauern: Für die Episode in Amiens hatte das Pferd keinerlei Bedeutung. Bedeutung bekam es erst in der Phantasie der Nachwelt, was zeigt: Der historische Martin unterscheidet sich in einigen Facetten von den Bildern, die nachfolgende Generationen von ihm zeichneten und an denen jeder Verehrer des Bischofs von Tours bis heute mitmalt.

2. Ein literarischer Glücksfall mit Fußangeln

Eine schicksalhafte Begegnung

In Martins langem und abenteuerlichem Leben war seine gute Tat in Amiens eine kleine Episode. Warum die Erinnerung an den Vorfall Geschichte geschrieben hat und nach fast 1600 Jahren noch so lebendig ist, als hätte Martin erst kürzlich seinen Mantel geteilt, hat einen Grund und einen Namen: Sulpicius Severus. Die Lebensbeschreibung ist auch deswegen so wertvoll, weil der Heilige keine eigenen Schriften hinterlassen hat. Martins Charisma, seine legendären Wundertaten und seine Missionserfolge in Gallien hätten die Erinnerung seiner Zeitgenossen kaum überlebt, wenn nicht Sulpicius zur Feder gegriffen und um 396, noch zu Lebzeiten des Bischofs, seine *Vita Martini* verfasst hätte.[1]

Um 360 wurde Sulpicius in ein einflussreiches Adelsgeschlecht geboren, das aus Aquitanien im Südwesten Frankreichs stammte und dort begütert war. Wie in vornehmen Familien üblich, studierte er die Redekunst. Seine Studien führten ihn nach Burdigala, das heutige Bordeaux, das als Universitätsstadt einen vorzüglichen Ruf genoss, nicht zuletzt wegen beeindruckender Lehrer wie Decimus Magnus Ausonius, dessen Rhetorikvorlesungen Sulpicius wahrscheinlich gehört hat. Nach seinem Studium verzichtete er auf die standesgemäße Laufbahn, die mit Spitzenpositionen im Staatsdienst oder im Heer lockte. Der junge Mann zog ein ruhigeres Leben in der vertrauten Heimat vor und ließ sich als Anwalt nieder. In seiner Familienplanung wich er nicht von den Erwartungen seiner Familie ab und heiratete eine Frau aus konsularischer Familie. Mit der Verbindung vergrößerte der erfolgreiche Jurist nicht nur sein Vermögen und Prestige, sondern auch das Ansehen seiner Familie. Bald nach der Hochzeit starb die junge Ehefrau, die der Nachwelt nichts außer dem Namen ihrer Mutter hinterließ: Bassula. Die Mutter war Christin und hatte Einfluss auf ihren Schwiegersohn. Ob Sulpicius bereits in seiner Jugend Christ war, ist nicht bekannt. Wahrscheinlich bekehrte sich erst der Witwer zum Christentum und wandte sich der Askese zu, die sich gerade unter gallischen Adligen in der zweiten Hälfte des 4. Jahrhunderts zu einer Idealform christlichen Lebens entwickelte.[2] Ein Vorbild der Asketen war das Mönchtum im Osten des Römischen Reiches.[3]

Einer der spektakulärsten Konvertiten war Sulpicius' Studienfreund Meropius Pontius Paulinus, Sohn einer steinreichen Familie aus Bordeaux, der 378 Konsul und drei Jahre später Statthalter Kampaniens in Italien wurde. Überraschend gab er seine weltliche Karriere auf, ließ sich taufen und zum Priester weihen. Er verkaufte seinen Besitz und übersiedelte 395 mit seiner Frau endgültig in das kampanische Nola. Dort gründete er ein Kloster und wurde später zum Bischof der Stadt gewählt, in der er bereits als Statthalter residiert hatte.[4] Beeindruckt von der konsequenten *conversio* seines Freundes veräußerte Sulpicius fast alles,[5] was er besaß, um seine Berufung zur Askese ebenso glaubwürdig leben zu können.[6] Trotz Gewissensbissen behielt er ein kleineres Gut, Primuliacum in der Nähe von Toulouse, wohin er sich, begleitet von seiner Schwiegermutter, um 395 zurückzog.[7] Später stiftete er dort ein Baptisterium sowie zwei Basiliken und baute eine Gemeinschaft von Gleichgesinnten auf.[8] Auf Primuliacum pflegte Sulpicius das standesgemäße Leben in Muße unter christlichen Vorzeichen. Gern widmete sich

20

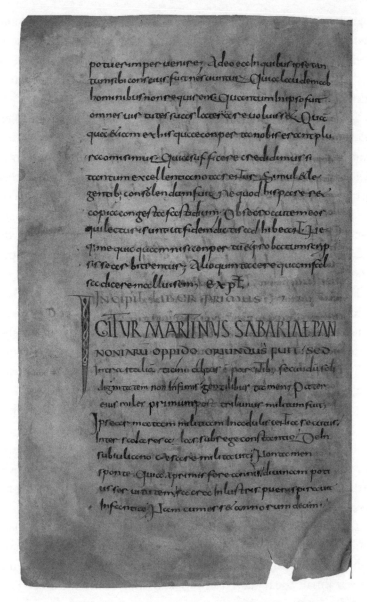

Die *Vita sancti Martini* des Sulpicius Severus in einer Handschrift, die um 800 im Kloster Lorsch entstand und sich heute in der Domstiftsbibliothek Merseburg befindet.

mancher gebildete Adlige auf seinem Landgut der Schriftstellerei.[9] Zwischen Gebet und Kontemplation brachte auch Sulpicius seine Gedanken zu Papier und setzte dem Bischof von Tours ein Denkmal. Dem Autor gelang ein literarischer Coup. Seine Martinsvita wurde zum Prototyp der lateinischen Hagiographie.

Sulpicius verdankte seine Hinwendung zum Asketentum nicht allein seinem geistlichen Freund Paulinus und seiner Schwiegermutter, sondern vor allem der mehrfachen Begegnung mit dem Bischof von Tours, dessen Ruf als Asket, Wundertäter und Missionar sich in Gallien verbreitet hatte. Wahrscheinlich begegneten sich die beiden zwischen 393 und 395 im Kloster Marmoutier, das Martin nach seiner Bischofswahl oberhalb von Tours am rechten Ufer der Loire gegründet hatte, um dort seiner ursprünglichen Berufung leben zu können: als Mönch in einer Zelle.[10]

Der gut dreißigjährige Besucher war überwältigt von der Persönlichkeit und liebevollen Demut seines hochbetagten Gastgebers: „Man konnte es damals kaum glauben, mit welcher Demut, welcher Güte er mich empfangen hat, wobei er sich im Herrn höchst glücklich pries und sich freute, dass er von uns, die wir die Pilgerreise auf uns genommen hatten, um ihn aufzusuchen, so hoch geschätzt wurde."[11] Martins freudiges Erstaunen war keine Floskel. Denn hinter Sulpicius und seinen Begleitern lag ein anstrengender Weg von mehr als 500 Kilometern, welche die Zelle des Bischofs vom Landsitz Eluso (Font d'Alzonne bei Montferrand) gut 40 Kilometer südöstlich von Toulouse trennten, wo Sulpicius vor seiner Berufung zur Askese lebte.[12]

Die weit gereisten Gäste nahmen am Mahl der Mönchsgemeinschaft teil, die sich nur einmal am Tag, meist am frühen Abend, um den Tisch versammelte. Martin reichte den Besuchern Wasser und wusch ihnen sogar die Füße. Sulpicius war sicher nicht der Erste und der Letzte, dem Martin in seinem Leben die Füße wusch. Mit seiner Geste erinnerte er an Jesus, der beim Letzten Abendmahl die Füße seiner Jünger gewaschen hat. Auf Petrus' Nachfrage erklärte

Jesus: „Wenn ich dich nicht wasche, hast du keinen Anteil an mir."
Und er setzte hinzu: „Wer vom Bad kommt, ist ganz rein und
braucht sich nur noch die Füße zu waschen." Martin folgte Jesu Beispiel und verwirklichte seinen Auftrag: „Wenn nun ich, der Herr
und Meister, euch die Füße gewaschen habe, dann müsst auch ihr
einander die Füße waschen. Ich habe euch ein Beispiel gegeben, damit ihr so handelt, wie ich an euch gehandelt habe. ... Der Sklave ist
nicht größer als sein Herr, und der Abgesandte ist nicht größer als
der, der ihn gesandt hat."[13] Selbstverständlich kannte Sulpicius die
Szene der biblischen Fußwaschung. Ihn erschütterte, dass er das,
was er bisher von Jesus gelesen hatte, ohne Vorwarnung von Martin
bei sich selbst erlebte. Kleinlaut gestand er: „Mir fehlte schlicht der
Mut, mich zu sträuben."[14] Und er ergänzte, der Autorität Martins
könne man sich kaum widersetzen. Es sei sogar ein Verbrechen,
sich seinem Willen zu widersetzen. Daher sollte man nicht, wie
viele Interpreten es tun, diese Episode für bloße Literatur halten.
Mag Sulpicius auch manche Begebenheiten in der *Vita Martini* stilisiert haben, um den Bischof von Tours mehr und mehr Jesus von
Nazareth anzugleichen, so ist doch nicht zu bezweifeln, dass Martin
selbst im Gottessohn sein einzigartiges Vorbild sah und Jesu Beispiel in seinem alltäglichen Leben zu verwirklichen bestrebt war.

Während ihrer Begegnung lobte Martin Paulinus' radikale und
konsequente Lebensführung: „Das Gespräch zwischen uns drehte
sich allein darum, dass wir die Verlockungen der Welt und die weltlichen Verpflichtungen hinter uns lassen müssen, um frei und los-
gelöst dem Herrn Jesus zu folgen. Er führte als das herrlichste Beispiel unserer Gegenwart den Adligen Paulinus an, der Christus
gefolgt sei, nachdem er fast als Einziger in der jetzigen Zeit sein ge-
waltiges Vermögen weggegeben und die Gebote des Evangeliums
erfüllt habe. Ihm, rief er, müssen wir folgen, ihn nachahmen."[15]
Martin rief fast prophetisch zu einer Haltung auf, die im Lauf der
Kirchengeschichte immer wieder zu Kontroversen geführt hat bis
hin zu der viel diskutierten Rede Papst Benedikts XVI., die er im

Ausgrabungen im Kloster Marmoutier.

Rahmen seiner Apostolischen Reise nach Deutschland 2011 in Freiburg gehalten hat: „Die geschichtlichen Beispiele zeigen: Das missionarische Zeugnis der entweltlichten Kirche tritt klarer zutage.
Die von ihrer materiellen und politischen Last befreite Kirche kann
sich besser und auf wahrhaft christliche Weise der ganzen Welt zu-
wenden, wirklich weltoffen sein. Sie kann ihre Berufung zum
Dienst der Anbetung Gottes und zum Dienst des Nächsten unbe-
fangener leben. Umso mehr ist es wieder an der Zeit, die wahre
Entweltlichung zu finden, die Weltlichkeit der Kirche abzulegen.
Das heißt nicht, sich aus der Welt zurückzuziehen. Eine vom Weltlichen entlastete Kirche vermag gerade auch im sozial-karitativen
Bereich den Menschen, den Leidenden wie ihren Helfern, die besondere Lebenskraft des christlichen Glaubens zu vermitteln! ... Leben
wir als Einzelne und als Gemeinschaft der Kirche die Einfachheit

einer großen Liebe, die auf der Welt das Einfachste und Schwerste zugleich ist, weil es nicht mehr und nicht weniger verlangt, als sich selbst zu schenken."[16]

Martin ist solch ein historisches Beispiel, auf das sich Papst Benedikt in seiner Rede unausgesprochen bezog. Bereits im 4. Jahrhundert predigte der Bischof von Tours die „Entweltlichung", nachdem es erst Anfang desselben Jahrhunderts zu einer Annäherung zwischen Kirche und Staat gekommen war, die mit dem berühmten Toleranzedikt des Kaisers Galerius ihren Anfang genommen hatte. Es dauerte nur wenige Jahrzehnte, bis Kaiser Theodosius endgültig das Christentum zur Reichsreligion erklärte und 381 die Tempel des Vielgötterglaubens schloss. Martin hatte erkannt, dass die Christen und die Kirche ihre Wurzeln ausschließlich in Jesus und seiner Botschaft festmachen sollten und zu viele Nebenwurzeln die christliche Sendung verwässerten. Das Mönchtum war eine Antwort auf ein Unbehagen, das unter anderem auch auf die Verquickung von Kirche und Staat reagierte. Trotz seines Rückzugs in die Zelle von Marmoutier blieb Martin der Welt zugewandt, weil ihn die Nächstenliebe, die *caritas*, zu den Menschen trieb. Indem er sich selbst verschenkte, wurde er zu einem Geschenk für seine Mitmenschen und für seine Kirche. Und das hatte sein Gast und späterer Biograph erkannt.

Martin gab also den letzten entscheidenden Anstoß für Sulpicius' Lebenswende mit dem Hinweis auf dessen Freund Paulinus. Einige Jahre zuvor waren sich Martin und Paulinus in Vienne bei Lyon begegnet, wo Martin den kränkelnden Paulinus von einem schweren Augenleiden heilte.[17] Vermutlich hat Sulpicius seinem Freund einen Brief geschrieben und von den Tagen bei Martin geschwärmt. Denn er eröffnete seinen ersten erhaltenen Brief „An seinen geliebtesten Bruder gemäß dem gemeinsamen Glauben an Gott Vater und Christus Jesus unser Heil" mit den Worten: „Wie süß sind deine Worte für meine Kehle, süßer als der Honig und die Honigwabe für meinen Mund." Paulinus schrieb diese Zeilen vor Ostern 395 und lud seinen Freund nachdrücklich ein, mit ihm das Osterfest, das er als Priester feiern werde, in Nola zu begehen.[18] Doch Sulpicius enttäuschte ihn und trat die Reise nicht an. Vermutlich nahm ihn die Veräußerung seines Besitzes zu sehr in Anspruch. Denn in diese Zeit fiel, wie oben beschrieben, sein Umzug auf das Gut Primuliacum.

In der *Vita* berichtete Sulpicius, er habe sich bereits vor seiner Reise nach Tours mit dem Gedanken getragen, eine Lebensbeschreibung des charismatischen Bischofs zu verfassen, „von dessen Glauben, Lebenswandel und Wirken man schon lange gehört hatte".[19] Die Reise – er sprach von „Wallfahrt" (*peregrinatio*) – habe dazu gedient, authentisches Material von Martin und von Menschen aus seiner Umgebung zu erhalten.[20] Mit seiner Vorgehensweise, der Befragung von Augenzeugen und der kritischen Sichtung des Materials, erwies sich Sulpicius als ambitionierter Historiker. Für Paulinus war die Martinsvita denn auch *historia*.[21] Indem sich der Biograph nicht mit den über Martin umlaufenden Geschichten begnügen wollte, folgte er der Einsicht, die bereits Herodot im 5. vorchristlichen Jahrhundert ausgesprochen hatte: „Die Ohren sind bei Menschen weniger zuverlässig als die Augen."[22] Die Sentenz des „Vaters der Geschichtsschreibung", wie ihn Cicero nannte, war in verschiedenen Ausprägungen geradezu sprichwörtlich geworden.[23]

Wenn Sulpicius mehrfach betonte, dass nur die Informationen in seine Darstellung geflossen seien, die er sorgfältig geprüft habe und für gesichert halte, machte er den Bischof selbst zum Garanten für die Wahrheit seiner Darstellung. Mit seinen Beteuerungen wappnete sich der Autor zudem für eine Frage, auf die er in der Vita eine nachdrückliche Antwort gab: Wie glaubwürdig ist das, was man sich über Martin erzählte?[24] Sulpicius verschwieg nicht, dass Martin Gegner unter den gallischen Bischöfen hatte und dass sogar in seiner nächsten Umgebung Kritik an ihm laut wurde.[25] Seine strenge asketische Lebensweise, die jede klerikale Selbstinszenierung ablehnte, provozierte manchen bischöflichen Mitbruder, der –

durchweg hoher Abstammung – Wert auf einen angemessenen Auftritt und Lebensstil legte.

Auch manche Wundergeschichte, die über den begnadeten Heiler im Umlauf war, stieß auf große Skepsis. Sulpicius konnte sich ausrechnen, dass ihm als Biographen Ähnliches widerfahren, Kritiker ihm Leichtgläubigkeit vorwerfen oder ihn sogar der absichtlichen Fälschung bezichtigen würden. Um Vorwürfen vorab den Wind aus den Segeln zu nehmen, setzte er sich in der *Vita* mit möglichen Anfeindungen auseinander. Die Verteidigung seines Martinbildes hob er sich taktisch klug für das Ende seiner Darstellung auf,[26] wohl wissend, dass sich der Leser an den Anfang und Schluss einer Geschichte besonders gut erinnern werde. Sulpicius wäre ein schlechter Biograph gewesen, hätte er die Sticheleien der Widersacher nicht zu einer Verteidigung Martins umgemünzt: „Immer nur trug er in seinem Mund Christus, immer nur in seinem Herzen Frömmigkeit, Friede und Barmherzigkeit. Oft pflegte er sogar für die Sünden derer zu weinen, die als seine Verleumder auftraten und ihn, der still und zurückgezogen lebte, mit giftigen Zungen und einem Schlangenmaul lästerten."[27] So entwickelte sich der Adlige aus Aquitanien zum Apologeten seines großen Vorbilds, wurde aber auch selbst zum Ziel von Polemik, die er selbstbewusst als „Gebell" abtat.[28] Der Gescholtene tröstete sich mit der Vorstellung, die Lektüre seines Werkes werde den Betreffenden die Schamröte ins Gesicht treiben.[29]

Die „Mission" des Sulpicius Severus

Nach Martins Tod gab Sulpicius den Skeptikern in drei Briefen aus den Jahren 397/98 und in drei Dialogen,[30] die er von 403 bis 404 verfasste, noch zusätzlichen Bescheid über das Leben und Sterben des Bischofs von Tours. Die Ergänzungen verrieten, dass die *Vita Martini* doch auf massivere Ablehnung unter den Zeitgenossen gestoßen war.[31] Der erste Brief *An Euseb* setzte sich vor allem mit der Kritik an dem Wundertäter Martin auseinander. Sulpicius reihte neue Wundergeschichten aneinander, die er inzwischen in Erfahrung gebracht hatte oder die ihm zugetragen worden waren. In seinem zweiten Brief, einem Trostschreiben *An den Diakon Aurelius*, enthüllte der Verfasser, wie ihm der Tod des geliebten Bischofs in einem Traumgesicht angekündigt wurde. Zu Tode betrübt tröstete er sich mit der Hoffnung, in Martin einen Fürsprecher im Himmel zu haben. Den dritten und letzten Brief richtete Sulpicius an seine Schwiegermutter Bassula, die ihm Insiderwissen über die Todesumstände des Heiligen entlocken wollte, nachdem sie sich bereits auf Schleichwegen schriftliche Äußerungen ihres Schwiegersohns verschafft hatte.[32] Dessen gespielter Ärger bestätigte letztlich nur, wie man in seiner Umgebung von ihm als Experten alles über Martin von Tours erfahren wollte, ein frühes Beispiel der sich nicht zuletzt dank seiner Schriften ausbreitenden Martinsverehrung.

Die drei Dialoge, deren Szenerie wohl einen historischen Kern hat, die aber literarisch ausgestaltet sind, verlegte Sulpicius auf sein Gut Primuliacum, dessen Name jedoch nie genannt wird. Zwei Tage lang unterhielten sich Sulpicius, der Martinsschüler Gallus und ein weiterer Verehrer des Heiligen namens Postumianus, der von seinen Erlebnissen mit Mönchen auf seiner Orientreise berichtete. Martin war ein Dauerthema unter den ehemaligen Mitmönchen und Schülern, die sich nach dem Tod ihres geistlichen Vaters bei Sulpicius eingefunden hatten. Ziel der Gespräche war, Martins Ruf als eines Idealheiligen weiter zu festigen: Seine *fama* sei bis in den Osten des Römischen Reichs gedrungen und übertreffe den Ruf der dortigen Mönche. Denn in Martin vereinigten sich alle Charismen vom Apostel über den Wundertäter und Exorzisten bis zum Propheten, Märtyrer und Missionar.[33]

Im ersten Dialog erwähnte Postumianus einen unglücklichen, sogar teuflischen Menschen, der Sulpicius vorgeworfen habe, er habe in seiner Martinsvita sehr viel gelogen.[34] Als am Ende des Dialogs

Gallus gebeten wurde, Sulpicius' Lebensbeschreibung zu ergänzen, was er dann im zweiten und dritten Dialog tat, schränkte dieser sofort ein, er werde aus Martins Soldatenzeit und seinen Jahren als Laie und Mönch nichts berichten, weil er über diese Zeit nur von anderen gehört habe. Er behandle das, was er selbst in der Nähe des Bischofs Martin erlebt habe.[35] Im Grunde gab Sulpicius an dieser Stelle zu, wie unsicher die Lebensjahre seines Protagonisten bis zum Bischofsamt überliefert waren, und rechtfertigte nachträglich seine eigene Darstellung und Sicht in der *Vita Martini*. Nach bestem Wissen und Gewissen habe er sie verfasst. Wenn ihm jemand Lügen vorhalte, sei das eine Verleumdung. Wie am Ende der Vita scheute er sich nicht, Kritik zu erwähnen, und er erklärte sie hier wie dort mit dem Neid unter Klerikern. Trotz aller apologetischen Tendenzen, die Sulpicius die Feder führten, scheint seine Enttäuschung über mangelnde Mitbrüderlichkeit und fehlende Einheit im gallischen Episkopat berechtigt gewesen zu sein. Er war weder der erste noch der letzte Christ, der die *invidia clericalis* erlebte, und er kannte seine Landsleute, Laien wie Kleriker, gut genug, um ihre spitzzüngige Reaktion vorherzusehen.

Sulpicius nutzte die Dialogform auch, um historische Ergänzungen zur *Vita Martini* beizusteuern. So berichtete er über Martins Rolle im sogenannten Priscillianistenstreit.[36] Vielleicht hatte er erst nach Abschluss der Vita Näheres über die kirchenpolitischen Ränke erfahren. Wahrscheinlicher ist jedoch, dass die Auseinandersetzung noch 396/97 ein zu heißes Eisen war, weil der Streit mit der Hinrichtung der führenden Priscillianisten keineswegs ein Ende gefunden hatte. Sulpicius wollte seine Vita nicht mit einem Konflikt belasten, der Klerus und Laien in Italien, Gallien und Spanien aufwühlte und in dem der Kirchenpolitiker Martin den Kürzeren gezogen hatte. In seinen zwei Büchern *Chronica*, die von der Schöpfungsgeschichte bis in die Epoche des Verfassers reichen, kam Sulpicius am Ende seiner Darstellung noch ausführlicher auf die Auseinandersetzung um die Priscillianisten und Martins Rolle zu sprechen, obwohl die Synode von Toledo versucht hatte, im Jahr 400 einen Schlussstrich zu ziehen.[37] Die *Chronica* enden mit dem düsteren Fazit, dass in dem „Dauerkrieg der Zwietracht" die Priscillianisten vorläufig über die kleine Schar der Rechtgläubigen die Oberhand gewonnen hatten.[38]

Im ersten Kapitel der *Vita Martini* diskutierte Sulpicius eingehend die historische Grundlage seiner Darstellung: „Also werde ich beginnen, das Leben des heiligen Martin zu beschreiben, wie er sich sowohl vor seinem Bischofsamt wie in seinem Bischofsamt verhalten hat, obwohl ich keineswegs alles, was er tat, in Erfahrung bringen konnte; daher bleibt das unbekannt, was er nur für sich behielt, weil er nicht nach dem Lob der Menschen verlangte und, soweit es an ihm lag, alle seine Wunderkräfte im Verborgenen lassen wollte. Darüber hinaus habe ich auch vieles von dem, was ich in Erfahrung bringen konnte, übergangen, weil ich glaubte, es genüge, wenn nur seine Spitzenleistungen aufgezeichnet werden. Zugleich waren die Leser zu berücksichtigen, damit die Masse des zusammengetragenen Materials bei ihnen keinen Überdruss erzeuge."[39] Hatte Sulpicius vielleicht den heidnischen Historiker Ammianus Marcellinus gelesen? Dieser eröffnete zur selben Zeit den letzten Teil seines Geschichtswerks, der sich mit den Jahren 364 bis 378 beschäftigte, mit der Ankündigung, er wolle nur die Höhepunkte des Geschehens behandeln. Denn es widerspreche der historischen Methode, Kleinigkeiten zu erforschen.[40]

Auf die methodischen Überlegungen folgten Sulpicius' Bitte und das Bekenntnis des sorgfältigen Geschichtsschreibers an sein Publikum: „Ich beschwöre aber die zukünftigen Leser, dass sie meinen Ausführungen Vertrauen schenken und glauben, dass ich nur das geschrieben habe, was ich herausgefunden und geprüft habe. Ich hätte nämlich lieber geschwiegen, als Falsches zu behaupten."[41] Wahrheitsbeteuerungen gehörten zu den Topoi der Historiker und Biographen, seit Herodot um 450 v. Chr. sein Werk mit der Beteuerung begann, er stelle seine *Historie*, seine „Forschungen" vor, wie die ursprüngliche Bedeutung von *historia* lautet. Sulpicius war auch nicht der Erste, der sich bewusst war, dass andere seine Forschungsergebnisse und deren schriftliche Darlegung nicht für die reine Wahrheit halten würden. Kritiker beurteilten die Person Martins und sein Wirken anders als er, wie er im Schlusskapitel zugestand. Sie kannten vielleicht Vorfälle, die er nicht in Erfahrung bringen konnte. Oder sie bemängelten, dass er manches ausgelassen habe, was ihm weniger bedeutend erschien oder seinen Helden in ein schlechtes Licht rückte. Er zog es jedoch vor, eher wegen Unvollständigkeit getadelt zu werden, als seine Leser mit einer lückenlosen Aufzählung der Fakten zu ermüden und zu langweilen. Sulpicius war ehrlich genug, um zu bekennen, dass ihm Martins Seelenleben verborgen geblieben war. Der Autor machte aus der Not eine Tugend und verließ sich auf das, was Martin ihm preisgegeben hatte. Sein Protagonist war zugleich seine wichtigste und authentische Quelle.

Von seinem Besuch in Tours berichtete Sulpicius allerdings erst gegen Ende der Biographie. Ihn beeindruckten nicht nur die Herzlichkeit des Gastgebers, sondern auch dessen Wissen und seine Redekunst. Der Literat fühlte sich herausgefordert, Martins intellektuelle Fähigkeiten gegen zahlreiche Stimmen zu verteidigen, die sie dem Bischof von Tours absprachen, weil er angeblich keine höhere Bildung genossen habe. Martin galt ihnen als *homo inlitteratus*.[42] Sulpicius zufolge konnte er jedoch mühelos schwierige Fragen der Heiligen Schrift beantworten. Da der wortkarge Mann alle persönlichen Äußerungen vermied, war der Biograph auf Aussagen aus Martins innerem Kreis angewiesen, also auf Informationen aus zweiter Hand. Sie bieten auch eine Erklärung für die zum Teil widersprüchlichen chronologischen Angaben zu Martins Leben bis zu seiner Bischofsweihe, die in der modernen Forschung ebenfalls keine einheitliche Lösung gefunden haben.

Martin als Idealheiligen der Nachwelt zu überliefern war das eine Ziel des Sulpicius Severus.[43] Sein zweites Anliegen betraf die Christianisierung des weithin noch heidnischen Gallien, um dessen Missionierung Martin unermüdlich gekämpft hatte. Allein deswegen wandte sich Sulpicius entschieden gegen Kritik besonders aus christlichen Kreisen und strengte sich an, sie abzuwehren. Dafür erhoffte sich der Autor im ersten und letzten Kapitel Gottes Lohn.[44] Wie ein Bollwerk gegen verletzende Polemik, die ihm Ruhmsucht unterstellte, formulierte er den letzten Satz seiner Biographie: „Ich bin mir bewusst, dass ich, der ich durch die Glaubwürdigkeit der Ereignisse und die Liebe zu Christus zum Schreiben veranlasst wurde, nur offenkundig Richtiges dargelegt und Wahres gesagt habe, und so hoffe ich, dass nicht nur derjenige, der mich lesen, sondern auch wer mir glauben wird, dafür den von Gott bereiteten Lohn empfangen wird.“[45]

Dass Sulpicius als Historiker ernst genommen und trotz aller Einwände unter Gebildeten rezipiert wurde, verdankte er zu einem großen Teil seinem ansprechenden Stil. Ausschlaggebend war jedoch, dass Wundergeschichten in einer wundergläubigen Welt ein attraktiver Lesestoff waren. Den „christlichen Sallust" hat man ihn genannt.[46] Da Sallust zu den Schulautoren gehörte, ist dessen Einfluss auf Sulpicius nicht verwunderlich. Der römische Historiker aus dem 1. vorchristlichen Jahrhundert bemerkte in seiner *Verschwörung des Catilina*, die historische Größe einer Persönlichkeit hänge von der Art und Weise ab, wie bedeutende Autoren sie mit ihrer Darstellung geprägt haben.[47] Dieser Herausforderung war sich Sulpicius durchaus bewusst. Sein schriftstellerischer Ehrgeiz fand auch in der christlichen Literatur seiner Zeit Vorbilder: Hieronymus hatte 375/76 das Leben des Paulus von Theben verfasst, dem er um 387 die Viten des Malchus und des Hilarion folgen ließ. Mit ihnen warb er für das asketische Mönchtum.[48]

Mit Sicherheit hat Sulpicius Hieronymus' Biographien gekannt. Das gilt ebenso für die Vita des ägyptischen Mönchsvaters Antonius, die Athanasius, Bischof von Alexandrien, auf Griechisch verfasst hatte und die wenig später zweimal ins Lateinische übersetzt wurde. Die zweite, literarisch anspruchsvollere Übersetzung eines Euagrius von Antiochia dürfte Sulpicius eher als das griechische Original gelesen haben.[49] Umstritten ist, wieweit Suetons Kaiserviten den Martinsbiographen beeinflusst haben.[50] Wie Sueton begann er allerdings natürlicherweise mit der Herkunft und Jugend Martins und verfolgte in einer wenn auch nicht durchgängig eindeutigen Chronologie sein Leben bis zur Bischofsweihe, mit der er eine nachvollziehbare Zäsur setzte (Kap. 1–10). Den zweiten Teil, in dem er den Episkopat seines geistlichen Vorbilds beschrieb, stellte er unter den Oberbegriff „Wunder". Er verließ die chronologische Struktur zugunsten einzelner Taten, die Martins Wunderkraft demonstrierten (Kap. 11–27). Die Vernachlässigung der Chronologie war für Heiligenviten typisch.[51]

Wenn Sulpicius ferner feststellte, Martin sei dank der Zeitumstände ein blutiges Martyrium erspart geblieben, gab er selbst einen Hinweis, welche zweite Literaturgattung ihn beeinflusst hatte. Dem Biographen standen die Märtyrerakten und die Passionsberichte von Märtyrern vor Augen, die sich seit dem 3. Jahrhundert als eigene Literaturgattung in den christlichen Gemeinden verbreiteten. Es scheint fast, als ob Sulpicius die Sorge umgetrieben habe, Martin könne im Vergleich mit den Blutzeugen abfallen. Um keinen Zweifel an der Einzigartigkeit seines Protagonisten aufkommen zu lassen, bekräftigte er in seinem zweiten Brief: „Trotzdem wird er nicht auf den Ruhm eines Märtyrers verzichten müssen, weil er nach seinem Verlangen und seiner Tatkraft ein Märtyrer hätte sein können und das auch gewollt hat."[52] In der Martinsvita stellte Sulpicius auch die entscheidenden Argumente vor, die dazu führten, das Martyrium nicht wie bisher als alleinige Voraussetzung für die Heiligenverehrung zu betrachten, sondern die Askese als das „unblutige Martyrium" anzuerkennen. So wurde der Bischof von Tours der erste heilige „Nichtmärtyrer".[53] Martin sagte, was er tat, und er tat, was er sagte. Seine Authentizität machte ihn zum Vorbild für viele Mitbrüder, Priester, Bischöfe und Gläubige. Er war zwar Christus nicht im Tod nachgefolgt, aber er war in seinem unermüdlichen Einsatz für das Evangelium ein „zweiter Christus" geworden.

Sein ostkirchliches Pendant als heiliger Bekenner findet der Bischof von Tours in Nikolaus, dem Bischof von Myra, der ebenfalls zu den populären Heiligen gehört. Doch in einem Punkt läuft Martin seinem bischöflichen Mitbruder den Rang ab: in der großen Anzahl von Patrozinien, die sein Gedächtnis weltweit lebendig erhalten.

Eine Erklärung für diese Entwicklung geben die Wundergeschichten, die Grundlage der späteren Legendenbildung wurden. Sie zeigen den Bischof von Tours auf seinen Seelsorgereisen durch sein Bistum und enthüllen den Kampf, den der unbeugsame Missionar gegen den Vielgötterglauben und für die Festigung des Christentums in bereits missionierten Gebieten führte. Der Hagiograph und seine Leser staunten dabei über den geistbegabten Beter, der Kranke heilte, Dämonen austrieb und mit dem Teufel disputierte. Wer dem Teufel von Angesicht zu Angesicht widerstehen konnte, der knickte auch vor weltlichen Autoritäten nicht ein. So ist nicht verwunderlich, dass Sulpicius die Begegnung zwischen Martin und dem Usurpator Magnus Maximus, der von 383 bis 388 über Gallien, Spanien und Britannien herrschte,[54] mit den Worten einleitete: „Ich will aber neben so großen Taten auch von geringeren berichten – obwohl es, wie die Menschen in unserer Zeit nun einmal sind, in der schon alles verkommen und verdorben ist, fast etwas Besonderes ist, wenn sich ein Bischof standhaft der Anbiederung an den Herrscher enthält."[55] Sulpicius machte keinen Hehl daraus, wie sehr er das Verhalten mancher Hofbischöfe missbilligte. Darin war er sich mit Martin völlig einig.

Im Schlusskapitel der Vita, das die Tugenden Martins versammelte, versagten dem Biographen fast die Worte angesichts der moralischen und spirituellen Größe des Heiligen. Schon zuvor hatte er beteuert: „Wahrlich, ich muss gestehen, selbst wenn, wie es heißt, Homer aus der Unterwelt auftauchen würde, könnte er ihn nicht darstellen. An Martin ist alles viel zu groß, als dass es sich in Worte fassen ließe."[56] Das eigene Ungenügen zu betonen, der Topos der *modestia*, war in der paganen wie in der christlichen Literatur vor allem der Spätantike verbreitet.[57] Sulpicius' Bescheidenheit entsprach dieser Gepflogenheit. Der Autor bedauerte im Proömium der Martinsvita seine Fehler und bat seinen Freund Desiderius, dem er die Vita widmete, als Verfasser anonym bleiben zu dürfen: „Zwar hatte ich beschlossen, mein Bruder im Geist, die kleine Schrift, die ich über das Leben des Martin verfasst hatte, im Papierstapel zu belassen und in den häuslichen Wänden zurückzulassen, weil ich Urteile meiner Mitmenschen vermeiden wollte. Denn ich bin von Natur aus äußerst empfindlich. Weder sollte meine ungebildete Redeweise den Lesern missfallen, was vermutlich geschehen würde, noch sollte ich der Meinung aller zufolge höchst tadelnswert sein."[58]

Im Grunde vertraute Sulpicius darauf, dass der Empfänger seinem Wunsch keinesfalls nachkommen, sondern sein Werk eifrig verbreiten werde.[59] Hinter dem topischen Ringen nach Worten, das Sulpicius seinen Lesern so eindringlich vor Augen führte, dürfte sich allerdings ein Körnchen Wahrheit verbergen. Das Charisma seines Übervaters hat ihn sicher das eine oder andere Mal sprachlos werden lassen.

Nach Sulpicius setzten Paulinus von Petricordia und Venantius Fortunatus mit ihren Martinsviten in Gedichtform die Reihe der Biographien fort. Eine breit angelegte Sammlung der Wunder, die sich nach Martins Tod ereigneten, legte Gregor von Tours (538–594) vor mit *De virtutibus sancti Martini*. Auch in seinen *Zehn Büchern Geschichten* fiel häufig Martins Name. Für die drei Martinsverehrer bildeten Sulpicius' Biographie und seine weiteren Martinsschriften die Grundlage ihrer eigenen Werke. Im neunten und zehnten Jahrhundert wurden diese Martinsschriften im sogenannten *Martinellus* vereinigt.[60] Die Sammlung fand weite Verbreitung und trug zum Kult des Heiligen bei, der seit dem sechsten Jahrhundert vor allem auch von den fränkischen Königen gefördert wurde.[61]

Der Mönch Brictius, der Historiker Babut und die Matrone Foedula

Zu den Gegnern Martins in seinem engsten Umfeld gehörte der Diakon und spätere Priester Brictius (370–444).[62] Er warf seinem Bischof „haltlosen Aberglauben, eingebildete Visionen und lächerliche Narreteien" vor. Während Sulpicius den Namen des Kritikers und seine bösen Vorwürfe in der Martinsvita verschwieg, ließ er im dritten Dialog den Martinsschüler Gallus eine hässliche Szene berichten, die sich in dem kleinen Hof vor Martins Klosterzelle in Marmoutier abgespielt hat: Martin saß dort gern, „wie ihr alle wisst", auf einem Holzstuhl. Zornbebend stürzte Brictius eines Tages in den Hof und fiel über Martin her. Er beschimpfte ihn grob und schrie ihm seine angeblichen Sünden ins Gesicht:[63] Dabei wurde Brictius selbst von vielen beschuldigt, er verschaffe sich nicht nur Pferde und Sklaven aus dem Barbarenland, sondern auch hübsche Mädchen. Als Gipfel der Verfehlungen hielt Brictius seinem Bischof vor, dass er sein früheres Leben mit seinem Soldatenstand befleckt habe. Im Übrigen sei er, Brictius, heiliger als Martin, weil dieser ihn von Kindheit an in seinem Kloster aufgezogen habe. Welche Gründe trieben den Ziehsohn Martins zu seinem Ausbruch? Am Vortag war er von Martin aus unbekannten Gründen ausgeschimpft worden. Der Erzähler Gallus gab zu bedenken, Martin aber von Beginn an den eigentlichen Grund für Brictius' Wutausbruch erkannt: Zwei Dämonen hätten den jungen Mann verführt. Martin habe so lange gebetet, bis die bösen Geister von ihrem Opfer abgelassen hätten und Brictius reumütig zu seinem Lehrer zurückgekehrt sei und um Verzeihung gebeten habe. Besonders beschämend war, dass Brictius von Martin großzügig gefördert worden war und er es unter seiner Obhut zum Kleriker gebracht hatte.

Es sollte nicht die einzige Kontroverse bleiben, die Lehrer und

Schüler miteinander austrugen. Der Mönchsvater sah von Sanktionen ab und entzog zum Erstaunen der Mitbrüder dem renitenten jungen Mann nicht einmal die priesterliche Würde. „Wenn Christus den Judas geduldig ertragen hat, warum soll ich den Brictius nicht ebenso ertragen?", erklärte Martin sein barmherziges Verhalten.

Auch in den Dialogen blieb Sulpicius seiner Erzählstrategie treu und bettete Vorwürfe gegen Martin in eine wundersame Geschichte, die den Angriffen ihre Berechtigung nahm. Der „schwarze Peter" lag beim Kritiker Brictius, der seine Emotionen nicht zu kontrollieren vermochte. Doch selbst der maßlose Kritiker, immerhin Martins Pflegekind, musste entlastet werden. Und wer konnte ein besserer Sündenbock sein als zwei Dämonen, über die der betende Bischof die Oberhand behielt?

Bereits im ersten Dialog zitierte Sulpicius die Stimme eines anonymen „Unglücklichen", den er als „Mensch mit diabolischer Stimme" diffamierte. Handelte es sich auch an dieser Stelle um Brictius, der zudem frech behauptete, in der Martinsvita werde es mit der Wahrheit nicht allzu genau genommen?[64] Der Biograph verfolgte wie in der „Hofszene" die bewährte Verteidigungsstrategie: Aus dem Ankläger spreche der Teufel. Denn Martins Wundertaten leugnen sei dasselbe, als wolle man Christi Wunder in den Evangelien bezweifeln.[65] Nach diesem hoch gegriffenen Vergleich verunglimpfte Sulpicius' Gesprächspartner Postumianus die Feinde Martins: „Unglücksraben, erbärmliche Wichte und Schlafmützen" seien sie, Männer, die vor lauter Scham einen roten Kopf bekämen, weil Martin ihnen ihr Unvermögen vor Augen geführt habe.

Sulpicius bezog mit den Schlusskapiteln des ersten und dritten Dialogs wie schon am Ende der Vita Stellung in einer aktuellen Auseinandersetzung, die vor allem den Bischofsstuhl von Tours betraf. Ausgerechnet Brictius war zu Martins Nachfolger gewählt worden, und das auf dessen Empfehlung und Gebet.[66] Zu Beginn seiner Amtszeit kehrte er mit eisernem Besen durch Stadt und Kloster, überwarf sich mit den Weggefährten Martins und tyrannisierte dessen Schüler, die sich keinen anderen Rat wussten, als sich zu Sulpicius nach Primuliacum zu flüchten. Nach diesen Erfahrungen ist es verständlich, dass Sulpicius seinen Mitunterredner Postumianus im dritten Dialog wenig Gutes über Brictius sagen ließ: „Denn obwohl er klug ist, denkt er weder an die Gegenwart noch an die Zukunft. Die erbarmungswürdige Lage des Menschen ist zu bedauern." Auch spreche er, Postumianus, nicht als sein Feind, sondern als sein Freund und hätte nichts lieber, als dass er sich Martin angliche.[67] Sulpicius rechnete offensichtlich damit, dass der Gescholtene über kurz oder lang den Dialog in Händen halten und merken werde, dass der Autor Insiderwissen verarbeitet hatte. Aus Freundschaft habe Postumianus Kritik geübt, damit Brictius seine tyrannischen Allüren ablege und dem großen Vorbild Martin nacheifere. Auch Sulpicius eiferte Martin nach: Er wollte Frieden stiften zwischen dem kindisch handelnden Brictius und den Martinsanhängern in seiner Kommunität.

In der umfassenden Einleitung zu seiner Sulpiciusausgabe überschrieb der Althistoriker Fontaine seinen Überblick über die verschiedenen Martinsbilder: „Die Martinsfrage von Brictius bis Babut". Ausführlich diskutierte der Verfasser die Glaubwürdigkeit der Vita und schlug zu Recht eine Brücke von Brictius zu Babut, dem schärfsten modernen Martinskritiker. Zwar wurde seit dem Humanismus und der Reformation die Glaubwürdigkeit des Sulpicius immer wieder in Zweifel gezogen, vor allem in Zeiten, in denen Wundergläubigkeit und Heiligenverehrung allgemein abgelehnt wurden. Doch erst Babut versuchte 1912 den Nachweis, Martin sei von Kopf bis Fuß ein literarisches Produkt des Sulpicius. Er habe dem Bischof von Tours einen Heiligenschein verpasst, den dieser zu Lebzeiten nie verdient habe. Der Biograph berichte zum Großteil erfundene Wundergeschichten eines unbedeutenden Landbischofs, der ohne ihn bereits im Altertum in Vergessenheit geraten wäre. Babut unterstellte Sulpicius Hochstapelei (*imposture*) und ein Lügengeflecht (*tissu de contes mensongers*) und stimmte den zeitgenössischen Kritikern des Biographen und des Bischofs zu: Sulpicius könne man nichts glauben, und seine Wahrheitsbeteuerungen seien wertlos.[68] Ein Jahr nach dem Erscheinen von Babuts *Saint Martin de Tours* veröffentlichte Pater Hippolyte Delehaye, der bedeutende Erforscher der christlichen Hagiographie im Kreis der Bollandisten und Mitherausgeber der *Acta sanctorum,* eine Replik auf Babuts Versuch der Entmystifizierung der Martinsvita.[69] Babut, der im Ersten Weltkrieg gefallen war, sprang postum 1921 der Mediävist Marc Bloch bei, den die Gegenargumente Delehayes nicht überzeugt hatten.[70] An Babut schieden sich fortan die Geister. Seine Behauptung, Sulpicius habe aus der lateinischen Übersetzung der *Vita Antonii* des Athanasius einzelne Abschnitte auf Martin übertragen, hat Delehaye in einer sorgfältigen Analyse widerlegt.[71] Ein eher sachlicher Streitpunkt war die Chronologie, die Sulpicius für Martins Leben bis zur Bischofsweihe bot. Den Biographen trieb der Wunsch, Martins Hinwendung zum Christentum schon in frühen Jugendjahren beginnen zu lassen und dementsprechend die Dauer seiner Militärzeit herabzuspielen. Aus diesem Grund übernahm er wohl widersprüchliche Angaben aus Martins späterer Umgebung.

Ein Kernproblem sind die Wundergeschichten, vor allem die Totenerweckungen.[72] Babut zufolge hat sich Sulpicius besonders die Apostelgeschichte und noch intensiver die apokryphen Apostelakten zum Vorbild genommen. In diesen Schriften gelten Totenerweckungen als Beweis der Apostolizität. Um seinen Vergleich zu rechtfertigen, argumentiere Sulpicius: Martin werde von allen anderen als „wahrhaft apostolisch" (*vere apostolicus*) angesehen.[73] Bei den Wunderheilungen neigte Bloch eher Delehaye zu, der Martin tatsächlich Wunderkraft zubilligte.[74]

Fontaine entschied sich für eine salomonische Rolle. Um ein rechtes Maß zwischen der früheren blinden Gläubigkeit und der modischen Hyperkritik zu finden, zitierte der Kommentator den besten Kenner des römischen Gallien, Camille Jullian: „Alles glauben wie man das früher getan hat, war sehr bequem; alles ablehnen, wie man das heutzutage oft tut, ist nicht weniger bequem."[75] In seinen *Notes Gallo-romaines*, die zwischen 1910 und 1923 erschienen und in seiner *Histoire* zusammengefasst wurden, suchte der Historiker den Mittelweg zu gehen und arbeitete bei Sulpicius die historischen Fakten jenseits der hagiographischen Überhöhung Martins heraus.

In seinem Kommentar von 1000 Seiten ging Fontaine noch einen Schritt weiter und unterschied vier Kategorien von Wundern: eine „evangelische", die dem Vorbild der Evangelien folgte. Dazu gehörten Totenerweckungen, Heilungen und Exorzismen. Es handle sich um „objektive" Wunder, die am schwersten zu bestreiten seien. Die zweite Kategorie umfasste solche Wunder, deren Ursache ein simples Ereignis war, von Martins Umgebung zu einem Wunder stilisiert und von Sulpicius in eine literarische Form gegossen. Die dritte Kategorie, die sich von der zweiten nicht scharf trennen lässt, sind folkloristische Wunder: Eine populäre Erzählung wurde auf Martin übertragen. Schließlich die vierte Kategorie: Es handelt sich hier um pure literarische Erfindungen, die Martin angedichtet wurden.[76] Die vier Kategorien müssen im Einzelnen geprüft werden, doch kommt Fontaine zu dem Schluss: „Es scheint vernünftig zu sein, die Authentizität eines beträchtlichen historischen Kerns zu verteidigen, eingeschlossen die Wunderberichte, die bisher am meisten verdächtigt wurden."[77]

Jüngere Monographien zu Martin und Sulpicius Severus wie die von Stancliffe und Ghizzoni gingen eher wieder einen Schritt hinter Fontaine zurück: Die Heilwunder des Arztes Martin sind am ehesten glaubwürdig: zumal nach modernem Verständnis psychologische Erkenntnisse zu ihrer Erklärung beitragen. Schwieriger einzuordnen sind Martins Begegnungen mit Dämonen. Denn sie entspringen dem Teufelsglauben seiner Zeit. So bekräftigte Stancliffe: „Wir ziehen es vor, unsere ganze Aufmerksamkeit auf eine natürliche Ursache zu konzentrieren; und selbst wenn wir nicht wissen, wie eine solche Ursache wirkt, nehmen wir ihre Existenz an."[78] Die Autorin weigerte sich also, aus Unkenntnis der natürlichen Ursache auf ein Wunder zu schließen. Loyen dagegen schob zwar der Hoffnung auf Erkenntnis keinen Riegel vor, bürdete aber die Entwirrung des Knäuels der nachfolgenden Wissenschaftlergeneration auf: „Vielleicht werden unsere Enkel in diesen komplexen Problemen klarer sehen."[79] Zur Lösung beitragen könne eine vergleichende Religionsgeschichte, welche die Thaumaturgie in anderen Kulturen untersuche.[80] Fast verärgert verwarf Gnilka diesen hilflosen Rationalismus.[81] Eine gelassenere Beurteilung des Wunderproblems bietet der von J. Pichler herausgegebene Sammelband.[82]

Mit den anspruchsvollen Überlegungen der Wissenschaftler belasteten sich Martins Zeitgenossen weniger. Eine Zeit, die noch an übernatürliche Kräfte, rätselhafte Vorgänge und wundersame Rettung glaubte, war eher bereit, Wunder zuzulassen. Der Glaube versetzt bekanntlich Berge, und er ist wohl auch die Voraussetzung, dass Wunder überhaupt geschehen können.

In der Vienner Kirche St. Petrus bei Lyon wurde ein Grabstein aus der ersten Hälfte des 5. Jahrhunderts gefunden.[83] Im oberen Teil umrahmen zwei Palmzweige und zwei Tauben eine *crux ansata*, ein Henkelkreuz, das sich aus den griechischen Buchstaben XP, der Abkürzung für Christus, zusammensetzt. Die Symbole weisen den Grabstein als christlich aus. Gesetzt wurde er für eine Matrone namens Foedula. Sie scheint in guten Verhältnissen gelebt zu haben, denn ein Grabstein, in den Symbole und mehrere Zeilen Widmung eingeritzt wurden, war kostspielig. Foedula und ihren Erben war die Botschaft der Inschrift, die in elegischen Distichen gefasst ist, offensichtlich so wichtig, dass sie viel Geld dafür ausgaben:

> Foedula, welche die Welt unter dem Erbarmen Gottes verlassen hat,
> liegt in diesem Grab, das ihr der nährende Glaube bereitet hat.
> Einst unter der Rechten des edlen Martin getauft,
> hat sie ihre Sünden abgelegt und ist im Quell Gottes neu geboren worden.

Während ihr nun die Märtyrer den geeigneten Platz bereiten,
verehrt sie die edlen Gervasius und Protasius.
Durch diese Grabinschrift hat sie die verdiente Ruhe gewonnen.
Sie, die in der Gemeinschaft der Heiligen hier liegt,
hat ihren Glauben bekannt.

Jedem Besucher ihres Grabes bekannte Foedula ihren Glauben, der sie in ihrem irdischen Leben genährt und begleitet hatte. Ebenso wichtig wie der Glaube war ihr das Zeugnis, wer sie getauft hatte: der edle (*procer*) Martin. Mit dem eingängigen Bild „unter seiner Rechten" deutet sie an, wie zu ihrer Zeit noch getauft wurde: Der Taufbewerber wurde völlig untergetaucht. Wären Martins Berühmtheit, sein Charisma und auch seine Wundertaten lediglich das literarische Konstrukt eines Beifall heischenden Autors gewesen, hätte sich Foedula mit den zwei ebenfalls edlen Märtyrern Gervasius und Protasius, die sie im Anschluss nannte, zufrieden gegeben. 386 hatte Bischof Ambrosius von Mailand die Gebeine der beiden Märtyrer gefunden, mit ihnen eine Kirche geweiht und die Verehrung der beiden Blutzeugen in Gallien angeregt. Aus der Korrespondenz des Bischofs Paulinus von Nola ist bekannt, dass er vor seiner Taufe, also vor 389, Martin in Vienne begegnet ist.[84] Daher hat Martin der Matrone Foedula wahrscheinlich die Taufe zwischen 387 und 388 in Vienne gespendet. Der Grabstein ist nicht nur ein steinernes Zeugnis für die tiefe Verehrung, die Foedula für den Bischof von Tours empfand, den sie wie die beiden Märtyrer zu ihrem Fürsprecher im Himmel ausgewählt hatte, sondern er belegt auch, dass Martin außerhalb seiner Diözese Tours bekannt war und missionierte. Zwischen Tours und Vienne liegen immerhin mehr als 500 Kilometer.

Historiker freuen sich über sogenannte „Überreste" wie Inschriften. Gehören sie doch zu der Gruppe von Quellen, die im Gegensatz zu vielen schriftlichen Zeugnissen, historischen Werken oder auch Viten, das historische Geschehen unmittelbar abbildet. Sie sind objektiv. Da die Grabinschrift der Foedula eine Glaubensbotschaft vermittelte, also nicht völlig absichtslos in den Stein gemeißelt wurde, gehört ihr Grabstein zu der Sondergruppe der Monumente. Er ist das wirksamste Mittel gegen eine Hyperkritik wie die von Babut. Belegt er doch, dass Martins Ruf weder eine bloße Erfindung seines Bewunderers Sulpicius war noch sich auf einen engeren Schülerkreis in seiner Diözese beschränkte.

So ist die Grabinschrift der frommen Matrone Foedula die erste und unverdächtige Erwähnung des heiligen Martin. Ungewollt ist sie ein frühes Beispiel für seine spätere Verehrung in ganz Gallien und darüber hinaus. Für die nicht weiter bekannte Frau aus Vienne war das, woran Gelehrtengenerationen zweifelten und zweifeln, Wirklichkeit.

3. Eine „unheilige" Karriere

„Ein Sohn von Eltern nicht geringen Standes"

Sind Martins Todestag und der Tag seiner Grablegung, der 8. und 11. November, gut dokumentiert,[1] birgt die Überlieferung von Martins Geburtstag und Geburtsort Unsicherheiten. Geburtsstadt ist das ungarische Szombathely. Die ehemalige römische Colonia Claudia Savaria, von Sulpicius kurz Sabaria genannt, hat Kaiser Claudius im Jahr 47 n. Chr. gegründet. Sie war bis zum Jahr 106 Sitz des Statthalters der Provinz Pannonia. Ihre verkehrsgünstige Lage an der Bernsteinstraße, die zwischen dem italischen Aquileia und Carnuntum bei Wien verlief, bescherte ihr wirtschaftlichen Aufschwung und Wohlstand.[2] Steinamanger, so der frühere deutsche Name der heutigen Mittelstadt am Südwestrand der Kleinen Ungarischen Tiefebene, freut sich 2016 über ein besonderes Jubiläum: den 1700. Geburtstag des heiligen Martin.

Zwei Wermutstropfen könnten die Freude allerdings trüben. Szombathely ist nicht der einzige Ort, der beansprucht, die Wiege eines der beliebtesten Heiligen der Kirchengeschichte zu sein. Die Benediktinermönche der Erzabtei vom Martinsberg, die Fürst Géza, Vater des heiligen Königs Stephan, im Jahr 996 gründete und die seit 1865 den Namen Pannonhalma (Martinsberg) trägt, treten seit dem 11. Jahrhundert für einen Geburtsort in ihrer Nähe ein. Denn dort habe ein weiteres Savaria bestanden. Als Begründung dient

eine karolingische Urkunde, die jedoch lediglich aus Zusammen-
fassungen bekannt ist.[3] Für die römische Metropole Savaria spricht
hingegen die Selbstverständlichkeit, mit der Sulpicius Severus Savaria als Geburtsort nennt: „Martin stammte also aus der pannonischen Stadt Sabaria[4], wuchs aber im italischen Ticinum auf."[5] Bei
einem weniger bekannten Ort gleichen Namens hätte der Biograph
eine genauere geographische Bestimmung angefügt.[6]

Außerdem hatte Sulpicius wenige Zeilen zuvor seinen Lesern
geschworen, er wolle in der Lebensbeschreibung lieber etwas ver-
schweigen als etwas Falsches sagen.[7] Deswegen kehrte er, was Martins Herkunft anging, den gebildeten Juristen heraus und unterschied
korrekt dessen Herkunft *(origo)* von seinem Wohnort *(domicilium)*.
Für Pannonien benutzte er den Plural. Denn Kaiser Trajan hatte die
Provinz zweigeteilt, und Kaiser Diokletian hatte die zwei pannonischen Provinzen um das Jahr 296 noch einmal geteilt. Sabaria lag in
der ersten pannonischen Provinz, der *Pannonia prima*. Mit Recht
nannte Sulpicius Sabaria, das gut 150 Kilometer südlich der Donau
lag, eine Stadt. Sie war Sitz einer höheren Finanzverwaltung, und
nach ihr waren Hilfstruppen benannt, die wahrscheinlich dort ihr
Lager hatten.[8] Auch in der zweiten Hälfte des vierten Jahrhunderts
war sie der einzig größere Ort in Pannonien, der sich zum Winter-
lager für Valentinians Truppen eignete, mit denen der Kaiser einen
Rachefeldzug gegen die Quaden jenseits der Donau unternahm.[9] Ein
Jahr zuvor waren sie zusammen mit den Sarmaten in Pannonien eingefallen und hatten das Land verwüstet.

Nun der zweite Wermutstropfen: Schwieriger zu lösen ist das
Rätsel um Martins Geburtsjahr, das Sulpicius in der *Vita Martini*
verschwieg. Der Verfasser verknüpfte zwar wichtige Ereignisse in
Martins Leben mit einer Altersangabe, vermied aber eine exakte
Datierung. Zudem verstrickte er sich in chronologische Wider-
sprüche.[10] Dem Biographen Nachlässigkeit unterstellen hieße jedoch
zu verkennen, dass historische Darstellungen gerade in Heiligen-
biographien nicht konsequent an die genaue chronologische Ein-

Karte Westeuropas im 4. Jahrhundert.

ordnung der Fakten geknüpft waren. In Zeiten fehlender Standes-
ämter mussten oft bedeutende Ereignisse oder Persönlichkeiten
herhalten, um Lebensdaten annähernd zu bestimmen. Zur Diskussion stehen die Jahre 316/17 und 336.[11] Die „lange Chronologie"
geht von 316 aus, die „kurze Chronologie" von 336. Einen Fixpunkt
bietet *eine* Angabe im zweiten Dialog 7,4: Die Gemahlin des Usur-
pators Magnus Maximus habe den 70-jährigen Martin bedient.
Das tat sie im Jahr 385 oder 386, als der Bischof wegen des Priscillianistenstreits an den Kaiserhof nach Trier gereist war.[12] Zum
Jahr 316/17 passt auch die Angabe Gregors von Tours, Martin sei
im 11. Jahr der Regierung Kaiser Konstantins geboren.[13]

Für welches Geburtsjahr man sich letztlich entscheidet, hängt
auch von der Länge der Dienstzeit ab, die Martin in einer Eliteeinheit des römischen Heers zugebracht hat. Sulpicius versuchte,
das Soldatenleben seines heiligen Protagonisten möglichst zu ver-
kürzen. Seine hagiographische Absicht brachte jedoch einige Verwirrung in die Lebensdaten Martins. Da ich gegen Sulpicius und
andere Forschungsansätze für eine reguläre Dienstzeit plädiere, die
der Soldat Martin im römischen Heer ableistete, also wenigstens
zwanzig Jahre, gehe ich ebenfalls von 316/17 als Geburtsjahr aus.[14]

Martins Eltern gehörten nicht der Unterschicht an, und die Kaserne spielte in der Karriere von Martins Vater eine wichtige Rolle,
wie Sulpicius sogleich herausstellte: „Martin stammte von Eltern ab,
die nach weltlichem Maßstab von nicht geringem Stand, allerdings
Heiden waren. Sein Vater war zunächst einfacher Soldat, später
Militärtribun."[15] Eine militärische Laufbahn war für einen Mann
aus Pannonien nahezu eine typische Karriere. Denn die Donau-
region und das Balkangebiet, die als Illyricum zusammengefasst
wurden, stellten seit dem dritten Jahrhundert den größten Nach-
schub für das römische Heer. Illyrische Soldaten waren für ihre
Tapferkeit berühmt. Die Armee bot ihnen Aufstiegschancen, und
im Idealfall brachte es ein ebenso begabter wie ehrgeiziger Haude-
gen bis auf den Kaiserthron. Die bedeutendsten Kaiser des vierten

Jahrhunderts, Diocletian und Konstantin der Große, sind das beste Beispiel. Martins Vater stieg dank seiner soldatischen Tüchtigkeit vom einfachen Soldaten zum Tribun auf und gehörte damit zu den angesehenen Offizieren der römischen Armee. Zu Beginn des fünften Jahrhunderts erreichten Tribun sogar senatorischen Rang und standen nach ihrer Entlassung Provinzstatthaltern gleich.[16]

Da die Söhne von Soldaten mittlerweile gesetzlich gezwungen waren, ebenfalls in der Armee zu dienen, war die Laufbahn des kleinen Martin vorgezeichnet.[17] Der stolze Vater war mit dieser Aussicht mehr als einverstanden, wie der Name beweist, den er für seinen Stammhalter aussuchte: Martinus leitet sich von Mars, dem römischen Kriegsgott, ab. Der ursprüngliche Personenname hieß Martius. In der Spätantike verbreitete sich dann die Form Martinus.[18] Folgte Martins Vater bei der Namensgebung seines Sohnes nur einer Mode? Oder hatte er Sprachgefühl und wählte die Adjektivendung -inus, welche die Zugehörigkeit zu einer Person oder die Herkunft von einem Ort bezeichnete?[19] Martinus gehörte also zum Gott Mars, wie Latinus nach Latium gehörte. Eigentlich ist Martinus ein Beiname, ein *cognomen*, der dritte Bestandteil im dreigliedrigen römischen Namensystem nach Vornamen (*praenomen*) und Familiennamen (*nomen gentile*). Wie Martins Vor- und Familiennamen lauteten, ist nicht überliefert. Das Schweigen der Quellen fällt nicht weiter auf, weil seit konstantinischer Zeit Vor- und Familiennamen mehr und mehr im Alltagsgebrauch zugunsten des Beinamens verschwanden. Eine Ausnahme bildeten Urkunden. In der Stammrolle seiner Truppe wurde der Soldat Martin demnach mit seinen drei Namen verzeichnet. Vor allem Christen begnügten sich mit der Einnamigkeit. Berechnungen haben ergeben, dass in römischen Inschriften Männer christlichen Glaubens zwischen 313 und 410 zu 89,4 Prozent nur noch einen Beinamen trugen, Christinnen zu 89,1 Prozent.[20] Wie der Index zu der Sammlung christlicher Inschriften von E. Diehl zeigt, wurde Martinus in der Spätantike ebenfalls ein beliebter christlicher Name, nachdem der Bezug zum

Kriegsgott Mars in den Hintergrund getreten war. Daher verbreitete sich vor allem in Gallien auch der weibliche Name Martina.[21] Man mag sich fragen, ob in Einzelfällen im fünften und sechsten Jahrhundert die Erinnerung an den Bischof von Tours Pate für die Namensgebung Martinus gestanden hat.

Sulpicius betonte, dass Martins Eltern „Heiden" waren. Für „Heiden" wählte er das bei den Kirchenvätern übliche substantivierte Adjektiv *gentiles,* das leicht abschätzig klang. Auch später behielt er dieses Wort bei oder wählte den Kollektivbegriff *gentilitas,* obwohl beide Ausdrücke in der christlichen Literatur mit der Zeit von *paganus* verdrängt wurden.[22] Martins Eltern erlebten die achtjährige Christenverfolgung unter Diocletian (303–311). Galerius, sein Unterkaiser und späterer Nachfolger, der das Illyricum unter sich hatte, setzte die Verfolgungsbestimmungen besonders eifrig um. In dem Ziel, die Armee von Christen zu säubern, waren sich der Senior Augustus und sein Thronfolger mehr als einig.[23] Ein Opfer der Säuberungen war Bischof Quirinus von Siscia. Im Jahr 308 wurde er in Savaria von dem pannonischen Statthalter Amantius verhört, der ihn zum Tod durch Ertränken in dem durch die Stadt fließenden Gewässer verurteilte. Mischten sich vielleicht auch Martins Eltern unter die Zuschauer, die den Schauprozess und die Todesqualen des Verurteilten als lustvolle Abwechslung in ihrem Alltag erlebten? Hieronymus nannte das Datum in seiner Chronik; die grausamen Einzelheiten berichteten Gregor von Tours und die spätere Vita des Märtyrers. Gregor lobte die Christen, weil sie ohne Angst vor den hasserfüllten Heiden versuchten, den Ertrinkenden zu retten.[24]

Die Geschichte besagt: Es gab eine christliche Gemeinde in Savaria. Leider sind zwei Grabinschriften, die christliche Familien in der Stadt bezeugen, nicht genau zu datieren.[25] Doch belegen Grabfunde auf pannonischen Friedhöfen, dass der christliche Glaube im heutigen Ungarn schon länger Fuß gefasst hatte. Ein typisches Landesprodukt – Bildbeschläge auf Kästchen – verrät einen christlich-heidnischen Synkretismus: Christen scheuten sich nicht, biblische Motive neben heidnische Göttergestalten zu stellen.[26]

Martins Vater erlebte die Entwicklung des christlichen Glaubens von einer verfolgten zu einer *religio licita*, einer erlaubten Religion. Die Christianisierung schritt langsam voran. Selten machten plötzliche und radikale Konversionen von sich reden. Da die Armee ein Hort römischer Traditionen war, blieb der größere Teil der Soldaten den alten Göttern treu. Martins Vater war keine Ausnahme, und wie seine Kameraden brachte er dem Fahnenheiligtum mit den Feldzeichen, den dort aufgestellten Götterstatuen und Kaiserbildern größte Verehrung und Ehrerbietung entgegen.[27] Unter die althergebrachte Heeresreligion einen kühnen Schlussstrich zu ziehen, hätte Kaiser Konstantin nicht wagen können, obwohl er das Christentum förderte und als einende Reichsreligion im Sinn hatte. Als er daher den Sonntag als Feiertag einführte, gab er den christlichen Soldaten Urlaub, damit sie die Kirche und den Gottesdienst besuchen konnten. Alle anderen sollten sich auf freiem Feld versammeln und für den Kaiser und seine Söhne ein Gebet zu einem nicht näher bezeichneten Gott sprechen.

Martin wuchs in Ticinum, dem heutigen Pavia, auf,[28] in das es den Vater beruflich verschlagen hatte. Da sich dort eine Waffenfabrik befand, die Schilde und Schwerter produzierte, dürfte der Vater sie als *tribunus fabricae* geleitet haben.[29] Denn im benachbarten Cremona gab es eine weitere Waffenfabrik, die ebenfalls von einem Tribun befehligt wurde.[30] Vermutlich wird der Vater seinen Sohn von früh auf für das Militär begeistert haben. Er wird dem kleinen Martin von seinen Abenteuern erzählt, die verschiedenen Stationen seiner Karriere geschildert und von der Kameradschaft unter den Soldaten geschwärmt haben, und Martin wird wie alle Jungen an den Lippen des Vaters gehangen haben.

Vom „Kriegsdienstverweigerer" zum Elitesoldaten

Im Lauf seines Militärdienstes stieg Martin in die Palastgarde, die *palatini*, auf. Die Garde war eine berittene Eliteeinheit. Konstantin der Große hatte sie gegründet, nachdem er die alte Prätorianergarde im Jahr 312 aufgelöst hatte.[31] Die *palatini* gliederten sich in fünf Einheiten, *scholae*, mit jeweils 500 Mann, den *scholares*, die von der Feldarmee, den *comitatenses*, getrennt waren. Sie unterstanden dem Oberhofmeister, dem *magister officiorum*, genossen Privilegien und bezogen einen höheren Sold.[32] Bereits unter Konstantin dienten neben Römern auch Germanen in den *scholae*, vor allem Franken und Alemannen.[33] Präzis vermerkte Sulpicius in der Vita: Martin, der dem Heeresdienst in seiner Jugend gefolgt war (*armatam militiam in adulescentia secutus*), diente in den Einheiten der Scholaren (*inter scolares alas ... militavit*) unter Constantius, danach unter dem Caesar Julian".[34] Die zwei Karrierestufen in Martins Militärdienst übersieht man leicht: *armatam militiam ... secutus* ist ein Partizip Plusquamperfekt, auf welches das Perfekt *inter scolares alas ... militavit* folgt.[35] Sie sprechen einmal mehr für die „lange Chronologie" und das Geburtsjahr 316/17.

Im Jahr 337 trat Constantius II. mit zwei Brüdern die Nachfolge seines Vaters Konstantin an und regierte den Ostteil des Römischen Reiches. Der Sieg über den Usurpator Magnentius im Jahr 351 brachte ihm die Gesamtherrschaft. Martin dürfte wie sein Vater im Westreich gedient haben, so dass er frühestens seit 351 in der Palastgarde Karriere machte. Als *scholar* begleitete er fortan Constantius auf seinen Feldzügen an Rhein und Donau.

Im Jahr 355 unterstellte der Kaiser einen Teil der Garde seinem zweiten Vetter Julian, der als Unterkaiser Gallien verwalten sollte. In den folgenden vier Jahren begleitete Martin den Caesar bei seinen Unternehmungen links und rechts des Rheins gegen alemannische und fränkische Stämme. 357 muss er daher auch an der großen Schlacht bei Straßburg teilgenommen haben, die mit einem spektakulären Sieg der Römer über eine alemannische Übermacht endete.[36] Geschichtsträchtige Ereignisse verbergen sich hinter den spärlichen chronologischen Angaben des Biographen Sulpicius. Umso mehr erstaunt, was er zu Martins militärischer Karriere weiter zu berichten wusste: Jener habe unfreiwillig gedient, „weil das fromme Kindesalter des bemerkenswerten Jungen fast von den ersten Lebensjahren an mehr vom Dienst für Gott schwärmte (*spiravit*)".[37] Sulpicius zufolge hatte der kleine Martin eine angeborene Sehnsucht, sein Leben dem Christengott zu weihen. Angeboren muss diese Sehnsucht gewesen sein, nicht anerzogen, weil seine Eltern dem Vielgötterglauben anhingen und ihr Kind nach alter Väter Sitte prägten. Mit der Wortwahl *spiravit* vermerkte Sulpicius, dass von Kindesbeinen an der Heilige Geist (*spiritus*) in Martin wirkte. In den Augen des Biographen war der Junge ein Mensch, den Gott für die geistliche Laufbahn vom Mönch bis zum Missionsbischof auserwählt hatte. Den Gedanken der göttlichen Berufung fand Sulpicius in den Evangelien und vor allem in den Paulusbriefen vorgeprägt. Die Kirchenväter griffen ihn auf und entwickelten ihn weiter.

Im Alter von zehn Jahren spürte Martin Sulpicius zufolge erstmals den göttlichen Ruf und öffnete sich ihm. Seine Berufung führte zwangsläufig zum Zusammenstoß mit seinen andersgläubigen Eltern: „Denn als er zehn Jahre alt war, floh er gegen den Willen seiner Eltern in eine Kirche und verlangte, Katechumene zu werden." Als er zwölf war, änderte er seinen Berufswunsch und entschied sich für ein Leben als Eremit. Doch sah er ein, dass er für ein asketisches Leben noch nicht alt genug war. Trotzdem ließ er sein Ziel nicht mehr aus den Augen und war fest entschlossen, es einmal zu verwirklichen.[38] War Martin etwa ein frühreifes, ein wenig naseweises Kind? Sulpicius spielte an dieser Stelle mit einem Topos, der in der christlichen Literatur und ihrem Lebensideal weit verbreitet war und

Vorläufer in der paganen Literatur bis zu Homer hatte: dem Ideal des *puer senex*, des Jungen, den schon im Kindesalter die Reife des Mannes oder gar des Greises auszeichnet.[39] Wählten die Biographen berühmter Philosophen die intellektuelle Frühreife als besonderes Charakteristikum des *puer senex*, bezog Sulpicius die Reife auf einen Jungen, der als Kind wollte, „was er später als Gottgeweihter erfüllte". Die präzisen Altersangaben suggerieren, dass der *puer senex* Martin kein Topos sein soll, bei dem etwa der zwölfjährige Jesus im Tempel von Jerusalem Pate gestanden hat:[40] Wie jedes Jahr unternahmen Jesus und seine Eltern eine Wallfahrt nach Jerusalem, um dort das Paschafest zu feiern. Auf dem Rückweg stellten Maria und Josef fest, dass ihr Kind verschwunden war. Als sie Jesus weder in der Pilgergruppe noch bei Verwandten und Bekannten fanden, reisten sie zurück in die Stadt Davids. Nach drei Tagen fanden sie ihren Sohn im Tempel. Er saß mitten unter den Gesetzeslehrern, stellte kluge Fragen und gab noch klügere Antworten. Als seine Mutter ihn fragte, warum er seine Eltern so geängstigt habe, antwortete er erstaunt: „Wusstet ihr nicht, dass ich in dem sein muss, was meinem Vater gehört?"[41]

Wenn Autoren zu Topoi oder topischen Schilderungen ohne zuverlässige Quellen greifen, bemühen sie gern präzise Zahlenangaben, um den Eindruck einer zuverlässigen Überlieferung zu erwecken. Hat auch Sulpicius zu diesem bewährten literarischen Mittel gegriffen? Oder ist das Bild des *puer senex* Martin seiner Überzeugung entsprungen, ein so außergewöhnliches Charisma des späteren Mönchs und Bischofs müsse bereits wie bei Jesus im Kind Martin sichtbar gewesen sein? Vielleicht hat ihm gar ein frommer Verehrer des Bischofs von Tours die Geschichte des rebellierenden Martin erzählt. So würde sich auch die literarische Komposition dieses Abschnittes erklären: der Sprung zurück von Julians Elitesoldaten zum zehnjährigen Rebellen gegen familiäre Traditionen.

Eine chronologische Schwierigkeit hält auch der Folgesatz bereit. Martins Vater, über die religiöse Entwicklung seines Stammhalters erzürnt, habe ihn im Alter von fünfzehn Jahren geschnappt, in Ketten gelegt und gezwungen, den Soldateneid abzulegen.[42] Als Sohn eines Tribun gehörte Martin zum „Militärstand", dem *ordo militiae*.[43] Mit dem väterlichen Vorbild vor Augen wäre es verständlich gewesen, wenn der Sohn sich von Kind an für eine militärische Laufbahn interessiert hätte, wie das etwa von dem jungen Offizierssohn Konstantin, dem späteren Kaiser, überliefert wird.[44] Diese naheliegende Vermutung steht gegen Sulpicius' fromme Geschichte, und es bleibt zu fragen, welche der beiden Aussagen glaubwürdiger ist. Der eisenharte Vater, der seinen Sohn lieber fesselte, als seinen Ungehorsam gegen die väterliche und staatliche Autorität hinzunehmen, passt jedenfalls besser zu einer traditionsbewussten Offiziersfamilie als der zwölfjährige frühreife Martin, der in eine Kirche flieht. Blickt man jedoch voraus auf Martins langes Soldatenleben, scheinen beide Geschichten der hagiographischen Phantasie des Autors entsprungen zu sein.

Es war durchaus üblich, dass Soldatensöhne bereits als Kinder in die Stammrolle des väterlichen Truppenteils eingetragen wurden. Sie waren die sogenannten Heranwachsenden, die sogar wie jeder Soldat eine tägliche Kornration erhielten.[45] Martin könnte zu den *lanciarii*, den Lanzenträgern, gestoßen sein, die ursprünglich in seiner Geburtsstadt Savaria stationiert waren.[46] Kaiser Diokletian hatte die Legion der *lanciarii* eingerichtet, zu der auch eine Reiterabteilung gehörte. Konstantin erhöhte ihren Rang und reihte sie unter die militärische Elite der *palatini*, der kaiserlichen Garde, ein.[47]

Der Zorn des Vaters über seinen Sohn, der angeblich aus der Art schlug, erinnert an Jesu Prophezeiung, dass die Welt seine Jünger hassen werde,[48] eine Vorhersage, die der Evangelist Matthäus noch steigerte: „Der Bruder wird den Bruder, der Vater den Sohn dem Tod überliefern."[49] Sollte sich Martin tatsächlich als zehnjähriges Kind für das Christentum und als Zwölfjähriger für ein Klosterleben interessiert haben, so bedeuteten seine Neigungen kein Hindernis für den Militärdienst. Denn Kaiser Konstantin bekannte sich spätestens seit dem Jahr 324 offen zum Christentum. Der Herrscher förderte sogar Christen in der Armee, wie sein Sonntagsgesetz bestätigte.[50]

Vor Galerius' Toleranzedikt konnte das Bekenntnis eines Soldaten zum Christentum lebensgefährlich werden. 295 erschien der junge Christ Maximilianus in Begleitung seines Vaters und eines Anwalts vor dem Statthalter. Er verweigerte die Einberufung, weil er den Soldatendienst nicht mit seinem Christentum vereinbaren konnte, und ging lieber in den Tod.[51]

Auch wenn Sulpicius seine Leser glauben machen wollte, dass der kleine Martin ebenfalls sein Gewissen spürte, sprechen die Tatsachen eine andere Sprache. Falls den erwachsenen Soldaten Martin überhaupt das Gewissen drückte, war es zunächst kein existentieller Konflikt, sondern ein Prozess, an dessen Ende der Abgang von der Armee und die radikale Entscheidung für ein Leben als Mönch standen. Dem Hagiographen mag die Schilderung einer langwierigen Entwicklung weniger ergiebig und spannend erschienen sein als die Rebellion eines Sohns gegen seinen Vater, der mit einer hilflosen Zwangsmaßnahme reagierte. So konnte Sulpicius dem kundigen christlichen Leser der *Vita Martini* eine Ähnlichkeit zwischen der Haltung des Märtyrers Maximilian und der Verweigerung Martins nahelegen, zumal sich der Autor mühte, seinen Martin als den ersten „unblutigen Märtyrer" zu propagieren.

Zu hieb- und stichfesten Details über Martins Jugendzeit schwieg Sulpicius auch deswegen, weil ihm Martin bei ihrer Begegnung in Marmoutier nichts über diese Zeit berichtet hatte. Der Greis hatte den ersten Teil seines Lebens weit hinter sich gelassen, und die Zeit legte einen sanften Schleier über belastende Erinnerungen. Falls sich Martin doch an seine Heldentaten erinnerte, verfiel er jedenfalls nicht einer Versuchung, der viele seiner Kameraden erlagen: der Ruhmsucht. Prahlerei wäre ihm als Sünde vorgekommen. Was er aus dieser Zeit preisgab oder was andere darüber kolportierten, zeigte nie den heldenhaften Soldaten, sondern stets den Menschenfreund.

Im Jahr 313 oder 319 erließ Konstantin ein Gesetz, das Soldatensöhne zum Dienst in der Armee verpflichtete: „Da unter den Söhnen von Veteranen, die zum Militärdienst geeignet sind, manche,
weil sie zu bequem sind, ihren Militärdienst verweigern, andere so
feige sind, dass sie aufgrund eines körperlichen Gebrechens der
Dienstverpflichtung entkommen wollen, verordnen wir, dass diejenigen, die als unnütz zum Heeresdienst befunden werden, weil sie
sich die Finger abgeschnitten haben, ohne irgendeine Ausnahme zu
den kurialen Ämtern und Verpflichtungen herangezogen werden."[52]
Die Unlust vieler römischer Bürger, Heeresdienst zu leisten, war
kein neues Problem, erst recht, seit es den Erbzwang für Soldatensöhne gab. Manche schnitten sich lieber die Finger ab, um nicht
dienen zu müssen. Die Phalanx der Unwilligen verdonnerte Konstantin zur Mitgliedschaft in der *curia*, dem Rat ihrer Heimatstadt.
Das lokale Engagement erfreute sich ebenfalls keiner großen Beliebt-
heit, weil auf den Kurialen oder Dekurionen empfindliche finanzielle
Lasten ruhten. Ein Verstümmelter, ein *murcus*, kam also vom Regen
in die Traufe. Als Soldat wäre er vom Dienst in einer *curia* befreit
gewesen.

Ein weiteres Gesetz aus dem Jahr 326 verlangte zudem, dass Vete-
ranensöhne erst zwischen dem 20. und 25. Lebensjahr gemustert
wurden.[53] Doch ein Vater, der seinen Sohn in Fesseln zu dem feier-
lichen religiösen Akt des Soldateneids schleppte, ist schwer vorstellbar. Unter solchen Umständen hätte sich Martin kaum zu dem fähi-
gen Soldaten entwickelt, der in eine Eliteeinheit unter Constantius II.
und Julian befördert wurde. Selbst wenn der Sohn eines Tribun
sich nicht an die kaiserliche Altersvorgabe gehalten hat und mit
etwa achtzehn Jahren, dem bisher üblichen Eintrittsalter, zur Armee gegangen ist, spricht vieles dafür, dass er lange Jahre gedient
hat. Er gehörte nicht zu den Feiglingen, die Konstantin per Gesetz
an den Pranger stellte. Nicht zuletzt waren die *scholares* für ihre
Tapferkeit berühmt und deswegen besonders gefürchtet.[54] Für Martins langjährigen Militärdienst spricht ferner, dass ihm später des-

wegen in seiner Mönchsgemeinschaft von Tours ein schwerer Vorwurf gemacht wurde und er seinem Kritiker nicht einfach über den Mund fuhr.[55]

Eine Frage bleibt allerdings bisher noch unbeantwortet: Was tat Martin in seinen Jugendjahren, bis er endgültig in die Armee eintrat? Er tat das, was verantwortungsvolle Eltern von ihren Kindern erwarteten: Er drückte die Schulbank. Eine Parallele ist die Laufbahn des Offizierssohns Konstantin, der den Rhetorikunterricht besuchte, sich aber schon in dieser Zeit durch vormilitärische sportliche Übungen auf den aktiven Dienst vorbereitete.[56] Vier Jahre dauerte in der Regel der Besuch der Rhetorenschule. Wenn Martin unter Constantius II. in eine *schola* eintrat, kam frühestens das Jahr 337 infrage. Er war dann zwanzig Jahre alt.

Sulpicius erwähnte den Bildungsweg seines Protagonisten mit keinem Wort. Sein Schweigen hängt möglicherweise mit seiner Einstellung zur klassischen Literatur zusammen. Im Eingangskapitel lehnte er den weltlichen Ruhm und die weltliche Gelehrsamkeit zusammen mit den heidnischen Klassikern ab: Sie trügen nichts zum ewigen Leben bei, seien daher kein Vorbild. Diese rigide Einstellung vertrat er allerdings erst, als er Christ geworden war. In seiner Jugend hatte er sehr wohl die Klassiker und die Rhetorik studiert. Andernfalls hätte er nicht als Anwalt praktizieren können. Und mit seiner Martinsvita und den anderen Schriften widerlegte er sich selbst. Denn sie weisen ihn als klassisch geschulten Autor aus. Die Parallele dazu ist der angeblich ungebildete (*inlitteratus*) Martin.[57]

Tatsächlich durchlief er trotz Sulpicius' Schweigen die Elementarschule und genoss den Grammatikunterricht mit anschließendem Studium der Rhetorik, so wie es für die männlichen Angehörigen der Oberschicht üblich war, also auch für Offizierssöhne. Als Anhänger des Vielgötterglaubens hatten Martins Eltern sicherlich keine Vorbehalte gegen das Studium der Klassiker. Mittlerweile sahen allerdings auch christliche Eltern den traditionellen Bildungsweg für ihre Kinder vor. Andernfalls hätte Kaiser Julian 362 nach seinem Abfall vom Christentum keinen Anlass gehabt, christlichen Lehrern den höheren Unterricht zu verbieten. Und er hätte nicht die Erwartung ausgesprochen, dass christliche Schüler durch das Studium der Klassiker wieder zum Götterglauben zurückfänden.[58]

Martins späterer geistlicher Schüler Gallus könnte durchaus recht gehabt haben mit der Einschätzung, Martin habe „den leeren Zierrat der Reden und den Wortschmuck verachtet".[59] Rührte Martins Ablehnung etwa von zwiespältigen Erfahrungen im anstrengenden Rhetorikunterricht? Er befand sich jedenfalls in guter Gesellschaft mit den Kirchenlehrern Hieronymus und Augustinus. Nur hat keiner von ihnen in der Praxis auf eine geschliffene Rhetorik verzichtet, so wenig wie Bischof Ambrosius von Mailand, der den Redelehrer Augustinus mit seinen rhetorisch ausgefeilten Predigten faszinierte. Auch der Prediger Martin schlug seine Zuhörer in Bann. Das gelang ihm auch deswegen, weil seine Predigten die bewährten Formen hatten, die er als Student der Redekunst gelernt hatte und die das gebildete Publikum von einem guten Rhetor erwartete. Ein miserabler Redner hätte den Spott der Zuhörer geerntet und ihre Herzen kaum für die Anliegen des Predigers geöffnet, weil die antiken Zuhörer von der Form auf den Inhalt schlossen. Allerdings wird es Martin mit den rhetorischen Stilmitteln nicht übertrieben und sie in den Dienst seiner Verkündigung gestellt haben. Denn die Form sollte nicht wichtiger als die „Frohe Botschaft" sein. Martin scheint eine ausgewogene Mischung gelungen zu sein. Sulpicius war auch begeistert von der Gelehrsamkeit und dem Scharfsinn, mit dem Martin die Bibel auslegte und auf jede Frage eine Antwort wusste.[60]

Der Menschenfreund

Eine scheinbar impulsive Regung der Nächstenliebe veranlasste Martin, seinen Mantel mit einem Bettler zu teilen. Eine solche Regung drängt auch heute den einen oder anderen, einem Bettler auf der Straße eine Münze in den Hut zu legen. Trifft der mildtätige Spender auf seinem Weg noch auf einen zweiten und dritten Bettler, wird er sich vielleicht mit dem Gedanken beruhigen, man solle die Nächstenliebe nicht übertreiben, und starren Blicks weitergehen. Anders Martin: Nächstenliebe (*caritas*) und Güte (*benignitas*) waren Grundzüge seines Wesens.

Sulpicius beschreibt die Menschenfreundlichkeit des Soldaten Martin in einem Charakterbild, das er vor die Schilderung der Ereignisse in Amiens schiebt, um die Leser auf dessen außergewöhnliches Verhalten vorzubereiten:[61] Seine mitmenschlichen Eigenschaften zeigten sich sogleich, als er in das Heer eintrat. Er gab sich mit nur einem Sklaven als seinem persönlichen Diener zufrieden. Wie er mit ihm umging, fiel auf. Wer die beiden beobachtete, hätte meinen können, der Diener sei der Herr und Martin der Sklave. Meist war es Martin, der seinem Diener die Stiefel auszog und putzte. Wenn sie gemeinsam aßen, übernahm Martin den Tischdienst und servierte seinem Sklaven das Essen. Mancher Kamerad dürfte gespottet haben: Feiern die beiden das ganze Jahr hindurch die Saturnalien? Denn an diesem großen römischen Volksfest, das in der zweiten Dezemberhälfte zu Ehren des altrömischen Gottes Saturn gefeiert wurde und eine Art ausgelassener Karneval war, tauschten Herren und Sklaven für einen Tag ihre Rollen.

Nachdenklichere und gebildetere Beobachter mochten sich an den Philosophen Seneca, den Lehrer Neros, erinnern: Im 47. seiner *Moralischen Briefe* führte er einen lebhaften Dialog mit seinem Adressaten Lucilius über Sklaven und ihre Behandlung. Seneca legte seinem Gesprächspartner die traditionelle Einstellung in den Mund, wenn er ihn immer wieder betonen lässt: „Sklaven sind's." Als Antwort entfaltete der Philosoph seine Auffassung, was Sklaven tatsächlich sind: Freunde auf einer niedrigeren Stufe und Mitsklaven, wenn man bedenkt, dass beide Seiten der Willkür des Schicksals ausgesetzt sind. Der Briefschreiber konzentrierte sich dann auf einen entscheidenden Aspekt, den Sulpicius vielleicht vor Augen hatte, als er Martins Soldatenleben beschrieb: „Deswegen muss ich über Leute lachen, die es für schimpflich halten, mit ihrem Sklaven zu essen."[62] Seneca war Anhänger der Stoa, die von der natürlichen Gleichheit aller Menschen ausging.

Christliche Kameraden, die über Martin und seinen Sklaven nicht weniger staunten, dachten wohl eher an den Apostel Paulus, der im Galaterbrief verkündete: „Es gibt weder Juden noch Griechen, nicht Sklaven und Freie, nicht Mann und Frau."[63] In der Stoa war es die göttliche Vernunft, die alle Menschen gleich machte, bei Paulus war es die Taufe im Namen Jesu, die die Getauften zu Kindern Gottes erhob. Martin war zu dieser Zeit noch nicht getauft, wie Sulpicius einleitend zu seiner Charakteristik betont: Obwohl noch nicht getauft „war er dennoch frei von Lastern, in denen sich jener Menschenschlag zu verfangen pflegt".[64] „Jener Menschenschlag" waren die Soldaten, denen ein übler Ruf vorausging. Wer an die rauen Sitten im Lagerleben denkt, kann ermessen, wie sehr sich Martin in seiner Lebensführung von vielen abhob.

Sulpicius lobte seinen Protagonisten weiter: „Voll großer Güte gegenüber seinen Kameraden war er, voll erstaunlicher Liebe, aber auch voll Geduld und einer Demut, die über menschliches Maß hinausging. Denn es erübrigt sich, an ihm seine Genügsamkeit zu loben, die er in solchem Maß praktizierte, dass man ihn schon damals weniger für einen Soldaten als vielmehr für einen Mönch hielt."[65] Martin fiel aus dem Rahmen. Seine Besonderheit wirkte sich jedoch nicht zu seinem Nachteil aus, wie man hätte erwarten können. Die Kameraden verkniffen sich meist nicht nur Spott und Häme, sondern respektierten ihn. Sulpicius überhöhte den Respekt durch das Verb „verehren", das üblicherweise Göttern und Heiligen gebührte. Er schrieb: „Mit diesem Verhalten nahm er alle Kameraden so für sich ein, dass sie ihn in erstaunlicher Hochachtung verehrten."[66]

Unausgesprochen bescheinigte der Biograph dem Soldaten Martin ein natürliches Charisma, mit dem er die Menschen für sich gewann. Bereits während seiner Dienstzeit war in ihm der spätere Mönch, Bischof und Missionar angelegt, obwohl er, wie Sulpicius erneut betonte, noch kein getaufter Christ war, sondern lediglich Katechumene. Welche Rollen er später einmal ausfüllen würde – Martin musste sich nicht zwingen, sie zu erfüllen. In seiner Einschätzung blieb Sulpicius dem antiken Menschenbild verhaftet, das von angeborenen Eigenschaften ausging, die sich im Lauf eines Lebens entwickelten. Hinzu kam Martins christliche Einstellung, die ihn drängte, sich mit guten Werken auf seine Taufe vorzubereiten. Er war der ideale „Taufkandidat", der tat, was man von Katechumenen erwartete: „den Mühseligen beistehen, den Elenden helfen, die Bedürftigen ernähren, die Nackten kleiden".[67] Die bekannten Tugenden der *caritas* erweiterte Sulpicius um einen Verzicht, der persönlich auf den Soldaten Martin zugeschnitten war: „nichts für sich aus dem Sold behalten bis auf die tägliche Nahrung".[68] Der Höhepunkt der Charakteristik gipfelte in dem Resümee: „Schon damals kein stummer Hörer des Evangeliums dachte er nicht an das Morgen."[69] In seiner Bewertung deutet Sulpicius das Erfolgsgeheimnis des späteren Asketen und Heiligen an: Martin war kein Theoretiker des Christentums. Seine Gottesliebe fand den Weg zum Nächsten. Er lebte wie „die Vögel des Himmels" und „die Lilien auf dem Feld", die sich nicht um die tägliche Nahrung und Kleidung sorgen.

Die Mantelteilung in Amiens gehörte, so wie Sulpicius sie bewertete, ebenfalls zur Taufvorbereitung. Denn in der darauffolgenden Nacht war Martin im Traum Christus erschienen.[70] Engel befahlen ihm, die Erscheinung aufmerksam zu betrachten: Christus trug den Mantelteil, mit dem der barmherzige Soldat den Bettler bekleidet hatte. Der Träumende hörte, wie Jesus zu den Engeln sagte: „Martin, der noch Katechumene ist, hat mich mit diesem Gewand bedeckt." An die Vorstellung des Taufbewerbers fügte Jesus eine Bewertung der guten Tat von Amiens: „Was immer ihr einem dieser Geringsten da, getan habt, habt ihr mir getan."[71] In der Gestalt des

Bettlers war Martin Christus selbst begegnet, und er hatte sich würdig erwiesen, Christus nachzufolgen und die Taufe zu empfangen. Sulpicius begriff die Vision als nachträgliche Auszeichnung seines Protagonisten, und er machte Jesus zum Zeugen für die Historizität der Mantelteilung. Das war ein kluger Schachzug. Denn kaum einer seiner christlichen Zeitgenossen hätte gewagt, die Erscheinung in Zweifel zu ziehen. Nicht wenige hätte die Gotteserfahrung zum prahlsüchtigen Schwätzer werden lassen. Martin dagegen sah an erster Stelle die Güte Gottes, die sich an ihm offenbart hatte, und fasste den Entschluss, sich im Alter von achtzehn Jahren taufen zu lassen.

Die Entlassung

Martins Militärzeit endete Sulpicius zufolge mit einem Paukenschlag: Zum Abschluss eines Kriegsjahrs verteilte sein Feldherr Julian eine Sonderzulage an die Soldaten. *Donativum* wurde sie genannt, weil sie ein Geschenk, ein *donum,* zum regulären Sold war. Längst hatten sich Donative bei besonderen Anlässen eingebürgert, etwa bei der Thronbesteigung eines Kaisers, deren Jahrestag oder dem Geburtstag eines Mitglieds der Herrscherfamilie. Auch feste Summen waren dafür üblich geworden, so dass die Soldaten damit rechnen konnten, was sie im Lauf eines Jahres zu ihrem Sold, dem *stipendium,* hinzuverdienten. Kein Kaiser oder Caesar konnte sich erlauben, knausrig zu sein und die Donative auszusetzen. Sein Geiz hätte die Loyalität der Soldaten auf eine harte Probe gestellt und die Machtgrundlage seiner Herrschaft aufs Spiel gesetzt. Die Auszahlung des Donativs war ein erfreuliches Ereignis im Alltag des Heeres, und es war in der mehr als 300-jährigen Geschichte des römischen Kaisertums noch nie vorgekommen, dass ein Soldat eine solche Gratifikation abgelehnt hatte.[72]

Es musste ein Martin von Tours kommen, um einen solchen

Eklat zu provozieren, dessen Wirkung er noch steigerte, als er zugleich seinem Feldherrn den Gehorsam aufkündigte. Dass Soldaten desertierten, sogar zum Feind überliefen, kam immer wieder vor. Desertion war Hochverrat und wurde hart bestraft, oft mit der Hinrichtung des eingefangenen Deserteurs. Aber das Donativ ablehnen und seinen Abschied vom Heer dem Oberkommandierenden ins Gesicht schleudern war in dessen Augen und in den Augen der Kameraden eine unverschämte Provokation. Vor diesem Hintergrund wird deutlich, dass Sulpicius ein hochdramatisches Ereignis schilderte, das die Mantelteilung von Amiens weit in den Schatten stellte. Spektakulärer wie kaum mehr in seinem späteren Leben bekannte sich Martin vor Julian und den Kameraden zum Christentum: „Während damals die Barbaren in Gallien eindrangen, holte der Caesar Julian bei der Stadt Worms die Soldaten zusammen und begann, an sie ein Donativ zu verteilen. Und wie üblich wurden sie einzeln vorgerufen, bis die Reihe an Martin kam. Der aber hielt jetzt den rechten Zeitpunkt für gekommen, um seine Entlassung zu erbitten, und da er es nicht für ehrenwert hielt, ein Donativ anzunehmen, wo er nicht mehr dienen werde, sprach er zum Caesar: ‚Bisher habe ich dir gedient; erlaube mir, dass ich nunmehr Gott diene. Wer kämpfen werde, möge sein Donativ annehmen; ich bin ein Soldat Christi, mir ist es nicht erlaubt zu kämpfen.' Auf diese Rede hin geriet der Machthaber in Zorn und sprach, jener lehne den Militärdienst aus Furcht vor dem Kampf am folgenden Tag ab, nicht wegen seiner Religion. Aber Martin erwiderte unerschrocken: ‚Wenn man meine Haltung meiner Feigheit zuschreibt, nicht meinem Glauben, werde ich mich morgen unbewaffnet vor die Schlachtreihe stellen, und ich werde im Namen des Herrn Jesus, nur mit dem Zeichen des Kreuzes und nicht mit Schild oder Helm gewappnet, sicher in die Reihen der Feinde eindringen.' Man befahl danach, ihn in Gewahrsam zu nehmen, damit er seine Worte wahr machen und sich den Barbaren unbewaffnet entgegenstellen werde."[73]

Martin quittiert vor dem Caesar Julian den Militärdienst, während im Hintergrund das Donativ ausgezahlt wird.
Fresko von Simone Martini, San Francesco, Assisi, Martinskapelle in der Unterkirche um 1320/25.

Hinter Martins Haltung und Auftreten schimmert eine Diskussion durch, die Sulpicius' Darstellung beeinflusst hat: die Einstellung des Christentums zum Militärdienst. Seit Konstantins Bekehrung war das Verhältnis zwischen Christentum und Soldatentum im Grunde nicht mehr konfliktgeladen. Zog der Kaiser doch unter einem christlichen Banner, dem *labarum*, in den Kampf. Sulpicius' Bericht erinnert an eine ältere Epoche, vor allem an die Zeit unter dem kaiserlichen Christenverfolger Diokletian, als Christen generell den Heeresdienst verweigerten oder sich während ihrer Dienstzeit als Christen bekannten und hingerichtet wurden. In beiden Fällen sind Märtyrerakten erhalten. Sie schildern Auseinandersetzungen zwischen christlichen Soldaten und der Staatsgewalt, die dem Zusammenstoß zwischen Martin und Julian ähneln. 298 kündigte der Centurio Marcellus in Tanger während eines Festmahls, das am Geburtstag des Kaisers gegeben wurde, vor seinen Kameraden an: „Ich diene dem ewigen König Jesus Christus. Ich höre nunmehr auf, euren Kaisern zu dienen." Und er legte vor dem Fahnenheiligtum seiner Truppe seinen Offiziersgürtel ab und weigerte sich, die heidnischen Götter zu verehren. Wie der junge Rekrut Maximilianus wurde er mit dem Schwert hingerichtet.[74] Martin entging diesem Schicksal, weil Julian zunächst wissen wollte, ob er sein vollmundiges Versprechen wahr machen und am nächsten Tag ohne Waffen den Feinden entgegentreten werde.

Beim Namen Julian dachte jeder Leser sofort an den berüchtigten Abtrünnigen, den Apostata, der sich im Jahr 360 gegen seinen christlichen Vetter Constantius empört hatte. Nach Constantius' überraschendem Tod vor der Entscheidungsschlacht im Jahr 361 wurde Julian Alleinherrscher und versuchte, das Christentum auszurotten und den alten Götterglauben wieder zur herrschenden Religion zu machen. Sulpicius deutete Julians spätere Entwicklung mit dem Wort *tyrannus* an, das in der Spätantike nicht nur den Usurpator, sondern auch den Christenverfolger bezeichnete.[75] Während seines Caesariats in Gallien gab sich Julian indes noch als

Christ. Daher kann der religiöse Konflikt zwischen ihm und Martin nicht die entscheidende Rolle gespielt haben.

Es gibt noch einen weiteren historischen Vorbehalt gegen Sulpicius' Erzählung: Sein Mitbruder und Kritiker Brictius machte Martin den früheren Militärdienst zum Vorwurf. Dessen dramatischer vorzeitiger Abschied hätte Brictius' Kritik entkräftet, wenn er wirklich stattgefunden hat. In seinem zweiten Brief findet Sulpicius scheinbar bedauernde Worte über Martin: „Die Zeitumstände konnten ihm nicht das Martyrium gewähren", um sich dann zu korrigieren: „Dennoch muss er nicht den Ruhm des Märtyrers entbehren, weil er nach seinem Wunsch und seiner Tapferkeit Märtyrer hätte sein können und das auch gewollt hat."[76] Martins angeblicher Bekennermut vor Julian bestätigte diese Aussage. Vor dem späteren Apostaten und Christenverfolger Julian hätte er mit dem Glaubenszeugnis seine Hinrichtung provoziert, wie die Vorgänger Maximilianus und Marcellus beweisen.

Unabhängig von ihrer Historizität birgt die Episode von Worms ein chronologisches Problem, das in der Forschung umstritten war. Meist wird sie in das Jahr 356 datiert, als der Caesar Julian in seinem ersten gallischen Kriegsjahr einen Zug vom Elsass nach Köln unternahm. Dessen Umgebung war wie die anderer Städte entlang des Rheins von den Germanen besetzt worden. Der Historiker Ammianus Marcellinus berichtete über Julians Zug und die germanische Landnahme rings um die Städte. Doch ob Julian Worms betreten hat oder gar bereits das gesamte linksrheinische Gebiet befreit hat, überlieferte er nicht. Der einzige spektakuläre Erfolg seines Blitzzugs war die Rückeroberung Kölns.[77]

Während dieses Vorstoßes, dessen Schnelligkeit Ammianus herausstellte, war weder Zeit, Donative zu verteilen, noch gab es im ersten Kriegsjahr einen besonderen Anlass, die Soldaten auszuzeichnen. Julian hätte auch kein Geld gehabt. Denn sein Vetter Constantius war bereits mit der Auszahlung des Solds in Rückstand geraten und hatte die Soldaten verärgert. Zwei Jahre später meuterten sie wegen des Zahlungsverzugs und der erbärmlichen Versorgungslage. Mit Mühe gelang es Julian, die Aufmüpfigen zu beruhigen.[78] Unmittelbar nach dem Aufstand erschien der Alemannenkönig Suomar bei Julian und überraschte mit der Bitte um Frieden. Wenn Martin tatsächlich versprochen hätte, allein in den Kampf zu ziehen, so hätte sich sein Versprechen erledigt, und der Hagiograph hätte recht mit seiner Aussage gehabt: „Gott ersparte ihm die Notwendigkeit zu kämpfen." Vermutlich hat ein späterer Verehrer den dramatischen Abgang seines Helden in diesen historischen Zusammenhang gestellt. Allen bösen Stimmen, die ihn als ehemaligen Soldaten verunglimpften, hielt er die göttliche Vorsehung entgegen, die den Heiligen vor dem blutigen Soldatenhandwerk bewahrt habe: „Denn Christus sollte seinem Soldaten keinen anderen Sieg gewähren, als dass niemand starb, nachdem die Feinde sich ohne Blutvergießen unterworfen hatten."[79] Dass Kritiker ihm überhaupt aus seinem Militärdienst einen Strick zu drehen versuchten, ist ein weiterer nachträglicher Beleg für seine langjährige Dienstzeit, die „lange Chronologie" und das Geburtsjahr 316/17. Sulpicius' vorangegangene Verteidigung Martins, er habe nach der Taufe den Militärdienst nicht sofort aufgegeben und sei nur dem Namen nach Soldat gewesen, deutete bereits in dieselbe Richtung. Es galt, seine peinlich lange Dienstzeit zu verschleiern.

Das Versteckspiel des Biographen hatte Erfolg, weniger bei kritischen Weggefährten Martins wie Brictius, doch umso mehr in den nachfolgenden Generationen bis in die Gegenwart. Die Gestalt des heiligen Martin ließ sich leicht instrumentalisieren, und besonders hartnäckig hält sich bis heute die Mär vom „Kriegsdienstverweigerer". Es waren vor allem einzelne Persönlichkeiten des öffentlichen Lebens wie der Kölner Schriftsteller Heinrich Böll, welche die Fahne „Martin, der Pazifist" hissten. Das tat er auch, um gegen die Wiederbewaffnung der Bundesregierung zu protestieren. Böll: „Martin von Tours ist eine historische Figur, nur: der rote Offiziersmantel und der goldene Helm sind die falsche Verkleidung für den Reiter. ...

Martin von Tours wurde immerhin achtzig Jahre alt, und die Offizierskleidung legte er schon als Achtzehnjähriger ab, ob als Wehrdienstverweigerer oder nur als Berufswechsler, ist nicht bekannt; es wäre also nur gerecht, wenn der schmucke Reiter, dem die singenden und lärmenden Kinder an nebligen Novembertagen folgen, im Verlaufe seines Rittes die Kleider wechselte, zum Mönch, zum Priester, zum Bischof sich umkleidete, denn Martin trug nur wenige Jahre Uniform, wahrscheinlich zwei oder drei Jahre. Mehr als sechzig Jahre seines Lebens ging er in ärmlicher Priesterkleidung. Er war ein Mann des Widerstands."[80] Für den Soldaten und loyalen römischen Bürger Martin trifft Bölls Einschätzung nicht zu. Widerstand leistete Martin durchaus in anderen Zusammenhängen, etwa im Priscillianistenstreit am Kaiserhof zu Trier.[81]

Auf Heimatbesuch

Nachdem Martin „das Militär verlassen hatte, suchte er den heiligen Bischof Hilarius von Poitiers auf, dessen treues Wirken im Dienst Gottes damals berühmt und bekannt war".[82] Im Lauf der ersten Hälfte des Jahres 356 war Hilarius, der strenge Verteidiger des Nicäischen Glaubensbekenntnisses, vom arianisch gesinnten Kaiser Constantius II. in die Verbannung nach Kleinasien geschickt worden. Wer daher annahm, Martin habe den Militärdienst im Jahr 356 quittiert, ließ ihn mit dem Bischof von Poitiers zusammentreffen, bevor dieser ins Exil gezwungen wurde. Da bei diesem Treffen die Weichen für Martins geistliche Zukunft gestellt wurden, ist ein „Schnellverfahren" vor Hilarius' Abreise wenig wahrscheinlich. Sulpicius deutete zudem bei der Begegnung zwischen Martin und Hilarius nach dessen Rückkehr aus der Verbannung 360/61 an keiner Stelle an, dass sich die beiden Männer zum zweiten Mal trafen.[83] Einen weiteren Hinweis gab der Verfasser selbst im ersten Dialog, in dem er, wie in den zwei weiteren Dialogen, seine Martinsvita er gänzte. Um sie gegen Kritiker zu verteidigen, korrigierte er sie an der einen oder anderen Stelle unauffällig:

Am Ende des ersten Dialogs kündigte der Martinsschüler Gallus an, er werde im weiteren Gespräch nicht mehr wiederholen, was Sulpicius in der *Vita* bereits über Martin ausgeführt habe: „Daher werde ich dessen erste Taten im Militärdienst übergehen und werde die Dinge nicht berühren, die er als Laie und als Mönch getan hat; denn ich werde nicht berichten, was ich von anderen vernommen habe, sondern nur, was ich selbst erlebt habe."[84] Gallus eröffnete also seinen Augenzeugenbericht mit Martin auf dem Bischofsthron. Das frühere Leben seines geistlichen Lehrers war ihm – und das heißt im Grunde Sulpicius – nur vom Hörensagen bekannt und wohl auch weniger wichtig. Gallus nannte drei Lebensabschnitte, die des Soldaten, des Laien und des Mönchs. Sie folgten einander offensichtlich chronologisch: Zwischen Militärdienst und Mönchtum, das in Hilarius' Nähe nach dessen Exil begann, schob sich die Zeit des Laien Martin.

In den Jahren 360/61 war der Veteran Martin also bei Hilarius, der ihn zum Exorzisten geweiht habe. Aber „nicht viel später wurde Martin durch einen Traum aufgefordert, in geistlicher Sorge sein Vaterland und seine Eltern zu besuchen, die noch im Heidentum gefangen waren."[85] Die Einzelheiten des Traums behielt Martin für sich. Er sprach lediglich von einer Aufforderung, die sich an den künftigen Missionar richtete. Die Eltern sollten die Ersten sein, die er mit missionarischem Eifer bekehren wollte. Der Traum erlaubte ihm einen Blick in die Zukunft: „Traurig trat er, wie man berichtet, jene Reise an, und er prophezeite, er werde viel Widerwärtiges erleiden"[86] Martin schätzte sein neues Apostolat richtig ein: Mission würde eine sehr mühselige, ja lebensgefährliche Aufgabe werden.

Die Vorahnungen bestätigten sich bereits auf dem Weg nach Pannonien. Martin wählte nicht die Route entlang der Donau, sondern überquerte die Alpen nach Italien, um auf der bequemen, die Poebene durchschneidenden Via Postumia nach Aquileia zu reisen. Von dort führte eine große Straße über die Julischen Alpen zum Drehkreuz Poetovio und weiter nach Osten. Schon vorher war Martin unter die Räuber gefallen. Er kam zwar mit dem Leben davon; doch die Einzelheiten, die Sulpicius berichtete, erinnern an manche Schauergeschichte in antiken Romanen des Hellenismus und der Kaiserzeit. Räuber gehörten ebenso zum literarischen Inventar wie der glückliche Ausgang für den Helden oder die Heldin. Unter den Spitzbuben fand sich meistens einer, der im Grunde seines Herzens ein anständiger Mensch geblieben war. Manchmal verbarg sich die edle Seele sogar im Räuberhauptmann.[87] In Sulpicius' Reisebericht gibt es dazu Parallelen.

Da das Räuberunwesen eine ständige Plage war, die eher für den Wahrheitsgehalt der Romane sprach, zweifelten Sulpicius' Leser nicht daran, dass es Martin tatsächlich so ergangen war:[88] Einer der Räuber wollte ihm mit einer Axt den Schädel spalten, der andere riss gerade noch dessen erhobenen Arm zurück. Nun banden sie ihrem Gefangenen die Arme auf den Rücken und übergaben ihn einem Dritten, der ihn abführen und in einem stillen Winkel ausplündern sollte. Der Bewacher fragte ihn nach dem Namen, und Martin antwortete, er sei Christ. Es war die gleiche Antwort, die auch Christen in Christenprozessen gaben, wenn der Richter sie als Erstes nach ihrem Namen fragte. Auf die nächste Frage, ob er denn keine Angst habe, erwiderte Martin, gerade unter schwierigen Umständen vertraue er auf die Barmherzigkeit (*misericordia*) Gottes. Er bedauere eher denjenigen, der Christi Erbarmen unwürdig sei, weil er das Räuberhandwerk betreibe. Mit diesen Worten hatte Martin einen Köder ausgelegt, den der Räuber schluckte: Der Gefangene begann, seinem Wächter das Evangelium zu predigen. „Was soll ich noch länger zögern", warf Sulpicius ein, um den Leser, der ahnte, wie die Sache ausgehen werde, nicht auf die Folter zu spannen: Der Räuber wurde gläubig und ließ seinen Gefangenen laufen, nicht ohne ihm die Bitte mit auf den Weg zu geben, er möge für ihn zu

71

Gott beten. Vorsorglich beschied Sulpicius den Leser, den vielleicht Zweifel beschlichen: Den Räuber sah man später ein religiöses Leben führen, und es gab Leute, die seine Geschichte von ihm selbst erfahren hatten. Der bekehrte Verbrecher war der Erste auf der langen Liste derer, die der Missionar Martin für das Christentum begeisterte. Die Bekehrungsgeschichte bewährte sich auch als Trost für den angehenden Missionar. Denn in seiner Heimat musste Martin erfahren, dass nicht jeder ihn und seine Frohe Botschaft mit offenen Armen aufnahm und dass seine aufrichtigen Bemühungen oft ins Leere liefen.

Die Räubergeschichte bot einen letzten Beweis, dass Martin Hilarius, den standfesten Verteidiger des Nicaenum, erstmals nach dessen Rückkehr aus dem Exil getroffen hat: Venantius Fortunatus, einer der Nachfolger auf dem Bischofsstuhl von Poitiers, verfasste eine Vita des Hilarius, in der er den späteren Zeitpunkt der Begegnung zwischen Martin und Hilarius bestätigte, und er ergänzte, Martin sei erst danach zum Exorzisten geweiht worden.[89] Eindeutig folgte Venantius einer lokalen Überlieferung. In Poitiers hatte man selbstverständlich nicht vergessen, wann sich die beiden berühmten Männer erstmals von Angesicht zu Angesicht begegnet waren. Auch in seiner Dichtung über das Leben Martins, bei der er Sulpicius' Darstellung folgte, wich Venantius dementsprechend von seiner Vorlage ab: Nach Martins Ausscheiden aus dem Militär ging er direkt zu dem Raubüberfall in den Alpen über.[90]

Die erste größere Station auf dem Weg in die Heimat, die Sulpicius nannte, war Mailand.[91] Nach den Räubern stieß Martin hinter Mailand auf einen noch schlimmeren Feind: In menschlicher Gestalt stellte sich ihm der Teufel in den Weg. Lauernd fragte er ihn, wohin er gehe. Er gehe dorthin, wohin Gott ihn rufe, beschied ihm Martin, der sein Gegenüber durchschaut hatte. Der Teufel ließ nicht locker und drohte: „Wohin du auch gehen oder was du auch unternehmen wirst, Satan wird dir entgegentreten." Martin parierte die teuflische Prophezeiung mit einem Gottesbekenntnis:

„Gott ist mein Helfer. Ich habe keine Angst vor dem, was mir ein Mensch antun wird." Der Teufel verschwand, und der Weg war frei.[92] In Poetovio bog Martin nach Norden ab, um auf einer Nebenstraße die letzten 60 Kilometer bis zu seiner Geburtsstadt zu bewältigen.[93]

Das Gespräch zwischen Martin und dem Teufel bot einen Vorgeschmack auf weitere Begegnungen mit der Welt des Bösen, die ihn bis auf sein Sterbelager begleitete.[94] Wie sind die Zusammentreffen mit dem großen Versucher einzuschätzen? Die erste Begegnung ist leicht zu entschlüsseln. Martin traf unterwegs auf jemanden, der ihm im Lauf eines Gesprächs seine Mission in Savaria und sein künftiges Leben als Mönch auszureden versuchte. Mönche standen nicht bei allen Christen in gutem Ruf. Erst recht schüttelten viele den Kopf, wenn sich ein gesunder Mann in den besten Jahren entschloss, fortan ein keusches Leben zu führen. Martin ließ sich nicht irremachen. Denn hinter den scheinbar gut gemeinten Ratschlägen konnte nur der Verführer aus der Hölle stecken, der sich listig menschlicher Hilfe bediente. Auch Martin blickte in die Zukunft und wappnete sich „mit prophetischer Hilfe".

Sah der realistische Blick des mitreisenden Warners die religiösen Schwierigkeiten voraus, auf die der Christ Martin in der Heimat treffen würde? Bei seiner Mutter hatte Martin Erfolg. Sie bekehrte sich zum Christentum. Der Vater widersetzte sich dem missionarischen Eifer des Sohnes und blieb dem römischen Pantheon treu. Das eiserne Nein seines konservativen Vaters muss Martin geschmerzt haben. Vielleicht setzte er auf den sanften Einfluss seiner bekehrten Mutter, die zu einer christlichen Familienmissionarin reifen mochte, so wie es viele Christinnen in gemischt religiösen Ehen vorlebten. Martin war nach Hause zurückgekehrt, um ein Zeichen zu setzen. Er wollte sein neues Leben als Mönch bei seinen familiären Wurzeln beginnen, sie gleichsam in Christus erneuern und vom Aberglauben heilen. Sicher hatte ihn auch die Liebe zu seinen Eltern heimgeführt. Sie standen ihm am nächsten, und ihnen wollte er unbedingt das Geschenk des Glaubens bringen und damit die Aussicht auf ewiges Heil.

Verschloss sich sein Vater auch der Botschaft Jesu, tröstete Martin die Konversion anderer Einwohner, die er aufgrund seines vorbildlichen Verhaltens für das Christentum gewinnen konnte. Unter ihnen dürften nicht nur Verehrer der alten Götter gewesen sein, sondern in noch höherer Anzahl Anhänger des Arianismus, die zum Credo von Nicäa zurückkehrten und zum Bekenntnis, dass der Gottessohn dem Vater „wesenseins" ist. Denn in den vergangenen Jahren hatte sich die Auffassung des Arius, der Gottessohn sei dem Vater nur „wesensähnlich", im Osten des Reiches und vor allem auch im Illyricum durchgesetzt. Ein Grund für diese Entwicklung war Kaiser Constantius II., der seit 351 Alleinherrscher des Reiches war und sich zum Arianismus bekannte. Zahlreiche Bischöfe folgten ihm, zumal nachdem er den Usurpator Magnus Magnentius, den Mörder seines Bruders Constans, 351 geschlagen hatte und dieser 353 Selbstmord verübt hatte. Auf den Konzilien von 353, 355 und 356, die Constantius einberufen hatte, behielten die Arianer die Oberhand und Gegner wie Hilarius von Poitiers wurden durch Verbannung kaltgestellt.[95] In manchen Städten mündete der theologische Streit in handfeste Auseinandersetzungen, so auch in Savaria, wie Martin zu spüren bekam. Gerade weil er Arianer zum Abfall bewegte, machte er sich besonders verhasst. In aller Öffentlichkeit wurde er ausgepeitscht und schließlich aus der Stadt getrieben.[96]

Martin überlegte, ob er nach Gallien zurückkehren solle. Doch da sich der Arianismus nach Hilarius' Verbannung weiter ausgebreitet und die Christengemeinden gespalten hatte, entschied er sich wieder für Mailand. Dort richtete er sich eine Mönchszelle ein. Zelle und Mönch erregten jedoch auch hier den Ärger des arianischen Bischofs der Stadt. Als Inhaber des Bischofsstuhls der Residenzstadt war Auxentius das Haupt der Arianer. Er begann eine Kampagne gegen Martin und sorgte mit persönlichen Angriffen, dass der sendungsbewusste Mönch bald die Stadt verließ. Offensichtlich hatte

Martin sofort Menschen angezogen, Christen wie Nichtchristen. Einer von ihnen, ein Priester, folgte ihm auf das Inselchen Gallinaria, das heutige Gallinara. Das Eiland, im Tyrrhenischen Meer vor der italienischen Riviera gelegen, hatte seinen Namen nach den wilden Hühnern erhalten und war menschenleer.[97] Die unwirtliche Gegend zwang die beiden Eremiten, sich von Kräutern zu ernähren. Als Martin einmal zu viel Nieswurz gegessen hatte, die in Maßen als Brech- und Abführmittel diente und auch bei Epilepsie und Wahnsinnsanfällen eingesetzt wurde, zog er sich eine Vergiftung zu, die ihn an den Rand des Grabes brachte. Nur inniges Gebet habe ihn gerettet, überlieferte Sulpicius.[98] Er hätte hinzufügen können, dass einen altgedienten Soldaten wie Martin nichts so leicht umbrachte. Seine robuste Konstitution wird ihn noch manches Mal vor schlimmeren Folgen bewahren. Einmal stürzte er eine Treppe hinunter. Seine Mitbrüder hielten ihn bereits für tot. Doch Martin rappelte sich wieder auf und ging wortlos in seine Zelle. Als er am nächsten Morgen voller blauer Flecken wieder zu ihnen stieß, waren sich die Augenzeugen einig: Das war ein Wunder.[99]

Hilarius von Poitiers – Mentor und Vorbild

Als Martin erfuhr, dass Bischof Hilarius aus der Verbannung zurückgekehrt sei und sich in Rom aufhalte, verließ er Gallinaria und reiste in die alte Hauptstadt des Römischen Reiches. Doch er kam zu spät. Hilarius war bereits auf dem Weg zu seinem angestammten Bischofssitz. Kurz entschlossen kehrte Martin um und traf in Poitiers zum ersten Mal mit dem berühmten Bischof zusammen.[100] Über die Begegnung berichtete Sulpicius: „Hilarius aber versuchte, ihn durch das Amt des Diakons fester an sich zu fesseln und ihn durch den Dienst an Gott zu binden. Nachdem sich Martin jedoch immer wieder gewehrt hatte, er sei unwürdig, sah der kluge Mann ein, er könne allein auf die Weise gehalten werden, dass er ihm ein

Amt übertrage, in dem eine gewisse unbillige Stellung zu liegen scheine. Daher weihte er ihn zum Exorzisten. Diese Ordination lehnte Martin nicht ab, um nicht den Eindruck zu erwecken, er habe sie für allzu niedrig erachtet."[101]

Von Anfang an ließ Martin keinen Zweifel aufkommen, dass er seiner Berufung zum Mönchtum, die er in Mailand und auf Gallinaria in die Tat umgesetzt hatte, treu bleiben wollte. So traf Hilarius auf taube Ohren, als er dem Mönch den Diakonat antrug. Die Weihe zum Diakon hätte den ehemaligen Soldaten zum Mitglied des Diözesanklerus mit Residenzpflicht in Poitiers gemacht. Martin ließ sich nicht ködern und entschied sich erneut für ein Leben, das zwar karg, aber weitgehend selbstbestimmt war.

Der erfahrene Seelsorger Hilarius hatte jedoch die Berufung und das Charisma des Veteranen erkannt, und seine Hartnäckigkeit zahlte sich aus. Der Exorzist Martin gehörte wie der Lektor, der Pförtner und der Subdiakon zum niederen Klerus, dem *clerus minor*.[102] Der Anwärter wurde durch Handauflegung des Bischofs ordiniert. Er durfte nun Besessenen Dämonen oder den Teufel austreiben. Als Exorzist war Martin für seine spätere Begegnung mit bösen Geistern gewappnet.[103] Da altkirchlicher Auffassung zufolge auch Heiden von Dämonen heimgesucht wurden, gehörte es zu den Aufgaben eines Exorzisten, sie in einer Katechese auf die Taufe vorzubereiten, durch die sie von den bösen Geistern befreit wurden.[104] Die Ordination bot also zugleich ein geistliches Übungsfeld für den künftigen Heidenmissionar.

Das neue Amt ließ Martin die Freiheit, in der Nähe von Poitiers, in Logotigiacum, dem heutigen Ligugé, eine Einsiedelei einzurichten.[105] Bald schlossen sich ihm mehrere Gleichgesinnte an, die mit ihm in seinem *monasterium* ein klösterliches Leben als Brüder führen wollten.[106]

In dieser Zeit entdeckte Martin verstärkt seine missionarische Berufung, und er begann gezielt in der Umgebung das Evangelium zu verkünden. Seine missionarischen Ausflüge führten ihn öfter einige Tage weg von seiner Gemeinschaft. So war es auch, als einer der Brüder, ein Katechumene, plötzlich erkrankte und starb. Nach drei Tagen Abwesenheit kehrte Martin zurück und fand sich auf der Totenfeier seines Mitbruders wieder. Erschüttert begann er zu weinen. Dann bat er die Brüder, die Zelle, wo der Tote aufgebahrt war, zu verlassen, und schloss sich ein. Er warf sich über die Leiche und betete. Plötzlich spürte er eine göttliche Kraft in sich. Er richtete sich auf und fixierte zwei Stunden lang das Gesicht des Toten. Endlich beobachtete er, wie sich dessen Glieder sacht bewegten und die Augen blinzelten. Überwältigt begann er, Gott mit lauter Stimme zu loben. Aufgeregt rüttelten die Brüder an der Tür. Martin öffnete, sie stürzten hinein und staunten. Sofort erhielt der Wiedererweckte die Taufe und lebte danach noch mehrere Jahre.[107] Das Wunder begründete Martins charismatischen Ruf, der ihm noch viele Türen und Herzen öffnen sollte. Er galt Sulpicius zufolge fortan als heilig und apostelgleich. Die theologische Begründung für Martins Heilscharisma gab der Apostel Paulus im Ersten Korintherbrief: Gottes Geist verleiht verschiedenen Gläubigen verschiedene Gnadengaben, darunter auch die, Kranke zu heilen.[108]

„Und unter uns war er der erste handfeste Zeuge von Martins Wunderkraft",[109] überlieferte Sulpicius die Einschätzung der Brüder und deutete an, wie wichtig die Frage der Zeugenschaft für die Diskussion über die Historizität seiner Wunder sein werde. Der wiedererwachte Katechumene war ein guter Zeuge. Denn er berichtete ausführlich von seiner Nahtoderfahrung. Er habe seinen Körper verlassen, sei vor einen Richterstuhl geführt worden und habe das Urteil erhalten, an einen finsteren Ort zu traurigen Menschenscharen zu gehen. Zwei Engel hätten jedoch dem strengen Richter bedeutet, dass Martin für ihn bete. Daraufhin sei den Engeln befohlen worden, ihn wieder zu holen und Martin und seinem früheren Leben zurückzugeben.[110]

Parallelen zu Jesu Totenerweckungen und zu paganen Jenseitsreisen legen zunächst den Verdacht nahe, dass hier eine Martinslegende vorliege, die Sulpicius erzählt wurde und die er vielleicht erst nach den literarischen Vorbildern ausgeschmückt habe. Auch Jesus verspätete sich, so dass die kranke Tochter des Jairus inzwischen gestorben war.[111] Sein Freund Lazarus hatte sogar schon vier Tage im Grab gelegen, bevor Jesus dort ankam.[112] Über dessen Tod war er so erschüttert wie Martin über den seines Mitbruders.[113] Die Menschen, die um die verstorbene Tochter des Jairus trauerten, wies Jesus aus dem Haus und betrat nur mit den Eltern und wenigen Jüngern die Totenkammer.[114] Bevor er Lazarus befahl, aus dem Grab zu kommen, wandte er sich an seinen himmlischen Vater und dankte ihm vorweg, dass er ihn erhört habe.[115] Jesus war bereits von seinem Erfolg überzeugt, während Martin seinen Gott erst bestürmen musste. Dank seiner göttlichen Vollmacht konnte Jesus die Toten sofort auffordern, ins Leben zurückzukehren. Es genügte, die Hand des Mädchens nur zu berühren, während Martin zwei Stunden lang auf dem Toten liegen musste. Die Heilungen, die Martin erreichte, waren die gleichen, die auch Jesus im Neuen Testament zugeschrieben wurden. Wunder, die dort nicht vorkommen, fehlen auch im Leben des heiligen Martin, also etwa die Spontanheilung eines gebrochenen Arms oder Beins.

Jesus hatte seinen Aposteln aufgetragen, hinauszugehen, Kranke zu heilen, Tote aufzuerwecken, Aussätzige rein zu machen und Dämonen zu vertreiben.[116] Allen diesen Aufträgen wird Martin in seinem Leben nachkommen. Sie waren gleichsam seine Arbeitsbeschreibung, und er begann mit dem Schwersten, der Totenerweckung. Bei Jesus waren dagegen Totenerweckungen in der Reihe seiner Wunder die Höhepunkte. Dementsprechend werden sie in den Evangelien herausgehoben.[117]

Die Jenseitserfahrungen des Katechumenen erinnern an den berühmten Mythos eines Kriegers namens Er, mit dem Platon seine *Politeia* beschloss: Nach seinem Tod in der Schlacht lernte Er zwölf Tage lang die Geheimnisse der Unterwelt mit Totengericht und Jenseitsstrafen kennen und kehrte danach wieder auf die Erde zurück.[118] Ähnlich erging es bei Plutarch dem Aridaeus, der als Thespesius die Unterwelt erlebte.[119]

Seit der Antike gehören Jesu Totenerweckungen zu seinen umstrittensten Wundern. Der Philosoph und Christenhasser Celsus, der im zweiten Jahrhundert sein bissigster Kritiker war, degradierte Jesus zu einem Zauberer, der seine Kunst in Ägypten erlernt habe.[120] Die Diskussion setzte sich in der neuzeitlichen Bibelkritik fort. Unter den verschiedenen Erklärungen war der Scheintod des angeblich Verstorbenen die nächstliegende Deutung. Die literarische Bibelkritik schob die Frage nach der Realität der Totenerweckungen beiseite und fragte nach den Erzählstrukturen, stellte Parallelen zum Alten Testament und der paganen Literatur fest oder betonte ihren Symbolgehalt. Die Frage nach der Historizität der Wunder stellte sie nicht mehr, jedenfalls nicht mehr in einem strengen Sinn. Denn es handelte sich nicht um „historisch verifizierbare Ereignisse".[121] Die Bewertung von Wundern wirft ein erkenntnistheoretisches Problem auf. Der Hirnforscher W. Singer führt dazu aus: „Wir haben kein kognitives System, das dafür ausgelegt ist, die Wahrheit an sich oder die Essenz der Dinge hinter ihrer Phänomenologie zu erfassen. ... Das bedeutet, dass unsere kognitiven Leistungen mit ganz großer Wahrscheinlichkeit sehr eklektisch sind, sehr unvollkommen. ... Es kann auch sein, dass unsere Denkstrukturen dadurch geprägt sind, dass unsere Art, logisch zu schließen, ein Spezialfall ist, der nicht erlaubt, auf das ganz Große und auf das ganz Kleine zu generalisieren."[122] Mit anderen Worten: Was mit Logik nicht zu erfassen ist, muss man nicht glauben, aber man kann es glauben. Und so haben es viele Gläubige von der Frühzeit bis heute mit Jesu Wundern gehalten, Sulpicius eingeschlossen, der Martin in der Nachfolge Jesu sah und ihn mehrfach einen *alter Christus* nannte.

Darf man Martins Wundertaten mit Jesu Wundern auf eine Stufe stellen? Verehrer wie Sulpicius haben es getan, seine zeitgenössischen Kritiker jedoch nicht. Kritische moderne Forscher wie etwa Stancliffe hielten an der literarischen Analyse fest und sahen in den biblischen Berichten lediglich kompositorische Vorlagen für den begabten Hagiographen Sulpicius. Durch pagane und christliche Wundergeschichten fühlten sie sich in ihrer Skepsis bestätigt.[123] Der Blick auf die Thaumaturgie in anderen Religionen warnt vor voreiligen Urteilen.[124]

Sulpicius wusste natürlich, dass die Skepsis bei einer Totenerweckung besonders groß war und der Vorwurf, es handle sich um eine Lügenerzählung der Martinsverehrer, auf der Hand lag. Um den Chor der bösen Stimmen zu dämpfen, ließ er sogleich eine zweite Wundertat folgen, die außerhalb des Klosters stattfand und die einen illustren Zeugen anführen konnte: den Adligen Lupicinus. Als Martin an dessen Landgut vorbeikam, hörte er die Klagen einer zahlreichen Trauergemeinde. Der eifrige Seelsorger interessierte sich für den Grund und erfuhr, dass sich ein junger Sklave des Hauses erhängt hatte. Martin ging in die Totenkammer und schickte wie zuvor sämtliche Anwesenden hinaus. Wieder legte er sich über die Leiche und begann zu beten. Dieses Mal stellte sich der Erfolg schneller ein. Die Blässe wich aus dem Gesicht des Toten, und er richtete sich langsam auf. Er griff nach Martins Hand und stellte sich auf die Füße. Er ging mit ihm zur Eingangshalle, „wo ihn die ganze Menge sah".[125] Die Schar der Zeugen sollte nicht den Funken eines Zweifels an der Wunderkraft des Mönches aufkommen lassen.

Jesu Wundertaten in den Evangelien sorgten dafür, dass sich sein Ruhm gegen seinen ausdrücklichen Willen verbreitete und viele an ihn glaubten.[126] Martin erging es nicht anders. Eine dritte Totenerweckung sollte Sulpicius im zweiten Dialog nachtragen oder vielmehr von seinem Gewährsmann Gallus erzählen lassen. In der Hinführung zu diesem aufwühlenden Ereignis betonte der Autor, welches Aufsehen Martins Wunderkraft auslöste.[127]

Etwa zehn Jahre lebte Martin in Ligugé. Doch über die Totenerweckungen hinaus wusste Sulpicius nicht viel aus dieser Zeit zu berichten. Er zitierte lediglich einmal, was ihm Martin persönlich zu sagen pflegte: Seine Wunderkräfte als Bischof seien geringer gewesen als die während seiner Zeit als Mönch. Aus dieser Bemerkung folgerte Sulpicius, wie viele Wunder Martin damals gewirkt haben muss, ohne dass ein Zeuge dabei gewesen war. Elegant löste der Autor ein Problem, das einem Biographen das Leben schwer machen kann: Nichtwissen. Martin hat ihm wohl keine Einzelheiten aus seinem Leben in Ligugé berichtet. Aus der Wissenslücke machte Sulpicius eine literarische Tugend und gab seinen Lesern nach der zweiten Totenerweckung eine Charakteristik Martins an die Hand, wie ihn seine Umgebung empfand: „Seit dieser Zeit strahlte der Name des glückseligen Mannes auf, so dass er, der bisher schon von allen für heiligmäßig (*sanctus*) gehalten wurde, für wirkmächtig (*potens*) und wahrhaft apostolisch (*apostolicus*) gehalten wurde."[128] Apostolisch war Martin, weil er eine Wunderkraft, eine *potentia*, hatte wie die Apostel, denen Jesus die Macht verliehen hatte, Dämonen auszutreiben und Kranke zu heilen.[129]

Nach der Schilderung der zweiten Totenerweckung blieb dem Biographen mangels weiterer Zeugnisse nichts anderes übrig, als zum dritten großen Lebensabschnitt Martins überzugehen, seinem Bischofsamt.

4. Mönch – Bischof – Missionar

Bischof wider Willen

Im Jahr 371 starb Bischof Litorius von Tours. Er ist der erste sicher bezeugte Bischof der Stadt.[1] 33 Jahre hatte er den Bischofssitz in seiner Geburtsstadt inne. Während seiner Amtszeit ließ er die erste Kirche der Stadt errichten. Das Haus eines Senators wurde zu einer Basilika umgebaut, die wahrscheinlich außerhalb der Stadt lag.[2] Gregor von Tours rühmte seinen bischöflichen Ahnen als einen tieffrommen und gottesfürchtigen Mann. Begraben wurde Litorius in der Basilika, die bis zu Gregors Zeit seinen Namen trug, ein Zeichen, dass er seinen Mitbürgern in guter Erinnerung geblieben war.[3]

Wer sollte Litorius als Bischof nachfolgen? Diese Frage trieb nicht nur die Einwohner von Tours um, sondern auch die Christen aus den Nachbarorten strömten in die Stadt, um den neuen Bischof zu bestimmen. Rasch waren sie sich einig, dass Martin der würdigste Nachfolger für Litorius sei.[4] Auf den ersten Blick überrascht diese harmonische Entscheidung. Denn Martin stammte weder aus Tours noch war er ein gebürtiger Gallier, und er verstand wohl auch nicht das Keltisch, das die bäuerliche Bevölkerung der Touraine sprach. Vor allem aber: Er war Mönch. Die Kritik ließ nicht lange auf sich warten. Einige Bischöfe aus den Nachbarstädten, die bei der Wahl ein Wort mitzureden hatten und den künftigen bischöflichen Mitbruder weihen mussten, wandten abfällig ein: Martin „sei eine verächtliche Person, ein Mensch mit geringschätzigem Gesichtsausdruck, schmutziger Kleidung und struppigem Haar, der des Bischofsamtes unwürdig sei".[5] Augenscheinlich richtete sich die Kritik auf ästhetische Entgleisungen. Hinter den dezidierten Vorstellungen, wie ein Bischof auszusehen oder eben nicht auszusehen habe, verbarg sich das traditionelle Rollenverständnis der Aristokratie, die eine angemessene Präsentation der Person und ihres Hauses erwartete.[6] Mancher geistliche Würdenträger aus adligem Haus, der das Bischofsamt als Ersatz für ein weltliches Amt betrachtete,[7] fürchtete wohl die Autarkie des Mönchs Martin. Denn es war zu befürchten, dass er sich nicht in das aristokratische Verständnis des Bischofsamtes fügte.

Kein einziger der Bedenkenträger hatte den Kandidaten bisher zu Gesicht bekommen. Sie wiederholten lediglich das Klischee, das vor allem über die orientalischen Mönche im Umlauf war und wohl auf den einen oder anderen zutraf. Mönche standen nämlich oft in keinem allzu guten Ruf.

Martin sollte tatsächlich die Erwartungen vieler seiner aristokratischen Mitbrüder enttäuschen. Er wird als Mönch, Asket und Bischof seinen eigenen Weg gehen. Das Volk der Touraine ließ sich im Gegensatz zu seinen Hirten von den erhobenen Vorwürfen und Vorurteilen nicht beeindrucken. Welche Gründe bewog die *vox populi*, die nach einem alten, von Sulpicius zitierten Sprichwort die Stimme Gottes war und bereits so manche Bischofswahl entschieden hatte?[8] Die Antwort auf diese Frage hilft, die oben angedeutete Lücke der Überlieferung zu füllen, und führt zurück nach Ligugé, wo Martin zehn Jahre als Mönch lebte. Neben die zwei Totenerweckungen fielen in diese Zeit weitere spektakuläre Wundertaten. Denn der greise Martin klagte vor Sulpicius mehrfach darüber, seine Wunderkraft (*virtus*) sei während seines Bischofsamtes nicht so groß gewesen wie in seiner Zeit als Mönch.[9] Zu seinem großen Kummer beeinträchtigten vor allem widrige Umstände seine Heilungskraft, mit denen er damals nie zu tun gehabt hatte.[10] Was er mit „widrig" meinte, ließ er bedauerlicherweise offen. Wahrscheinlich spielte er auf Erwartungen an, die außerhalb des liturgischen und seelsorgerlichen Bereichs lagen wie etwa die bischöfliche Schiedsgerichtsbarkeit, Verwaltungsaufgaben und das traditionelle „Netzwerken" der römischen Eliten. Die Amtsgeschäfte, die Martin vom Beten und Fasten abhielten, waren also seiner Meinung nach dafür verantwortlich, dass die göttliche Gnade nicht mehr in vollem Umfang in ihm wirkte und dass seine Wundermacht schwächelte. Askese gegen Gnade – mit dieser Kurzformel lässt sich seine spirituelle Haltung und die seines Biographen auf den Punkt bringen. Die Auffassung, sich zunächst einmal der Gnade Gottes würdig erweisen zu müssen, war im Mönchtum verbreitet und führte zu einer Entwicklung, die der Kirchenvater Augustinus wenige Jahre später im Pelagianismus unerbittlich bekämpfte.[11]

Die beiden Totenerweckungen waren demnach nur die Spitze des Eisbergs. Zahlreiche Kranke pilgerten bereits in Ligugé zu Martin. Wundertaten, die er auf seinen ersten Missionsreisen vollbracht hatte, verbreiteten seinen Ruf als Heiler. Poitiers und Tours lagen zudem nur etwa 100 Kilometer Luftlinie voneinander entfernt, und eine gut ausgebaute, fast gerade Straße durch die ebene Touraine verband die beiden Städte.

Dass viele Gläubige einen Wundertäter als Bischof wollten, war verständlich. Zumindest den Wortführern in Tours lag auch daran, dass der künftige Hirte ein entschiedener Gegner der arianischen Häresie war, die „auf dem ganzen Erdkreis wucherte", wie Sulpicius bemerkte.[12] Allerdings war auch das Gerücht nach Tours gedrungen, Martin gehöre zu den Mönchen, welche die Bischofswürde nicht reizte. Diese Männer waren nicht gewillt, ihr klösterliches Leben und die Unabhängigkeit, die es bot, zugunsten der vielfältigen Aufgaben eines Bischofs in einer unruhigen und quirligen Stadt aufzugeben. Martin war eindeutig kein Karrierist, und er war nicht der Erste und blieb nicht der Letzte, der sich sträubte, einen Bischofsstuhl zu besteigen. Ambrosius von Mailand wurde drei

Jahre später zum berühmtesten, allerdings ebenfalls erfolglosen Neinsager.[13]

Im Fall Martins war nun guter Rat teuer. Man musste versuchen, ihn durch einen Trick zunächst einmal nach Tours zu locken, um ihn dann an Ort und Stelle mit einer Volkswahl zu überrumpeln, die er kaum ablehnen konnte. Rusticius, einer der Honoratioren der Stadt, machte sich schließlich auf den Weg nach Ligugé, warf sich Martin zu Füßen und flehte ihn an, mit ihm zu seiner kranken Frau zu kommen. Martin willigte ein und begleitete den sich besorgt gebenden Ehemann. Auf dem Weg nach Tours muss dem arglosen Nothelfer aufgegangen sein, dass Rusticius etwas anderes im Schilde führte. Denn immer mehr Leute schlossen sich den beiden an, so dass sich Martin wie ein Gefangener vorkam.[14]

Inzwischen hatten die Bischöfe sich bereits in Tours versammelt. Unter ihnen war Defensor, der wahrscheinlich in Angers residierte, der *civitas Andecavorum*, die wie Tours zur Provinz *Lugdunensis tertia* gehörte.[15] Die Bischöfe einer Provinz nahmen in der Regel die Bischofsweihe vor. Sieben sollten es sein, in Ausnahmefällen genügten auch drei.[16]

Ein Gottesurteil brach den Widerstand von Martins Gegnern: Der Lektor, der für die Lesung vorgesehen war, verspätete sich wegen des Volksauflaufs. Einer der Umstehenden griff zum Psalter und schlug zufällig den Vers 8,3 auf: „Aus dem Mund von Kindern und Säuglingen hast du Dir Lob gegen Deine Feinde geschaffen, um den Feind und Verteidiger zu schlagen." „Verteidiger" – war das nicht ein göttlicher Fingerzeig, der sich gegen den Träger des gleichbedeutenden Personennamens Defensor richtete? Die versammelte Gemeinde begriff sofort den Zusammenhang. Immer lauter rief die Menge nach dem Bischof Martin und brachte Defensor und alle anderen Gegenstimmen zum Schweigen.[17] Gott habe Martin „aus dem Mund von Kindern und Säuglingen" gelobt, schloss Sulpicius und dachte wohl an die berühmte Szene in Mailand, als eine Kinderstimme aus der Volksmasse „Ambrosius zum Bischof" rief.[18]

Bekannter als die verschiedenen Legenden, die sich um den widerstrebenden Ambrosius rankten,[19] war die im Mittelalter verbreitete Version, Martin habe sich vor dem Ansinnen der Touroner in einem Gänsestall versteckt. Das Schnattern der aufgeregten Tiere habe ihn aber verraten. Die Anekdote ist einem berühmten Vorbild nachempfunden: Die Gallier, die im Jahr 387 Rom bis auf das Kapitol erobert hatten, versuchten die Verteidiger des Burgbergs in einem nächtlichen Handstreich zu überraschen. Doch die Gänse, die sich auf dem Kapitol befanden und der dort verehrten Göttin Juno heilig waren, begannen zu schnattern und mit den Flügeln zu schlagen. Die Römer wurden aufmerksam und konnten die Angreifer noch rechtzeitig abwehren.[20]

Sulpicius zufolge hat sich nicht Martin um die Bischofswürde beworben, sondern das Volk umwarb den Widerstrebenden. Die Zurückweisung eines Amtes, die *recusatio*, gehörte zu den politischen Ritualen in der römischen Kaiserzeit.[21] Das allzu offensichtliche Drängen nach einer höheren Aufgabe war verpönt, und vor allem im frühen Prinzipat tat ein Kandidat gut daran, im Senat die Herrscherwürde zunächst einmal pro forma abzulehnen. Wer es allerdings mit der Bescheidenheit so übertrieb wie Tiberius, der Nachfolger des Augustus, zog sich ebenfalls den Unmut der Senatoren zu. Auf die Folter spannen lassen wollten sich die hohen Herren doch nicht.[22] Martin scheint eine gesunde Balance gefunden zu haben zwischen bescheidenem Widerstreben und demütiger Annahme der neuen Berufung. In seinem Fall kann man allerdings davon ausgehen, dass er aus seinem mönchischen Selbstverständnis heraus das Hirtenamt auf dem Bischofsstuhl tatsächlich nicht anstrebte. Die Art und Weise, wie er seinen bischöflichen Dienst ausüben sollte, bietet dafür den untrüglichen Beweis.

Der Mönchsbischof –
ein Leben zwischen Demut und Macht

Schweren Herzens wich Martin von einem Grundsatz ab, den der spätere Kirchenlehrer Hieronymus prägte: „Der wahre Mönch kann nicht in dieser Welt bleiben."[23]

Dem Willen des Volkes mochte Martin sich nicht widersetzen. Er gab nach und ließ sich zum Bischof weihen, nachdem er vorher – was Sulpicius übergeht – die Priesterweihe empfangen hatte. Welche Gedanken mögen dem Mann durch den Kopf gegangen sein, den eine Welle der Begeisterung auf den Bischofssitz trug? Bereits als Soldat war ihm gelungen, christliches Leben mit soldatischen Tugenden zu verbinden. Warum sollte es daher nicht möglich sein, mönchische Ideale und die Anforderungen des Bischofsamts zu vereinigen? Auch wenn Sulpicius es an dieser Stelle nicht ausdrücklich erwähnte: Martin fand seine Antwort im Gebet. Mit seiner Entscheidung beschritt er einen Sonderweg, den sein Biograph guthieß und für den er ihm eine literarische Rechtfertigung zu verschaffen suchte. Einziges inhaltliches Vorbild bot die *Vita Cypriani*, die Cyprian als Märtyrer und Bischof darstellte,[24] weniger die *Vita Antonii* des Athanasius, der „lediglich" das Ideal eines Mönchs verkörperte. Umgekehrt hat auch Hilarius von Poitiers, der seinerseits „nur" Bischof war, Martin beeinflusst.

Im Osten des Römischen Reiches waren bedeutende Bischöfe des vierten Jahrhunderts zugleich Mönche.[25] Bei Martin war es von Anfang an eher umgekehrt. Auch als Bischof mochte er die mönchische Lebensweise nicht aufgeben. Sulpicius eröffnete daher den neuen Lebensabschnitt seines Protagonisten mit einigen charakteristischen Merkmalen, die zwischen den Zeilen den Gegensatz zu Martins gallischen Mitbischöfen hervorheben. Er begnügte sich weiterhin mit schlichter Kleidung, die Sulpicius an späterer Stelle genauer beschrieb: „ein zottiges Gewand und ein schwarzer wehender Umhang".[26] Wichtiger als diese Äußerlichkeiten war die geistige Askese, die sich in der Beherrschung der Affekte und in einem ausgeglichenen Charakter, der *constantia*, zeigte sowie in der demütigen Selbstverleugnung, der *humilitas*, die sich selbst über den geringsten Mitmenschen nicht erhob.

Unter diesen Vorzeichen beschrieb Sulpicius, wie der bescheidene Mönch aus Ligugé sich als Bischof verhielt: „Martin fuhr wie früher fort, höchst ausgeglichen zu leben, und er hatte dieselbe Demut im Herzen."[27] Auf dem Fuß begegnete dem Autor der Vorwurf, Martin habe über seiner mönchischen Spiritualität verkannt, was das Bischofsamt von ihm fordere. Im Gegenteil: Er genoss so hohes Ansehen und war so begnadet, dass er die bischöfliche Stellung und das Leben als Mönch verbinden konnte.[28] Martins *vita mixta* konnten die Einwohner von Tours daran ablesen, dass ihr Bischof zunächst eine Zelle neben der Kirche seines Vorgängers Litorius bezog. Die bischöfliche Behausung, die sicher so bescheiden war wie die Hütten der Armen in der Stadt, hatte zwei Nachteile: Mitten im Zentrum gelegen hörte ihr Bewohner den unvermeidlichen Lärm von Groß und Klein, die draußen vorbeigingen. Auch rissen die Besucher nicht ab, die mit vielen Anliegen ihren Bischof aufsuchten oder einmal den berühmten Wundertäter sehen wollten. Sich in den „Pausen" auf Gebet oder Bibellektüre zu konzentrieren, während die Schlange der Leute respektvoll wartete – diese *constantia* des Ambrosius war Martin nicht in die Wiege gelegt.[29] Bischof und Mönch waren zwei Berufungen, die sich allein aus zeitlichen Gründen schwer vereinbaren ließen. Auch wenn es Martin gelang, die Herausforderungen weitgehend zu meistern, entstanden Spannungen zwischen dem Ideal der Demut und den Erfordernissen des Amts, die täglich an ihm zerrten.

Ende des vierten Jahrhunderts deutete sich verstärkt eine Entwicklung an, die in der Auflösung der staatlichen Ordnung in den Städten und schließlich im gesamten Reich gipfelte. Das Vakuum füllte vielerorts die bischöfliche Autorität, die mehr und mehr staatliche Ordnungsaufgaben übernahm.[30] Auch wenn Martin diese Entwicklung noch nicht in aller Härte zu spüren bekam, erschöpfte sich sein Hirtenamt nicht allein in Gebet, Fasten und Askese. Vor diesem Hintergrund ist es verständlich, warum mancher Hirte die Bischofswahl als Krönung seiner Laufbahn betrachtete, gleichsam als Ersatz für die Lorbeeren einer weltlichen Karriere.[31]

Nach nicht allzu langer Zeit im Amt entschloss sich Martin zu einem Schritt, den wohl nicht alle seiner Gläubigen mittrugen: Um das Jahr 375 überquerte er die Loire und errichtete sich zwei Meilen, etwa drei Kilometer, flussaufwärts eine Zelle aus Holz.[32]

Sulpicius beschrieb aus eigener Anschauung den romantischen Zufluchtsort: „Die Gegend war so abgeschieden und abgelegen, dass es ihn nach der Einsamkeit der Wüste nicht verlangte. Denn auf der einen Seite war sie von einer hohen Felswand umgeben, und das übrige Gelände umschloss die Loire in einem sanften Bogen. Nur auf einem einzigen schmalen Pfad gelangte man dorthin."[33] An diesem unwegsamen Ort konnte Martin so einsam leben wie die Mönche in der ägyptischen und syrischen Wüste. Den späteren Namen des Ortes erwähnte Sulpicius genauso wenig wie Ligugé: *maius monasterium* – Marmoutier. Denn von einem „größeren Kloster" konnte man zunächst noch nicht sprechen, eher von einer monastischen Siedlung außerhalb von Tours.[34]

Die Einsamkeit hielt nicht lange an. Als Sulpicius Bischof Martin zum ersten Mal besuchte, begegnete er einer Gemeinschaft von etwa 80 Brüdern. Sie wohnten entweder wie ihr geistlicher Vater in Holzzellen unmittelbar neben der Loire oder sie hatten Höhlen in die Felswand geschlagen.[35] Martin hatte seiner Gemeinschaft auch eine Regel gegeben, die vielleicht nur darin bestand, dass seine Lebensweise für alle seine Schüler selbstverständliche Verpflichtung war: „Richteten sie sich doch nach dem Beispiel des verehrten Lehrers aus", den Sulpicius Abt zu nennen vermied.[36] Die martinische Gemeinschaft lebte offensichtlich noch nicht nach einem strengen Regelwerk. Die natürliche Autorität Martins einte und disziplinierte die Mönchsgemeinschaft, deren Band asketische Grundsätze waren.[37]

„Niemand hatte dort etwas zu eigen, alles wurde in die Gemeinschaft eingebracht. Weder Kaufen noch Verkaufen – wie es bei den meisten Mönchen üblich ist – war erlaubt. Kein Handwerk wurde dort ausgeübt, die Schreiber ausgenommen, für deren Tätigkeit jedoch nur die Jugend beauftragt wurde, weil die Älteren für das Gebet frei sein sollten. Selten verließ einer seine Zelle, außer wenn man bei der Gebetsstätte zusammenkam. Gemeinsam nahmen sie nach einer Fastenperiode das Essen ein. Wein sah keiner, außer wenn Krankheit ihn dazu zwang. Die meisten kleideten sich mit Gewändern aus Kamelhaar; ein weicherer Habit galt dort als Sünde. Das ist umso verwunderlicher, weil viele von ihnen aus dem Adel stammten, die völlig anders erzogen worden waren und sich zu solcher Herablassung und Askese zwangen."[38] Ob Martins Mönche sich tatsächlich in Kamelhaar kleideten, ist fraglich. Denn der Import aus dem Orient war teuer und hätte daher dem mönchischen Ideal widersprochen. Vielleicht nutzte Sulpicius das Kamelhaar als Metapher für grobes Fell.[39] Und wenn der Leser der Martinsvita dabei an Johannes den Täufer dachte, das Urbild des christlichen Asketen, war das eine Assoziation ganz im Sinn des Biographen. Das Kamelhaargewand des Täufers, der in Palästinas Wüstengebiet umherzog, erregte kein großes Staunen.[40] Doch woher hätten die Mönche in der Touraine Kamelhaar beziehen und wer hätte es ihnen verweben können?

Bei seinen Besuchen in Marmoutier sah Sulpicius das Ergebnis von etwa zwanzig Jahren Gemeinschaftsleben, seit sich Martin sein Refugium jenseits der Loire geschaffen hatte. Sein charismatischer Ruf hatte ihm nicht nur das Bischofsamt beschert, sondern zog, als sich sein Einsiedlerleben herumsprach, bald junge Männer an, die es ihm nachtun wollten. Die Zahl 80, auf die Sulpicius Martins Gemeinschaft schätzte, ist nicht symbolisch zu verstehen.[41]

Der Biograph war selbst erstaunt, dass sich unter ihnen viele be-

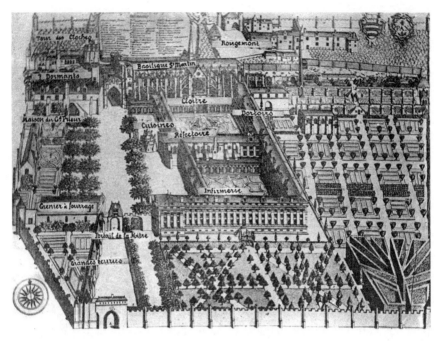

Stich der Abtei Marmoutier aus dem 17. Jahrhundert.

fanden, die vornehmer Herkunft, also seine Standesgenossen, waren. Sie gehörten dem Senatsadel an, oder sie kamen aus der städtischen Oberschicht, dem Kurialen- oder Dekurionenstand. Wenn die adligen Mönche vor dem Eintritt in das „größere Kloster" ihr Vermögen den Angehörigen überlassen hatten, entkamen sie den drückenden finanziellen Lasten und politischen Aufgaben ihres Standes. Ein Leben als Mönch war die eine Möglichkeit, der Eintritt in die Armee oder in die Reichsverwaltung mit ihren Privilegien die andere.

Marmoutier wurde eine Keimzelle für das sich in Gallien ausbreitende Mönchtum.[42] Das Kloster an der Loire bot auch Männern aus der Unterschicht – dank ihrer adligen Mitbrüder – einen Ort des sozialen Aufstiegs und für die Jüngeren unter ihnen, die als Schreiber arbeiteten, einen Ort der Bildung. Das *monasterium* wurde so zur Heim- und Bildungsstätte für arme Jungen und Waisen wie Brictius, der Martin später so arg enttäuschte.[43] Die Begründung eines eigentlichen martinischen Mönchtums, das über seinen Tod hinauswirkte, lag dem Mönchsbischof fern, obwohl er viele Schüler hatte. Aus Ligugé hätte ein martinischer Konvent entstehen können. Doch das erste gallische Kloster wurde zu einem Ort der Erinnerung, der das Gedächtnis an Martin und seine Wunder lebendig hielt.[44] Dieser rief keine auf Dauer angelegte mönchische Organisation ins Leben, sondern empfahl ein geistliches Lebensmodell. Ihm wäre nie in den Sinn gekommen, was der heilige Benedikt im Prolog seiner „Regel" als sein Ziel nannte: „Wir müssen eine Schule des Dienstes für Gott gründen."[45]

Gern erführe man von Sulpicius weitere Interna des Klosterlebens. Welche Anweisungen gab Martin seinen Schreibern? Waren sie die Vorläufer der späteren klösterlichen Skriptorien, in denen Bibeltexte, Kirchenväter und die klassischen griechischen und lateinischen Autoren abgeschrieben und vervielfältigt wurden? Martin selbst nutzte jeden freien Augenblick, um zu beten, und wenn er nicht betete, las er, wobei Lesen oder jede andere Tätigkeit für ihn ebenfalls Gebet waren.[46] Pagane Autoren gehörten daher kaum zu seiner Lektüre. Marmoutier war weder ein Hort der klassischen Bildung noch verließen monastische Schriften die mönchische Schreibstube an der Loire. Vermutlich schrieben die jungen Mönche liturgische Texte ab und vervielfältigten Bibelhandschriften für den eigenen Gebrauch.[47]

Wer trieb die noch heute sichtbaren Höhlen in den Kalkstein der Felswand und baute die Holzzellen? Holten die Mönche Handwerker aus Tours, oder brachten zumindest die adligen Brüder Sklaven mit, die neben ihrem finanziellen Einstand zum Gemeinschaftsvermögen gehörten? Sorgten Sklaven auch für Kleidung, Nahrung und Hygiene, damit sich ihre Herren ganz dem Gebet widmen konnten, das Sulpicius zufolge ihre einzige Beschäftigung war? Geflissentlich blieb der Biograph Antworten schuldig, wo es um die Gründung und die Alltagssorgen ging. Sie störten das ideale Bild, das er von dem autarken Leben der Mönche in Marmoutier zeichnete. Jahre später, im dritten Dialog, wurde Sulpicius konkreter. Er überlieferte immerhin die Vorwürfe, die Martin gegen Brictius erhob: Er halte Pferde und kaufe Sklaven.[48] Damals war Brictius noch Diakon und sorgte für den reibungslosen Ablauf des Klosteralltags und wohl auch für das wirtschaftliche Überleben der Gemeinschaft. An anderer Stelle war von Fischern die Rede, die Martin und die Brüder zu Ostern mit Fischen aus der Loire verwöhnten.[49] Das Kloster war, wie spätere Klöster auch, ein Wirtschaftsbetrieb, auch wenn Sulpicius den kontemplativen Charakter des Klosterlebens herausstellte. Stammte der Wein für kranke Mitbrüder gar von einem Weinberg, der Teil des Grundbesitzes der Kirche von Tours war?

Vermutlich gehörten auch für den adligen Sulpicius Sklaven zum Alltag in Primuliacum, so dass er sie in Martins Lebensbeschreibung überging. Allerdings hatte Sulpicius kein Kloster gegründet, sondern stand einer aristokratischen Asketengemeinschaft vor.[50] Als Rechtfertigung für die Beschäftigung von Sklaven diente unausgesprochen der Apostel Paulus, der in seinem Brief an den christlichen Patron und Sklavenhalter Philemon die Richtschnur für den Umgang zwischen Freien und Sklaven festgeschrieben hatte: Da vor Gott Standesunterschiede keinerlei Bedeutung haben, soll der Patron seinen Sklaven als Bruder behandeln und lieben.[51]

Der Aufruf des Apostels, Unfreie als Brüder und Schwestern zu sehen, hielt die Christen der frühen Kirche wohl davon ab, sich für eine Abschaffung der Sklaverei einzusetzen. Da die römische Gesellschaft und Wirtschaft zu einem guten Teil auf Sklavenarbeit beruhte, hätte deren Aufhebung das Reich zudem in eine ökonomische Krise gestürzt. Bereits als Soldat hatte Martin die paulinische Maxime in die Tat umgesetzt und seinen Burschen, der wahrscheinlich ein Sklave war, so gut behandelt, dass er die Hierarchie auf den Kopf stellte und seinen Untergebenen bediente.

Was er als Soldat vorgelebt hatte, sollte in seiner Klostergemeinschaft nicht möglich sein? Vielleicht waren es gerade die Unfreien, die es Martin erlaubten, den jungen, elitär aufgewachsenen Mitbrüdern die von Jesus verlangte Liebe „zu den geringsten ihrer Brüder" vorzuleben und nahezubringen.

In der Klostergemeinschaft hielt Martin bei aller Güte und Freundlichkeit auf strenge Zucht, und er selbst ging mit gutem Beispiel voran: Während des Winters heizte ein Kohlenfeuer seine Zelle. Dort setzte sich einmal einer der Mönche mit entblößtem Unterleib auf einen Stuhl, um sich aufzuwärmen. Der visionär begabte Martin rief von fern, der Raum werde entehrt, und der Ertappte ging auf der Stelle zu ihm und bekannte sein Vergehen.[52] Hinter dieser Begebenheit verbirgt sich der stille Hinweis, dass Martin in seiner Gemeinschaft versuchte, jegliche erotischen Anwandlungen zu unterbinden, und waren sie noch so harmlos.

Ein anderes Mal bestimmte er die hundert Pfund Silber, die ihm Lycontius, ein ehemaliger hoher Beamter, für ein Heilwunder geschenkt hatte, zum Loskauf von Gefangenen, obwohl ihn die Mitbrüder gebeten hatten, einen Teil des Geldes für das Kloster zu verwenden, weil die Lebensmittel knapp geworden waren und viele nichts mehr zum Anziehen hatten: „Uns wird die Kirche nähren und kleiden", beschied Martin den Bittstellern, „solange man sieht, dass wir nichts für unseren Gebrauch gesucht haben."[53] Die Bedürfnislosigkeit des gallischen Klosters erinnert an die Jerusalemer Urgemeinde, von der es heißt: „Und alle, die gläubig geworden waren, bildeten eine Gemeinschaft und hatten alles gemeinsam. Sie verkauften Hab und Gut und gaben davon allen, jedem so viel, wie er nötig hatte. Tag und Nacht verharrten sie einmütig im Tempel, brachen das Brot und hielten miteinander Mahl in Freude und Einfalt des Herzens."[54] Zumindest die Freude war in Martins Gemeinschaft wegen der kargen Versorgung ab und an getrübt. In die Bresche sprang die Gemeinde von Tours, die offensichtlich mit Spenden zum Unterhalt des Klosters beitrug. Mögliche Schenkungen betuchter Familien, die ihren mönchischen Verwandten im Kloster Gutes tun wollten, reichten wohl auf die Dauer nicht aus.

Clarus, ein junger Adliger, war in Martins Kloster eingetreten und vervollkommnete sich rasch in den höchsten mönchischen Tugenden. In der Nähe seines Heimatklosters baute der mittlerweile zum Priester geweihte Mönch ein zweites Kloster auf und scharte bald viele Brüder um sich. Unter ihnen war ein junger Mann namens Anatolius, der nach einiger Zeit behauptete, Engel unterhielten sich mit ihm. Zum Beweis werde er ein weißes Gewand erhalten. Als er eines Nachts tatsächlich in einem weißen Gewand erschien, hielt Clarus den Auftritt für Teufelswerk und wollte den Verdächtigen zu Martin bringen. Anatolius widersetzte sich, und plötzlich verschwand das Kleid. Clarus war überzeugt, dass Martins Wunderkraft ihm sogar aus der Ferne beigestanden hatte. Er bedurfte der Hilfe seines Lehrers, der vielleicht bei aller Großzügigkeit in dem Tochterkloster, das lediglich einen Steinwurf vom Mutterkloster entfernt lag, ein Konkurrenzunternehmen sah.[55]

Völlig mit der Welt gebrochen hatten die fromm gewordenen adligen Mönche sicher nicht. Die Schilderung des Klosterlebens beschloss Sulpicius mit der Bemerkung, dass mehrere von ihnen Bischöfe in gallischen Städten wurden. Ihr Leben mit Martin habe den Ausschlag für ihre Berufung gegeben, war er überzeugt. Denn eine Stadt sei stolz darauf gewesen, einen Schüler Martins auf ihrem Bischofssitz zu sehen.[56] Dabei übersah der Biograph, dass vor allem die alteingesessene Familie des Neubischofs, die oft hohes Ansehen in der Region genoss, wichtiger war als die bischöfliche Autorität. Die vage Bezeichnung „mehrere" ist mit Vorsicht zu betrachten, obwohl Sulpicius betonte, dass er und andere sie erlebt hatten. Denn die eigentliche „Kaderschmiede" für gallische Bischöfe wurde ein halbes Jahrhundert später das von einem Honoratus gegründete Kloster Lérins bei Marseille.[57]

Von Anfang an bemühte sich Martin, dass die Nähe Marmoutiers zu Tours seine Einsamkeit nicht störte. Zwischen seiner Bischofsstadt und seiner Zelle lag eine Wallfahrtsstätte, die sich um ein Märtyrer-grab entwickelt hatte. Nach einem verbreiteten Brauch hatten frühere Bischöfe über dem Grab einen Altar errichtet. Aus Erfahrung wusste Martin, dass mit dem Märtyrerkult oft Schindluder getrieben wurde. Die Verehrung der Toten artete gern in ein feucht-fröhliches Fest aus, weil ihnen nicht sämtliche mitgebrachten Grabspenden zugute-kamen. Wegen der bedenklichen Entwicklung hatte Ambrosius diese Form des Kults in Mailand untersagt.[58] Dem Volk sein Vergnügen zu verbieten war immer misslich. Martin wählte einen klügeren Weg: Er erkundigte sich bei älteren Priestern und Klerikern nach dem Namen des Märtyrers und dem Tag seiner Bluttaufe. Doch niemand konnte ihm Genaueres sagen. Er ließ die Angelegenheit zunächst auf sich beruhen. Denn er kannte die Mentalität seiner Gläubigen. Rasches Einschreiten und den Vorwurf des Aberglaubens hätten sie ihm nicht verziehen, und sein Ansehen als Bischof, der sich gegen den Glauben seiner bischöflichen Vorgänger stellte, wäre beschädigt worden. Er wartete lieber geduldig. Eines Tages pilgerte er mit eini-gen Brüdern zu dem Grab und hielt eine Totenbeschwörung ab. Er betete, Gott möge ihm kundtun, wer hier begraben liege und welche Verdienste er sich erworben habe. Dann wandte er sich nach links und sah neben sich einen unheimlichen Schatten stehen. Ihm befahl er, seinen Namen und seine Verdienste zu nennen. Der Schatten er-widerte, er sei ein Räuber gewesen und wegen eines Verbrechens hin-gerichtet worden. Irrtümlich werde er für einen Märtyrer gehalten. Doch mit den Blutzeugen habe er nichts zu schaffen. Sie hielten sich in der himmlischen Herrlichkeit auf, er aber erleide eine Strafe. Mar-tins Begleiter hörten nur eine Stimme. Sie sahen weder den Schatten noch erfuhren sie den Namen des Räubers. Doch sie verbreiteten Martins Vision, und es sollte nicht die letzte sein. Unter diesem Ein-druck regte sich kein Widerstand, als Martin befahl, den Altar über dem Grab abzutragen.[59]

In der Spätantike wurde mancher Räuber im Volk zu einem anti-ken Robin Hood stilisiert und fast wie ein Heiliger verehrt. Seine

Bewunderer pilgerten zu seinem Grab wie zu einer Wallfahrtsstätte. Der italienische Althistoriker Andrea Giardina deutet Martins Vision vor diesem Hintergrund.[60] Einen Räuber hatte Martin noch als Laie in den Alpen bekehrt. Es war seine erste fromme Tat nach dem Abschied aus der Armee.[61] Als Bischof setzte er seine Mission unter neuen Vorzeichen fort. Ob der Tote nach seinem Geständnis wie in vergleichbaren Geschichten dank Martins Gebet endlich in Frieden zur Ruhe kam, erzählte Sulpicius nicht. Doch immerhin hatten nun Martin und seine Mönche ihre Ruhe.

Im Lauf der Jahre blieb es nicht aus, dass sich im Kloster Entwicklungen breitmachten, die dem Asketen Martin ein Dorn im Auge waren. Sie waren der Grund für die Auseinandersetzungen, die er mit Brictius austrug. Im Kloster groß geworden und erzogen wurde der geistliche Ziehsohn Martins immer selbstständiger und selbstbewusster. Verschiedene Aufgaben waren ihm anvertraut. So kümmerte er sich um die Pferde, die es mittlerweile im Kloster gab. Martin war außer sich: Brictius hatte versklavte Jungen und Mädchen barbarischer Herkunft gekauft und dazu in die Gemeinschaftskasse gegriffen, deren Verwaltung ihm anvertraut war. Martin ließ ihn zunächst gewähren, um ihn dann eines Tages zur Rede zu stellen. Der Ertappte zeigte sich uneinsichtig. Einen Tag später kam es zu einer heftigen Auseinandersetzung. Brictius geriet in Rage und machte Martin heftige Vorwürfe. Er hielt seinem Pflegevater dessen Militärdienst vor, sah bei ihm nur haltlosen Aberglauben und schimpfte, seine Visionen seien Wahnvorstellungen eines alt gewordenen Mannes. Er selbst sei heiligmäßiger als Martin. Es fehlte nicht viel, und er wäre handgreiflich geworden. Für Sulpicius war der Fall klar: Dämonen hatten Besitz von Brictius ergriffen. Da Martin der gleichen Ansicht war, ließ er sich nicht aus der Ruhe bringen und versuchte, den Tobenden zu beschwichtigen. Nach einiger Zeit versöhnte sich Brictius mit ihm. Durch Gebete habe er ihm die Dämonen ausgetrieben, erklärte Martin und schilderte, wie er selbst die bösen Geister gesehen habe, die den Querulanten aufgestachelt hatten. Brictius blieb eine Herausforderung für die Gemeinschaft. Auch nach seiner Priesterweihe legte man ihm einige Vergehen zur Last.[62]

In seinem ausführlichen Bericht im dritten Dialog verschwieg Sulpicius, dass Brictius der Nachfolger Martins als Bischof von Tours wurde und nach seiner Weihe sich viele Mönche mit ihm überwarfen und in Sulpicius' Gemeinschaft in Primuliacum Zuflucht suchten. Die zeitgenössischen Leser und vor allem die betroffenen Mönche kannten die Zusammenhänge. An sie dachte Sulpicius, als er etwa sieben Jahre nach Martins Tod Brictius mit dem Verräter Judas verglich. Und mancher mochte sich denken, dass der Übeltäter weiter von Dämonen besessen war, die ihm kein Martin mehr wegbeten konnte.[63]

Seine bischöflichen Pflichten vernachlässigte Martin im Großen und Ganzen nicht. Das habe ihn weit über die orientalischen Einsiedlermönche gestellt, versicherte Sulpicius: Ging er nach Tours, so drängten sich die Menschen um ihn. Von allen Seiten musste er sich Beschwerden anhören und Streit zwischen den Klerikern schlichten. Feindseligkeiten seiner bischöflichen Mitbrüder erschwerten seinen Hirtendienst und hinterließen bei manchem Gläubigen Spuren.[64] Den adligen gallischen Bischöfen missfiel wohl, dass Martin eine ihrer vornehmsten Aufgaben, die bischöfliche Gerichtsbarkeit (*episcopalis audientia*), den Klerikern an seiner Bischofskirche überließ, während er selbst in dem dafür vorgesehenen Raum, dem *secretarium*, allein saß, um sich seelisch auf den anstehenden Gottesdienst einzustimmen.[65] Er bestieg noch nicht einmal den im *secretarium* stehenden bischöflichen Stuhl, die erhöhte *cathedra*, die dem Thron des Kaisers nachempfunden war und die Amtsgewalt des dort Sitzenden symbolisierte.[66] Martin begnügte sich mit einem schlichten dreibeinigen Stühlchen, das Sklaven benutzten und das gallische Bauern *trippeciae* und gebildete Römer *tripodes* nannten.[67]

Martin vergaß nie, dass die Sorge für die Armen zu den ersten Pflichten eines Bischofs gehörte. Sein Schüler Gallus berichtete eine

Begebenheit, die an die Mantelteilung von Amiens erinnerte und die er selbst miterlebt hatte: An einem Wintertag begegnete Martin auf dem Weg zur Kirche ein halbnackter Mann und bat ihn, er möge ihm etwas zum Anziehen geben. Der Bischof befahl dem ihn begleitenden Erzdiakon, rasch ein Gewand zu holen, und begab sich in das *secretarium*. Nach einiger Zeit klopfte der Arme an die Tür und beklagte sich, dass ihn der Erzdiakon vergessen habe und ihn weiter frieren lasse. Diskret zog Martin sein Untergewand, die *tunica*, unter dem priesterlichen Überwurf, dem *amphibalum*, hervor, um den Mann notdürftig zu bekleiden.[68] Als der Diakon eintrat, um seinen Bischof an den Beginn der Messe und die wartende Gemeinde zu erinnern, beschied dieser, erst müsse dem Armen geholfen werden. Verunsichert lief der Diakon fort und kaufte im nächsten Laden für fünf Denare eine *bigerrica*, ein raues, zottiges Gewand, das man in Gallien trug. Als er in die Kirche zurückkehrte, war der Arme verschwunden. Martin schickte den Diakon aus dem *secretarium*, zog sich anstelle des Armen die eines Bischofs unwürdige *bigerrica* an und feierte in ihr die Messe. Ein Lichtschein soll während des Gottesdienstes über ihm erschienen sein, wie eine Jungfrau, ein Priester und drei Mönche bezeugten.[69] Es war das göttliche Zeichen, dass er recht gehandelt hatte. Zur Zeit Martins gab es noch keine liturgische Kleidung. Priester traten in ihrem bürgerlichen Alltagsgewand vor den Altar. Über die *tunica* zogen sie eine *paenula*, eine Art Poncho mit Kapuze.[70] Im Verlauf des 5. Jahrhunderts wurde aus der *tunica* die weiße Albe und aus der *paenula* das Messgewand, die Kasel (*casula*). Bischof Martin unterschied jedenfalls zwischen dem sakralen und dem weltlichen Raum. In seinem abgerissenen Mantel stellte er sich nicht an den Altar.

Martinus *medicus*

Die Einwohner von Tours hatten sich vor allem den wundertätigen Arzt Martin zum Bischof gewünscht. Wundermächtige oder prophetische Bischöfe lebten allerdings gefährlich. Ihr besonderes Charisma konnte in theologischen Auseinandersetzungen zum Ballast werden. Rückten doch Gegner die bischöfliche Wunderkraft bisweilen in die Nähe zur Magie. Die Verdächtigung „Magie" trat häufig als Begleiterscheinung in theologischen Auseinandersetzungen auf. So erging es Bischof Athanasius von Alexandria, nachdem er einen Anschlag seiner Widersacher vorausgesehen hatte und ihm entkommen konnte. Der Vorwurf „Magie" blieb an ihm hängen und verbreitete sich rasch unter Heiden und Christen.[71] War Athanasius ein Opfer übler Nachrede, so wurde ein Bischof Paulinus von der Synode von Serdica im Jahr 342 wegen Magie seines Bischofssitzes in einer der dakischen Provinzen enthoben und nach Kleinasien verbannt. Dort ließ Bischof Macedonius von Mopsuestia dessen Zauberbücher verbrennen.[72] Das Konzil von Laodicea, das um 380 tagte, untersagte im Kanon 36 Bischöfen und Priestern jegliche Magie und Sterndeuterei sowie die Produktion von Amuletten.[73] Und die Konzilsväter erinnerten daran, dass im 2. Jahrhundert bereits Celsus, der schärfste Kritiker des Christentums, Jesus wegen seiner Wundertaten als Zauberer, als Goët, verleumdet hatte.[74]

Die Krankenheilungen, die Sulpicius in der Biographie wie im zweiten und dritten Dialog gesammelt hat, erwecken den Eindruck, als habe Martins medizinische Tätigkeit zu seinem Alltag gehört, zumal sich sein Ruf als Wunderheiler über die Diözese hinaus verbreitet hatte. Als er einmal eine Reise nach Paris unternahm, das nicht einmal in seiner Diözese lag und auch nicht zur Provinz von Tours gehörte, liefen die Leute zusammen, um ihm zu begegnen. Eine große Menge erwartete ihn bereits am Stadttor und begleitete ihn ins Zentrum.[75] Auf dem Weg nach Chartres (Carnotum) erging es ihm in einem Dorf nicht anders. Hier wie dort wurde er seinem Ruf durch eine Wunderheilung gerecht. Weder Sulpicius noch Gallus, der die Episoden erzählte, gingen auf Martins beachtliche medizinische Kenntnisse ein, über die er zweifellos verfügte und die er sich vermutlich während seiner langen Militärzeit angeeignet hatte, um kranken und verwundeten Kameraden beizustehen.

Doch erschöpfte sich Martins Heilkunst nicht darin, bloß Arzneimittel zu verabreichen. Für ihn bildeten Heilkunst und Spiritualität eine Einheit. Intensives Beten, oft begleitet von langem Fasten, flankierte seine ärztlichen Maßnahmen und machten in vielen Fällen den Heilerfolg erst möglich. Um böswillige Kritik zum Schweigen zu bringen, die in Martin einen Scharlatan oder gar einen Magier witterte, zitierten Sulpicius und sein Gewährsmann Gallus immer wieder die Namen und Ämter hochgestellter Patienten, die er geheilt hatte. Hilfesuchende aus dem Volk blieben dagegen anonym. Um letzte Zweifel an der Historizität der Wunderheilungen zu zerstreuen, legte Sulpicius Wert darauf, mit genauen Ortsangaben und einer sorgfältigen Beschreibung der Umstände zu überzeugen. Oder er stützte sich auf einen anwesenden Augenzeugen, wie im Fall des Paulinus von Nola, der an einer Augenkrankheit litt. Martin traf seinen Studienfreund in Vienne und kurierte ihn von seinem Leiden: „Eine ziemlich dicke Schicht hatte seine Pupille überzogen und bedeckte sie. Mit einem Stäbchen (*penicillo*) berührte er das Auge, befreite den Patienten von seinem Schmerz und stellte die frühere Sehkraft wieder her."[76] Anhaltendes „Schleiersehen" deutet auf einen grauen Star, der vermutlich Paulinus' Auge die Sehkraft nahm. Römische Augenärzte führten bei dieser Diagnose häufig eine *parakentosis* durch, den Starstich, bei dem sie ein dünnes Stäbchen in die Pupille einführten und den Star tief in den Augengrund wegdrückten. Hat Martin etwa eine ebenso knifflige wie gefährliche Staroperation an Paulinus durchgeführt? Wie römische Inschriften belegen, war der *penicillus* ein übliches Instrument der Augenärzte. Archäologen haben zahlreiche *penicilli* aus Metall als Beigaben in

Gräbern von Ärzten gefunden. *Penicillus* kann allerdings auch Schwämmchen bedeuten. Bediente Martin sich eines Schwämmchens und wusch das kranke Auge lediglich aus, litt Paulinus „nur" an einer hartnäckigen bakteriellen Entzündung, oder quälten ihn trockene Augen? In beiden Fällen wählte Martin das richtige Heilmittel und entsprach einmal mehr seinem Ruf als begnadeter Arzt.[77]

Paulinus erwähnte die Vienner Begegnung in einem Brief an Victricius, Bischof von Rouen, den er vermutlich in Martins Todesjahr 397/98 schrieb. Er pries Martin als „unseren seligen Vater" und fügte hinzu, Gott habe Victricius ihm gleichgestellt. Von Martins medizinischen Kenntnissen und der Augenoperation sprach er nicht, wie andererseits Sulpicius den Ortsnamen Vienne nicht erwähnte.[78] Martins Reise in diese Stadt belegt auch die bereits vorgestellte Inschrift der Matrone Foedula, die von Martin getauft wurde.[79]

Ob Martin in Vienne vor seinem ärztlichen Eingriff gebetet hat, klärte Sulpicius nicht. Das Schweigen erstaunt, weil Gebet und Fasten die Mittel waren, mit denen er heilte, oder vielmehr, mit denen er Gott bewog zu heilen oder sogar Tote zu erwecken. Die erste Totenerweckung in Ligugé war das Ergebnis seines Gebets und der Barmherzigkeit des Herrn. Martin war nur der Vermittler, der spürte, dass „durch den Geist des Herrn seine Wunderkraft eintrat".[80] War die Heilung, um die er gebeten wurde, schwierig, erkannte er also, dass seine medizinische Kunst versagte, verordnete er sich selbst einen „Gebets- und Fastenmarathon" von sieben Tagen und Nächten. Zu diesem Gnadenmittel griff er, um das Haus und die Familie des christlichen Exvicarius Lycontius von der Pest zu befreien. Der hohe Beamte hatte ihn in Briefen um Hilfe angefleht, und Martin wusste von Anfang an, die Erfüllung der Bitte würde sehr schwer werden, weil ein Fluch auf dem Haus lag. Sulpicius nannte lediglich die Länge der Gebets- und Fastenzeit. Martin muss sich in eine regelrechte Ekstase gesteigert haben, um die Familie des Lycontius von ihrem Leiden zu erlösen.[81]

Lycontius' Onkel Euanthius, ein Geschäftsmann, der sich zum Christentum bekehren wollte, erkrankte schwer. In seiner Not ließ er Martin rufen, der sich unverzüglich auf den Weg machte. Unterwegs kam ihm Euanthius entgegen. Auf die Nachricht von Martins Kommen sei er dank dessen Wunderkraft (*virtus*) sofort genesen.[82]

Mochten Skeptiker und Kritiker die Spontanheilung noch mit psychologischen Gründen erklären, so kamen anschließend Martins Fachkenntnisse zum Einsatz: Ein junger Sklave des Hauses war von einer Schlange gebissen worden. Euanthius vertraute ein zweites Mal der Wunderkraft seines Retters und legte den Jungen Martin zu Füßen. Das Gift hatte den Körper und die Glieder bereits anschwellen lassen. Martin massierte alle Körperteile und presste mit dem Finger die kaum sichtbare Einstichwunde. Mit Blut vermischt drängte das Gift heraus, „wie durch die Hand der Hirten aus den gepressten Eutern der Ziegen oder Schafe ein langer Strahl reichlicher Milch herauszulaufen pflegt". Der Junge stand auf, und alle staunten über das Wunder und waren überzeugt, „keinen gebe es unter dem Himmel, der Martin gleichkomme".[83] Seine ärztliche Kunst, die in diesem Fall Leben rettete, mit einem Wunder gleichzusetzen, entsprach dem Geist der Zeit.

Vermutlich erhielt der Mönchsbischof auch seine Visionen in einem Zustand ekstatischer Entrückung.[84] Nicht immer brauchte Martin eine intensive spirituelle Vorbereitung; er konnte auch spontan reagieren und dank seines Rufs, der ihm als Wunderheiler vorauseilte, Kranke heilen. Als er Paris betrat, traf er auf einen Leprakranken, der über und über mit Schwären bedeckt war. Vor den Augen der ihn begleitenden Menschenmenge, die sich vor der ansteckenden Krankheit ekelte, küsste er den Unglücklichen, der sofort geheilt wurde. Am folgenden Tag kam der Geheilte mit glatter Haut zu Martin in die Kirche, um sich zu bedanken.[85] Die Szene erinnert den Bibelkundigen an Jesus, dem auf dem Weg nach Jerusalem zehn Leprakranke begegneten. Er befahl ihnen, zu den Priestern zu gehen. Unterwegs fiel der Aussatz von ihnen ab und sie wurden rein. Von

Küssen wie bei Martin war ebenso wenig die Rede wie von Dankbarkeit. Nur einer kam zurück, um ihm und Gott zu danken, und dieser war kein Jude, sondern ein Samariter.[86] Jesus genügte der stille Wunsch, den Aussätzigen zu helfen. Er brauchte nicht, wie wahrscheinlich Martin, eine Ekelschwelle zu überwinden, um zu zeigen, wie ernst es ihm war, den Kranken zu heilen. Wie Jesus hätte Martin jedoch zum Schluss zu dem Geheilten sagen können: „Dein Glaube hat dich gesund gemacht."

In seinen *Zehn Büchern Geschichten* berichtete Gregor von Tours, dass an der Stelle, wo Martin den Pariser Leprakranken geheilt hatte, später ein Bethaus zum Andenken an das Heilwunder entstand.[87]

Sulpicius fügte einen weiteren Bericht an, der noch eindrucksvoller belegte, wie der Glaube an Martins Wunderkraft heilte: Häufig zupften Gläubige Fäden aus seinem Gewand und seinem härenen Büßerkleid, dem *cilicium*, und legten sie den Kranken auf, wickelten sie ihnen um den Finger oder um den Hals, worauf sie gesundeten.[88] Das Neue Testament bietet ein literarisches Vorbild in der blutflüssigen Frau, die von hinten an Jesus herantrat, sein Gewand berührte und im selben Augenblick gesund wurde. Der geheilten Frau bestätigte Jesus ebenfalls: „Dein Glaube hat dich gesund gemacht."[89] In den Dörfern brachten Verwandte und Freunde ihre Kranken an den Wegrand, damit sie Jesus auf seinen Wanderungen begegnen konnten. Kam er an ihnen vorbei, ahmten viele die Geste der geheilten Frau nach und baten ihn, sein Gewand berühren zu dürfen, und sie wurden gesund.[90]

Nicht zu unterschätzen ist die psychische Belastung, die Wunderheilungen für Martin bedeuteten. Denn nie war er selbst sich seiner Sache und des Erfolgs sicher. Wie oben bemerkt hielt er seine Wunderkraft als Mönch für größer.[91] Sein Charisma hing auch von seiner seelischen Verfassung ab. Nach der Auseinandersetzung um den angeblichen Häretiker Priscillianus gestand er seinen Mitmönchen unter Tränen, dass die Wunderkraft bei ihm nachgelassen habe.[92] Vielleicht fand er ein wenig Trost in seinem großen Vorbild Jesus, der in seiner Heimat keine Wunder zu wirken vermochte.[93] Das Schwanken seiner *virtus* dürfte den bescheidenen Martin veranlasst haben, von vielen Wundertaten kein Aufheben zu machen und lieber im Verborgenen zu wirken.[94] Er dachte wohl auch an die Reaktion seiner Mitbischöfe. Nicht alle freuten sich über seine besondere Begabung.

Einmal war er mit Valentinus von Chartres und Victricius von Rouen zusammen, als sich der Vater eines zwölfjährigen Mädchens, das seit Geburt stumm war, an ihn wandte, er möge ihr die Zunge lösen. Martin verwies ihn jedoch an seine Begleiter. Denn sie seien die Heiligmäßigeren, denen nichts unmöglich sei. Der Vater hatte nämlich zuvor an die Heiligmäßigkeit Martins appelliert. Reagierte Martin bescheiden oder steckte in seinem Hinweis auf die Mitbrüder etwa Ironie oder sogar Herablassung? Denn Valentinus und Victricius verbündeten sich mit dem Vater und bestürmten zu dritt Martin, er möge dessen Hoffnung erfüllen. Martin machte sich ans Werk, und Sulpicius beeilte sich – offensichtlich um einen naheliegenden Verdacht zu zerstreuen –, seine Demut und seine Frömmigkeit hervorzuheben. Zunächst schickte Martin die neugierige Volksmenge weg. Zurück blieben nur der Vater und die Bischofskollegen. Dann warf er sich zu Boden und betete. Nach einer Weile nahm er das Öl, das er beim Exorzismus benutzte, segnete es sowie das Mädchen. Dann träufelte er das Öl in den Mund der Stummen, während er ihre Zunge hielt. Nun fragte er sie nach dem Namen ihres Vaters. Zu seiner Freude und zum Staunen der anderen sprach sie dessen Namen aus. Gallus, der Gewährsmann des Sulpicius im dritten Dialog, versäumte nicht, den anwesenden Priester Euagrius als Zeugen aufzurufen, der das Sprachwunder miterlebt hatte.[95] Die Salbung mit Öl, wie sie Martin praktizierte, gehörte zu den Heilmitteln der antiken Medizin und wurde etwa bei Epilepsie oder Migräne eingesetzt.

Ein dritter Fall, bei dem sich Martins ärztliche Kunst und seine Wunderkraft verschwisterten, ereignete sich in Trier. Der Vorfall war zugleich ein Beispiel, dass sich der heilige Mann keineswegs immer frohgemut und zuversichtlich ans Werk machte, sondern besorgt war, dass er den Erwartungen eines Kranken und seiner Angehörigen nicht entsprechen könne. Die Sorge um seinen Ruf und die Furcht vor Vorwürfen wegen enttäuschter Hoffnungen lasteten auf ihm, obwohl Sulpicius sich einen Blick in die Seele seines Helden verbot. Stattdessen verteidigte er den Wundertäter Martin vorab mit dem kühnen Satz: „Die Gnadengabe (*gratia*) zu heilen, war in ihm so mächtig, dass kaum ein Kranker zu ihm kam, der nicht sofort seine Gesundheit wiedererlangte."[96] Ein kleine Einschränkung leistete sich der Biograph dann doch: „kaum ein Kranker". Der Vater eines Mädchens, das viele Jahre gelähmt war und dessen Atem nun zu versagen drohte, lief zu Martin, kaum hatte er von seiner Ankunft in Trier gehört. Vor einer großen Menschenansammlung, darunter mehrere Bischöfe, fiel er vor Martin nieder und flehte um Hilfe: „Denn ich vertraue darauf, dass ihr durch dich die Gesundheit wiedergegeben wird." Martin weigerte sich, er sei nicht würdig, dass der Herr durch ihn ein Wunderzeichen wirke. Weinend drang der Vater weiter in ihn, und die Bischöfe unterstützten seine Bitte. Martin ließ sich erweichen, ging zu dem Haus des Vaters, wo bereits viele Neugierige darauf warteten, was er tun werde. Wie üblich warf er sich auf den Boden und betete. Dann bat er um Öl, das er dem Mädchen in den Mund träufelte. Als Erstes erhielt sie ihre Stimme, und als Martin ihre Gliedmaßen berührte, strömte wieder Kraft in sie. Geheilt stand das Mädchen auf und trat vor die Menge.[97]

Gallus selbst benannte sich als Zeugen für ein weiteres spektakuläres Wunder, die dritte Totenerweckung, die Martin nun nicht mehr als Mönch, sondern als Bischof vollbracht hat. Gallus war nicht der einzige Zeuge. Mit mehreren Gefährten war Martin auf dem Weg nach Chartres, als sie an einem größeren Dorf vorbeikamen. Dort gab es noch keine Christen. Trotzdem strömte eine riesige Menschenmenge herbei, um einen Blick auf den berühmten Bischof zu erhaschen. Martin ergriff die Gelegenheit, das Wort Gottes zu predigen. Da trat eine Frau auf ihn zu, in den Armen den Leichnam ihres verstorbenen Sohnes. Sie rief: „Wir wissen, dass du ein Freund Gottes bist. Gib mir meinen Sohn zurück; denn er ist mein einziger!" Martin nahm das tote Kind in seine Arme, kniete vor der Menge nieder und betete. Danach erhob er sich und gab das wiederbelebte Kind seiner Mutter.[98] Gallus' Angaben lassen die Vermutung zu, dass Martin ein scheintotes Kleinkind rettete, das kurz zuvor die Besinnung verloren hatte, wie Sulpicius betonte. Es atmete nicht mehr und hatte einen leblosen Körper (*corpus examine*). Für die Mutter und alle Umstehenden war Martin der Wundermann, der eine übermenschliche Tat vollbracht und dem Tod ein Opfer abgerungen hatte.

Martins Heilerfolge beflügelten auch seine missionarischen Anstrengungen und überzeugten viele, die ihm begegneten. Der Zusammenhang zwischen ärztlichem und missionarischem Wirken geht bis auf die Anfänge des Christentums zurück. Die Apostel, denen Jesus die Macht gegeben hatte, Dämonen auszutreiben und Kranke zu heilen, „zogen in den Dörfern umher, verkündeten das Evangelium und heilten die Kranken".[99] Die Fürsorge für den kranken und leidenden Mitmenschen war ein Gebot der Nächstenliebe, der *caritas*. Im Grunde ist Mission eine erweiterte Form der *caritas*. Kümmert sich die christliche Liebe vor allem um das körperliche Wohlergehen, hat die Mission die seelisch-geistliche Seite des Menschen im Blick. Wer wie Martin die Menschen liebte, spürte die Sehnsucht und auch die Verpflichtung, sie mit der erlösenden Liebe des Christengottes bekannt zu machen. Die Mantelteilung war der Auftakt zu Martins karitativem Wirken in der Öffentlichkeit. Die *caritas* war gewissermaßen die Grundlage, auf der sich seine geistliche Berufung entwickelte, die sich schließlich zur missionarischen Verkündigung der Frohen Botschaft ausweitete. Der heilige Bischof von Tours verkörpert die Symbiose von *caritas* und Mission, eine anziehende Mischung, die unzählige Menschen zum Christentum bekehrt hat.

Der wundertätige Missionar

Sulpicius Severus hatte verfolgt, wie etwa römische Aristokratinnen im Umkreis des Hieronymus ihre Heimat verließen, um im Osten ein asketisches klösterliches Leben zu führen. So begleiteten Paula und Eustochium Hieronymus nach Bethlehem, und Melania gründete in Jerusalem ein Kloster, in dem sie fortan lebte.[100] Kurz bevor Sulpicius den ersten Dialog verfasste, in dem Postumianus von seiner Reise zu den ägyptischen Mönchen berichtete, hatten Melanias gleichnamige Enkelin und ihr Mann Pinnianus ihren riesigen Besitz an Arme, Kirche und Klöster verteilt. Danach zog sich das fromme Ehepaar in ein von ihnen gestiftetes Kloster auf dem Ölberg bei Jerusalem zurück.[101] Die Heiligendichte in Rom und Jerusalem brauchte Gallien nicht zu fürchten, konnte es doch stolz auf einen Wundertäter wie Martin sein, der noch viel spektakulärere Taten vollbrachte.

Martin stellte seine Heilkraft in den Dienst der Mission. Nachdrücklich unterstrich Sulpicius das Amtsverständnis des Bischofs, als er die Wiederbelebung des kleinen Jungen beschrieb. Über die Menge, die Martin entgegeneilte, um ihn in ihrem Dorf zu begrüßen, befand der Biograph, dass „sie ganz aus Heiden bestand", und er fuhr erklärend fort: „Denn niemand in jenem Dorf kannte einen Christen." Martin war betroffen und fühlte sich herausgefordert, die Bewohner von ihrer Ungläubigkeit zu heilen. Er begann, „übermenschlich klingend" das Wort Gottes zu verkünden.[102] Nachdem er das wiederbelebte Kind in die Arme der Mutter zurückgelegt hatte, bekannte die gesamte Menge laut, Christus sei Gott, kniete vor Martin nieder und bat ihn um die Taufe.

Nicht nur als Arzt bewies Martin, dass sein Gott der bessere Helfer war, sondern auch bei anderen Gelegenheiten fühlte er sich verpflichtet, die Macht des Christengottes zu demonstrieren und auf diese Weise neue Gläubige zu gewinnen:[103] In einem heidnischen Dorf hatte er wieder einmal einen uralten Tempel niederreißen lassen und machte sich daran, eine Tanne zu fällen, die neben dem Tempel stand. Bisher hatten die Bewohner stillgehalten. Das taten sie „auf Befehl Gottes", ein Hinweis, dass Martin zuvor in einer Predigt auf sie eingeredet hatte. Doch das Abholzen der Tanne ertrugen sie nicht und protestierten lautstark unter der Führung ihres Tempelvorstehers. Martin versuchte, die aufgebrachte Menge zu beschwichtigen, und erklärte ihr, der Baum habe keine religiöse Bedeutung.

Warum richtete sich sein missionarischer Eifer dann gegen einen „unschuldigen" Nadelbaum? Der Bischof witterte hinter der Tanne einen Baumkult, wie er in der gesamten antiken Welt verbreitet war. Die Verbitterung der gallischen Bewohner, die einer Naturreligion anhingen, legt nahe, dass der Missionar mit seinem Verdacht richtig lag und der Baum insbesondere als Orakel diente. Man hat angenommen, dass die von Tacitus beschriebenen Baumorakel der Germanen in ähnlicher Weise bei den Galliern praktiziert wurden. Die „grünen Orakel" beweisen dem Historiker Justin zufolge, dass sie „im Bemühen, die Zukunft zu erforschen, vor allen anderen Erfahrung haben".[104] Da die Menge nicht zur Vernunft kam, griff der mittlerweile missionserfahrene Martin zu härteren Bandagen und behauptete, der Baum sei einem Dämon geweiht und müsse deswegen vernichtet werden. Vorwitzig nahm ein Dorfbewohner den Bischof beim Wort und unterbreitete ihm einen Vorschlag, der auf ein Gottesurteil hinauslief: „Wenn du in den Gott, den du zu verehren behauptest, etwas Vertrauen hast, so werden wir diesen dicken Baum selbst fällen, du aber fang ihn im Fallen auf, und wenn dein Herr, wie du behauptest, mit dir ist, wirst du davonkommen." Alle stimmten dem „Geschäft" zu. Denn der Verlust des Baums wäre zu verschmerzen gewesen, wenn nur, wie sie hofften, der Feind ihrer Religion zugrunde gehen würde. Da die Tanne anscheinend nicht völlig gerade gewachsen war, konnte man vorhersehen, in welche Richtung sie fallen werde. Die aufgebrachten Menschen stellten den mittlerweile gefesselten Martin in die Fallrichtung und begannen voller Vorfreude ihr Werk. Ächzend schwankte die Tanne ein wenig und fiel dann krachend auf Martin zu, der ruhig dastand. Im letzten Augenblick machte er ein Kreuzzeichen, der Baum drehte sich in die entgegengesetzte Richtung und ging zu Boden. Fast hätte er die dort ausharrenden Voyeure erschlagen. Sie schrien auf. Entsetzen und Staunen hielten sich die Waage. Dann baten alle, man möge ihnen die Hand auflegen, sie wollten an Jesus glauben. Der Baum habe sich nach der anderen Seite gedreht, als wäre er von einem Wirbelsturm erfasst worden, erläuterte Sulpicius. Was für die Zeugen und den Biographen ein Wunder war, kann auch eine natürliche Erklärung haben. Wurde Martin vielleicht von einem aufkommenden Sturm gerettet?

Sulpicius ergänzte seinen Bericht um eine wichtige Einzelheit, die ein Licht auf den Alltag der Missionsarbeit wirft. In der Regel brach Martin nicht allein auf, um das weitläufige Hinterland von Tours zu missionieren. Eine Schar von Mönchen, nicht der Klerus von Tours, begleitete ihren geistlichen Vater auf seinen Reisen. Das Gottesurteil über die Tanne verfolgten sie voller Angst aus sicherer Entfernung und rechneten kleingläubig mit dem Tod ihres Meisters. So staunten sie nicht weniger als die Dorfbewohner über das Wunder und vergossen Tränen der Erleichterung und Freude. Martins geistliche Mannschaft machte durchaus Eindruck. Zog der Bischof mit dieser in zottige Umhänge gehüllten Truppe in ein Dorf ein, verbreitete sich seine Ankunft wie ein Lauffeuer unter den Einwohnern. Vielleicht hat sich mancher Dörfler auch ängstlich weggeduckt, wenn er im Zug der Mönche Adlige aus der näheren oder weiteren Umgebung entdeckte. Sie beschützten ihren Mentor in einer Umwelt, die nicht immer friedlich war und die christliche Religion weiterhin skeptisch bis feindselig betrachtete. Denn wer Antworten und Hilfe in einer Naturreligion suchte, tat sich mit der Erlösungsreligion der Christen schwer. Für die Bedürfnisse der Landbevölkerung, die sich der Natur oft ausgeliefert fühlte, bot das Christentum auf den ersten Blick wenig Hilfe.

Die durchsetzungsfähigen Mönche unterstützten Martin bei der nun beginnenden Missionsarbeit, für die entscheidend war, was Sulpicius am Ende seines Berichtes erwähnte: Anstelle der zerstörten heidnischen Heiligtümer ließ der Missionsbischof sofort Kirchen und Klöster bauen, die sich häufig direkt über den Ruinen der alten Tempel erhoben. Die Dörfer hatten zum Teil einen fast städtischen Anstrich. Sie waren kleinere Handelszentren, die den selbstständigen Bauern, abhängigen Pächtern, Händlern und Handwerkern wie den Kolonen aus der Umgebung den Weg in die Stadt ersparten.[105] In den fruchtbaren Flusstälern der Touraine lagen die luxuriösen Villen der Großgrundbesitzer, vor denen der Missionar Martin wohl ebenfalls nicht Halt machte, wie Sulpicius in den Begegnungen mit höhergestellten Persönlichkeiten andeutete. Doch gezielt missionierte der Bischof von Tours in den Dörfern.[106]

Martin konnte sehr ungehalten reagieren, wenn er bemerkte, dass Tempel nicht konsequent zerstört wurden. Im Dorf Amboise (*in vico Ambatiensi*) östlich von Tours hatte er dem Ortspriester Marcellus mehrfach aufgetragen, den dortigen Tempel, einen prächtigen, hochragenden Bau, in Schutt und Asche zu legen. Als Martin erneut das Dorf besuchte und der Tempel immer noch glänzte, stellte er den saumseligen Marcellus zur Rede. Der Priester begegnete den Vorwürfen mit der Entschuldigung, die schwachen Kräfte von Klerikern und Mönchen reichten nicht aus, um ein solches Riesengebäude zu zerstören. „Daraufhin griff Martin zu seinen bekannten Hilfsmitteln und verbrachte die Nacht im Gebet. Am Morgen brach ein Sturm los und legte den Götzentempel bis auf das Fundament nieder."[107] Ein Wunder? Oder haben die Mönche, die ihn begleiteten, in der Nacht weniger gebetet, um ungestört die Hand an den Bau legen zu können? Denn eingangs erwähnte Sulpicius, das Dorf werde nun von einer großen Brüderschar bewohnt. War hier ein Tochterkloster von Marmoutier entstanden, um die Evangelisierung der Landbevölkerung voranzutreiben?

Amboise war eine der sechs namentlich von Sulpicius genannten

Pfarreien, die Martin in seiner Diözese gründete, und Marcellus war einer der sechs namentlich genannten Priester, die er geweiht hatte und deren vorrangige Aufgabe die Mission war. Weitere Priester, die anonym blieben, kamen hinzu. Auf diese Weise schuf Martin kleine, doch umso lebendigere Missionszentren, welche die bäuerliche Bevölkerung der Touraine auf kurzem Weg erreichten. Außer Amboise und dem bereits erwähnten Candes waren es Claudiomagus (Clion-sur Indre)[108], Carnotum (Chartres)[109], Andethanna (Niederanwen)[110] und Leprosum (Levroux)[111]. Tatsächlich war ihre Zahl größer, auch wenn Sulpicius in seiner Bewunderung übertrieben haben dürfte: Martins Wundertaten und sein Beispiel hatten eine solche Wirkung, „dass es dort kaum mehr einen Ort gab, der nicht voller zahlreicher Kirchen und Klöster war".[112]

Sulpicius wusste aus eigener Erfahrung, dass die Mission in heidnischen Dörfern ein steiniges Feld war und Bauern ihre ererbte Religion nur widerwillig aufgaben. Er überlieferte nacheinander mehrere Vorfälle, die Martin in Bedrängnis zeigten, und nur dank seiner Wunderkraft kam er mit dem Leben davon. Wieder einmal legte der bischöfliche Missionar an einen alten und berühmten Tempel Feuer. Der aufkommende Wind trieb die Flammen auf das Nachbarhaus zu. Martin erkannte die Gefahr, stieg sofort auf das Dach des Hauses und stellte sich den heranzüngelnden Flammen entgegen, die nun gegen den Wind zurückschlugen.[113]

Als er im Dorf Levroux (Leprosum) einen ebenfalls reich ausgestatteten Tempel zerstören wollte, stürzten die erbosten Bewohner auf ihn los und vertrieben ihn. Martin zog sich in die Nachbarschaft zurück, fastete und betete drei Tage lang: Gott möge die Stätte des Vielgötterglaubens vernichten. Da erschienen ihm zwei Engel mit Schild und Lanze und forderten ihn auf, zurückzukehren und das Zerstörungswerk zu vollenden. Sie würden die Heiden vertreiben und ihn beschützen. Martin gehorchte, der Tempel stürzte ein und die sprachlosen Bewohner, die sich nicht mehr zu widersetzen wagten, bekehrten sich zum Christengott als dem Stärkeren.[114]

113

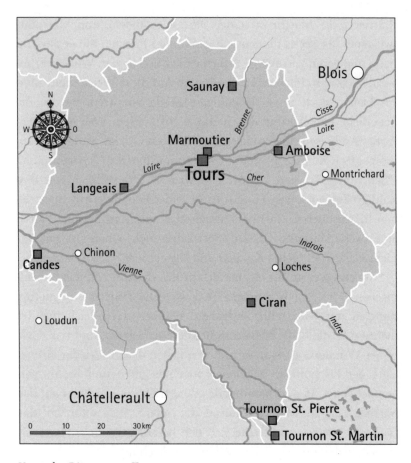

Karte der Diözese von Tours.

Feuer an einen morschen alten Tempel legen, dessen trockene Holzbalken sich leicht entzündeten und rasch lichterloh brannten – das mochte ein Einzeltäter mühelos fertigbringen. Leichtsinniger Umgang mit offenem Feuer hatte schon manchen Tempel in Schutt und Asche gelegt. Eines der berühmtesten Heiligtümer der Antike, der Apollotempel in Daphne, einem Vorort des syrischen Antiochia, war auf diese Weise im Jahr 362 ein Raub der Flammen

114

geworden.[115] Doch der sogenannte repräsentative Singular, den Sulpicius für Martins Zerstörungseifer in Levroux benutzte, wo der Bischof „das heidnische Heiligtum bis auf die Fundamente vernichtete", verlangt trotz der Hilfe der beiden Engel nach einer sachlichen Erklärung. Wieso wandelten sich die feindseligen Bewohner plötzlich zu staunenden Statisten und bekehrten sich ohne Zögern zum Christentum? Nach seinem ersten Zusammenstoß mit ihnen standen die Mönche ihrem Martin bei. Aus seiner Rede *Für die Tempel*, die der heidnische Redner Libanius um das Jahr 388 an Kaiser Theodosius I. richtete, wird ersichtlich, dass es vor allem Mönche waren, die im Osten des Reiches Tempel zerstörten.[116] Kaiser Theodosius gab selbst zu, dass „Mönche viele Verbrechen begehen".[117]

Martins Ziel war, auch außerhalb seiner Diözese möglichst viele Gallier zum Christentum zu bekehren. Auf dem Weg nach Trier kam er durch das Gebiet der Häduer und stieß dort auf einen Tempel, den er abzureißen begann. Die heidnischen Bauern hielten sich nicht lange zurück, sondern stellten sich ihm wütend in den Weg. Einer von ihnen zückte sein Schwert und drang auf Martin ein. Anstatt sich zu verteidigen, schlug er seinen Umhang zurück und hielt dem Angreifer die bloße Kehle hin. Der Bauer holte zum Schlag aus und stürzte rücklings zu Boden. Eine göttliche Macht schien eingegriffen zu haben, und fassungslos bat der Mann den Missionar um Verzeihung.[118] Offensichtlich waren Martins Ruf und Charisma so mächtig oder auch die Scheu vor dem Numinosen so groß, dass weder der Angreifer noch seine heidnischen Freunde den Gedanken zuließen, der Sturz sei auf ein schlichtes Gleichgewichtsproblem zurückzuführen. Eine ähnliche, noch spektakulärere Szene wiederholte sich, bei der dem Angreifer das Messer, mit dem er gerade auf Martin einstechen wollte, aus der Hand gerissen wurde und verschwand.[119] In beiden Fällen werden die begleitenden Mönche der Attacke nicht tatenlos zugesehen haben. Das furchtlose und einschüchternde Auftreten des Missionsbischofs tat das Übrige. Wie entscheidend Souveränität sein kann, zeigt das Schicksal des Kriegs-helden und siebenmaligen Konsuls Marius. Den Gallier, der ihn töten sollte, verließ bei seinem Anblick der Mut.[120]

Nach der Reihe von Wundern, die angeblich auf einen Schlag heidnische Dorfbewohner zum Christentum bekehrten, machte Sulpicius zum Abschluss dieses Themas eine überraschende Ein-schränkung: „Doch in den meisten Fällen, wenn die bäuerliche Bevölkerung protestierte, er möge ihre Heiligtümer nicht zerstören, besänftigte er die heidnischen Gemüter mit einer frommen Predigt so sehr, dass sie, nachdem ihr das Licht der Wahrheit gezeigt wor-den war, ihre Tempel selbst niederlegte.“[121] Der Satz zeigt Martin in einem ganz neuen Licht. Einen mächtigen Prediger hätte man bis-her in dem Mönchsbischof nicht vermutet. Doch beherrschte er die drei Forderungen an einen guten Redner: „belehren – erfreuen – be-wegen" (docere – delectare – movere). Der Rhetorikunterricht seiner Jugend, zu dem auch die Stimmbildung gehörte, um im Freien vor einer großen Menschenmenge zu sprechen, trug in der Missions-arbeit seine Früchte. Martins Begeisterung schlug die Zuhörer in Bann, weil sie merkten, dass er für seine Sache brannte.[122] Die Mis-sionserfolge verraten, dass er der ideale Redner war, dessen „natür-liche Begabung" (natura) sich mit der im Unterricht erworbenen „Redekunst" (ars) verband. Seine ausgefeilte Rhetorik half Martin vor allem, wenn er vor Zuhörern sprach, die selbst Rhetorikunter-richt genossen hatten und allerhöchste Ansprüche an die Kunst des Redners stellten.[123] Zur Wirkung der Predigten trug selbstverständ-lich auch sein Ruf als Wunderheiler bei. Umso bereitwilliger nah-men die Zuhörer Martins Ausführungen über den rettenden Chris-tengott auf, der nach seinen Worten der eigentliche Arzt war und sich seines Bischofs lediglich bediente. Besonders dürften diejeni-gen Gallier ihm gelauscht haben, die Angehörige in Martins Kloster hatten, und es ist gut vorstellbar, dass Martin ab und an seine aris-tokratischen Mitbrüder auf deren Stammsitze begleitete oder die zum Familienbesitz gehörenden Weiler besuchte, um dort das Wort

Gottes auszusäen oder die aufkeimende Saat zu pflegen. Mit solchen naheliegenden sozialen Hintergründen beschäftigte sich Sulpicius nicht, weil er den Blick vornehmlich auf die spektakulären Wunder richtete.

Über den Erfolg seiner Predigten entschied auch Martins persönliche Glaubwürdigkeit. Sulpicius versicherte, wie oben bemerkt, dass die Zuhörer spürten, wie sehr der Prediger von seiner Sache überzeugt war: „übermenschlich klingend verkündigte er den Heiden das Wort Gottes". Der Biograph war wohl einmal in den Genuss einer Martinspredigt gekommen und charakterisierte ihre Wirkung mit dem Vergilzitat „übermenschlich klingend" (*nec mortale sonans*).[124] Seine gebildeten Leser erkannten natürlich das Zitat des Schulbuchautors, den mancher auswendig gelernt hatte. Und doch verschwieg Sulpicius nicht, dass Martin öfter klagte, wie wenig die Menschen vom christlichen Glauben wussten. Ein Tierwunder gab ihm Gelegenheit, sogar auf seine Misserfolge zu sprechen zu kommen. Mit seinen Begleitern stand er am Ufer eines Flusses, als er sah, wie eine Wasserschlange heranschwamm. Er befahl ihr, im Namen Gottes umzukehren. Die Schlange gehorchte und schwamm zurück. Seufzend bemerkte er: „Die Schlange hört auf mich, die Menschen hören nicht."[125]

Das Wohlergehen der bäuerlichen Bevölkerung hing davon ab, dass die Ernte gut ausfiel und das Vieh nicht krank wurde. Bisher hatten sie ihre traditionellen Götter um ein günstiges Schicksal angefleht und ihnen geopfert. Nach Martins Wundern und Predigten übertrugen sie ihre Hoffnung und ihre Gebete auf den Christengott. Das taten sie umso lieber, wenn Martin kraft seiner Gebete dafür sorgte, dass sie etwa von Hagel verschont blieben.[126] Doch geriet ihr Glaube leicht ins Wanken, wenn eine Missernte ihre Existenz bedrohte, Kühe an einer Seuche starben oder das Wetter Kapriolen schlug. Hundert Jahre später berichtete Gregor von Tours über diese Heimsuchungen und fügte hinzu, dass die Menschen „in Zorn auf Gott gerieten".[127] Oft blieb die Bekehrung zum

Christentum ein dünner Firnis, und der Auftrag der Missionare endete nicht mit der Bekehrung der Andersgläubigen. Dass mit der Konversion die spirituelle Kärrnerarbeit erst begann, bezeugten manche Wundergeschichten, die Gregor in den *Vier Büchern über die Wunder des heiligen Bischofs Martin* gesammelt hat.[128] Martin selbst ging davon aus, dass er allenthalben auf heidnische Bräuche stoßen würde, die ihn zum Einschreiten veranlassten. Bei einer seiner Reisen über Land begegnete er einem Leichenzug, bei dem ein mit weißen Tüchern bedeckter Verstorbener zu Grab getragen wurde. Martin dachte, es handle sich um ein heidnisches gallisches Ritual, bei dem in Weiß gehüllte Götterbilder über die Felder getragen wurden, und er zeichnete ein Kreuz über die ihm Entgegenkommenden. Sie erstarrten und konnten sich nicht mehr rühren. Erst als Martin näherkam und seinen Irrtum erkannte, löste er sie von ihrem Bann.[129]

Totenerweckungen und Heilungen zählten sicher zu den besonders überzeugenden Missionsstrategien, aber sie waren eingebettet in ein spirituelles „Gesamtpaket", zu dem eine überzeugende Verkündigung, persönliches Charisma und Authentizität der Lebensführung gehörten. Und über allen Begabungen, Fähigkeiten und Anstrengungen stand der Glaube, den Martin unerschütterlich ausstrahlte. Seine Vorgehensweise als Missionsbischof hat er sicher nicht nächtelang in seiner Zelle ausgetüftelt, zumal sich die Theologen seiner Zeit noch keine grundlegenden Gedanken über einen Missionsplan machten. Wie viele Missionare vor und nach ihm hat sich Martin ein Beispiel an den Aposteln und Jüngern Jesu genommen und sich auf den Weg gemacht. Seine Gelassenheit wurzelte in der Überzeugung, dass die Bekehrungen nicht Frucht seiner persönlichen Leistung waren, sondern letztlich in der Gnade und Barmherzigkeit Gottes wurzelten. Sein Biograph Sulpicius war der gleichen Meinung. Nicht von ungefähr rühmte er immer wieder Martins Demut und Bescheidenheit. Doch im Eifer der Darstellung, im Bemühen um attraktive Unterhaltung und in permanenter Sorge um den Ruf seines Helden hat der Hagiograph es an manchen Stellen mit der Wahrheit nicht so genau genommen. Er schuf einen Übervater und einen idealen Heiligen, der in allem wie Christus war. Ob Martin das gefallen hätte? Vermutlich hätte er sich ein wenig geschämt.

Heute würde der erfolgreiche Missionar vielleicht anders über manche seiner Methoden denken. Sie entsprechen so gar nicht dem demütigen und barmherzigen Gottesmann, den Sulpicius seinen Lesern unermüdlich vor Augen stellte. Martin und auch Sulpicius, der die Gewalt gegen pagane Heiligtümer ebenfalls billigte, waren Kinder ihrer Zeit. Tempelzerstörungen waren sogar von kaiserlicher Seite gedeckt. Martin handelte nicht immer „sanft in der Art und Weise", wie ein römisches Sprichwort empfiehlt. Zweifellos war er „hart in der Sache", was Glaubensgrundsätze betraf. Barmherzigkeit übte er in den Belangen der *caritas* und gegen Sünder wie Brictius. Der Bischof von Tours fiel nicht in die Versuchung, Barmherzigkeit mit Beliebigkeit zu verwechseln. Er kannte die Schwäche der Gläubigen, vor allem in Krisen auf altbewährte Rituale zurückzugreifen. Wenn er die Heiligtümer des Vielgötterglaubens zerstörte, lockten die paganen Traditionen nicht mehr so augenfällig. Der Mönchsbischof betrachtete die Zerstörungen wohl eher als Hilfe, dem Arzt ähnlich, der eine bittere Medizin verabreicht, um zu heilen. Unsere dialogwillige Gesellschaft lehnt zu Recht Gewalt ab, besonders dann, wenn sie im Namen Gottes ausgeübt wurde und wird. Der Missionar Martin müsste sich heute einige kritische Fragen gefallen lassen. Vielleicht hat er damals auch die Grenzen des Dialogs gespürt. In der Auseinandersetzung mit Priscillian, die Thema des nächsten Kapitels ist, hat Martin gegen die Todesstrafe und für den Dialog gekämpft. Auch das gehört zum Bild des Heiligen von Tours.

Auf der Schwelle zum Mittelalter entwickelte Sulpicius sein Bischofsideal, für das Martin Pate stand. Im monarchischen Episkopat, der sich während des 2. Jahrhunderts entwickelte, war der Bischof der erste Glaubenslehrer, Liturge und Seelsorger seiner

Diözese. Hinzu kam noch die Verwaltung des Kirchenvermögens. Die Vielfalt der Aufgaben stellte hohe Ansprüche an den Oberhirten, der ebenso vielfältig begabt sein musste, um seine Herde erfolgreich zu lenken. Die Machtfülle sollte ihn allerdings nicht dazu verleiten, stolz zu werden. Denn das Bischofsamt wurde als Dienst begriffen. In Gallien zeichnete sich im Übergang vom 4. zum 5. Jahrhundert insofern ein Sonderweg ab, als die Bischöfe dort „regelrechte Herrschaftsrechte" erhielten, also das Bischofsamt mit der Stadtherrschaft verbunden wurde.[130] Das martinische Bischofsideal scheiterte letztlich an der Verschwisterung von Kirche und Staat, wie sie in den bischöflichen Stadtherrschaften Wirklichkeit wurde. Auch Martins und Sulpicius' Auffassung, dass der bischöfliche Amtsträger Tugenden ansammeln müsse, um Gnadengaben von Gott zu erhalten, setzte sich nicht durch. Einen wegweisenden Akzent brachte Martin von Tours allerdings mit der Entscheidung, seinen Bischofssitz und sein Kloster zu verlassen, um vor allem den Menschen auf dem Land die Frohe Botschaft zu bringen. Den Namen Missionsbischof trägt er zu Recht. Bezeichnend ist: Nicht die bischöflichen Qualitäten beeinflussten in erster Linie die länderübergreifende *memoria* an Martin. In Erinnerung geblieben ist der dienende, der heilende und der barmherzige Seelsorger.

5. Zwischen Himmel und Erde

Martin und die Staatsgewalt

„Gebt dem Kaiser, was des Kaisers ist, und Gott, was Gottes ist." Als Bischof Hilarius zwischen 353 und 355 seinen Kommentar zum Matthäusevangelium schrieb und in Kapitel 22,15–22 die berühmte Empfehlung Jesu behandelte, lobte er überschwänglich: In wunderbarer Weise habe Jesus zwischen den religiösen und den weltlichen Pflichten des Menschen unterschieden.[1] Dass die beiden Bereiche einmal in Konflikt geraten könnten, kam Hilarius nicht in den Sinn. Er wurde bald eines Besseren belehrt. Nachdem er mit den arianischen Bischöfen in Gallien gebrochen hatte, schickte ihn 356 der arianisch gesinnte Kaiser Constantius II. auf der Synode von Béziers nach Kleinasien in die Verbannung.[2] In zwei Schriften gegen den „Antichrist" Constantius und die mit ihm verbündeten Bischöfe kritisierte Hilarius heftig die Einmischung des Kaisers in kirchliche Angelegenheiten. Einen Gesinnungsgenossen fand er im streitbaren Bischof Lucifer von Cagliari, der auch vor harscher Polemik nicht zurückschreckte. Hilarius ging sogar so weit, dass er sich nach den alten Zeiten der Christenverfolgung zurücksehnte, als die Trennung von Kirche und Staat eindeutig war und noch keine Hofbischöfe den Kaiser zu ihrem Vorteil umschmeichelten und zu Ketzereien überredeten.[3] Inzwischen bekämpfe „eine Rotte von Pseudoaposteln" zusammen mit dem „Antichristen" Constantius die katholischen Bischöfe,

121

die das Ergebnis des Konzils von Nicäa aus dem Jahr 325 verteidigten: Jesus ist „gleichen Wesens mit Gottvater", nicht „ähnlichen Wesens", wie Arius und seine Anhänger behaupteten. Im Osten des Reiches war Bischof Athanasius von Alexandria der schärfste Gegner der Arianer.[4]

Martin erlebte die Auseinandersetzung zwischen arianischen und katholischen Bischöfen, als er mit dem aus dem Exil heimgekehrten Hilarius zusammentraf. Denn die Verbannung hatte den wiedereingesetzten Bischof von Poitiers nicht zur Räson und auf die kaiserliche Linie gebracht. Hartnäckig führte er seinen Kampf gegen die arianischen Bischöfe weiter. Martins persönlicher Konflikt mit dem Caesar Julian wie unerfreuliche Begegnungen mit Arianern[5] trugen dazu bei, dass er sich entschieden auf Hilarius' Seite stellte: In kirchliche Streiterein hat sich der Staat nicht einzumischen.

Die Trennung von Kirche und Staat musste nicht zwangsläufig in einer Konfrontation enden, zumal sich mit dem Tod Julians des Abtrünnigen im Sommer 363 der Religionskrieg zwischen einem heidnischen Kaiser und dem Christentum endgültig erledigt hatte. Julians Nachfolger Jovian, der bereits nach einem halben Jahr starb, war Christ. Auf ihn folgte der Christ Valentinian I., der im Februar auf dem Kaiserthron Platz nahm: „Sein Kaisertum zeichnete sich durch eine moderate Haltung aus, mit der er in der Mitte zwischen den verschiedenen Religionen stand und niemandem zusetzte und befahl, er solle dieses oder jenes verehren."[6] Während Valentinian Katholik war, gehörte sein Bruder und Mitkaiser Valens, wie schon Julians Vorgänger Constantius, zu den Arianern. Was es bedeutete, zwischen die kirchenpolitischen Fronten zu geraten, erfuhr Martin auf dem Weg in seine pannonische Heimat, als ihm in Italien arianische Christen, Glaubensgenossen des Valens, übel mitspielten.[7]

Im Alltag ließ sich die Trennung von Staat und Kirche kaum strikt durchhalten. Bei manchen Interessen gab es auf der einen wie auf der anderen Seite Überschneidungen, bei denen man sich der Hilfe der Gegenseite zu bedienen suchte. Das Taktieren geriet nicht immer zur Freude des jeweils anderen. Sulpicius berichtete im zweiten Dialog über eine entlarvende Begegnung zwischen Valentinian und Martin, für deren Wahrheitsgehalt sich der Erzähler Gallus auf zuverlässige Mitbrüder berief. Häufig kamen die Martinsschüler auf das Treffen zu sprechen: In einem nicht näher erläuterten Anliegen wandte sich der Bischof von Tours an Valentinian, und zwar an die zuständige Behörde, das *officium*, welches die Angelegenheit dem Kaiser vorlegte. Valentinian war nicht bereit, Martins Wunsch zu erfüllen. Da er einem persönlichen Gespräch ausweichen wollte, befahl er seinen Dienern, dem Bischof den Eintritt in den Palast zu verwehren. Der eigentliche Grund, weswegen der Kaiser sich weigerte, mit Martin zusammenzutreffen, hieß Justina. Die Kaiserin, die sich zum Arianismus bekannte, hatte ihren Mann bestürmt, hart gegen Martin zu bleiben. Ironisch nannte Sulpicius die Intrigantin „Ariana" und unterschlug ihren Taufnamen. Sicher war ihm der Streit bekannt, den die Arianerin Justina und ihr Sohn Valentinian II. im Jahr 385 mit Bischof Ambrosius von Mailand austrugen. Ihre erbitterte Auseinandersetzung um eine Basilika hatte hohe Wellen geschlagen. Für Martin ging es also um nichts weniger als um den Vorrang der katholischen Kirche gegenüber der arianischen Häresie. Mehrere Male versuchte er, zum Kaiser vorzudringen. Mancher hätte die peinliche Zurückweisung nicht ertragen und sich resigniert zurückgezogen. Nicht aber der langgediente Soldat Martin, und es scheint, als ob ihn der Misserfolg zu noch größeren Anstrengungen angestachelt hat. Als ihm der Zutritt wieder einmal verwehrt wurde, „nahm er zu seinen bekannten Hilfsmitteln Zuflucht: Er hüllte sich in sein härenes Gewand, bestreute sich mit Asche, enthielt sich der Speise und des Tranks und betete ununterbrochen Tag und Nacht."[8] Nach sieben Tagen gewährte Valentinian alles, um was ihn Martin gebeten hatte.

Ein Wunder? Was Sulpicius geflissentlich verschwieg, war das Aufsehen, das die vor dem Trierer Kaiserpalast hungernde und betende Asketengestalt des Bischofs erregt haben muss. Martin war der Erste, aber nicht der Letzte, der mit einem Hungerstreik die nervös werdende Staatsmacht in die Knie zwang. Der Klügere gibt nach, mag sich Valentinian gedacht haben. Es war vernünftiger, das Schauspiel vor den Palasttoren zu beenden, als sich die Vorwürfe des Volkes oder gar seine Proteste anhören zu müssen, er sei am Hungertod einer beliebten Persönlichkeit des öffentlichen Lebens schuld.

Statt solcher Realien schmückte der Biograph Martins Protestaktion lieber mit wundersamen Ereignissen aus: Am siebten Tag trat ein Engel zu ihm und befahl ihm, unbesorgt den Kaiserpalast zu betreten, die Türen würden sich von allein öffnen und der harte Sinn des Kaisers werde sich besänftigen. Der Realist wird die Engelerscheinung mit dem Hinweis auf die Folgen exzessiven Fastens erklären. Dass sich nach siebentägigem Nahrungs- und Schlafentzug Halluzinationen einstellen, die bei einem frommen Gemüt Engelsgestalt annehmen, ist wenig verwunderlich. Türen, die sich von allein öffnen, waren in griechischen, römischen und jüdischen Wundergeschichten ein uralter Topos, der sich dann in der christlichen Literatur wiederfand, von der Apostelgeschichte angefangen.[9]

Was Martin Sulpicius zufolge im Palast erlebte, klang eher wie eine Zaubergeschichte: Ohne dass ihn jemand aufhielt, drang er bis zu Valentinian vor, der über sein ungehindertes Erscheinen mit den Zähnen knirschte. Sulpicius brauchte nicht zu erklären, was jeder seiner Leser wusste: Der spätantike Kaiser war von einem umfangreichen, hierarchisch geordneten Hofstaat umgeben, und niemand trat ohne dessen Erlaubnis und ohne Einhaltung des strengen Zeremoniells vor das Angesicht des Herrschers. Sulpicius kehrte mit seiner empörten Bemerkung, Valentinian habe es nicht für wert erachtet, vor dem Bischof aufzustehen, das Zeremoniell um: Denn jeder Besucher des Kaisers machte vor ihm zunächst eine Kniebeuge, die Proskynese.[10] Doch Martins Auftritt vor dem Herrscher demonstrierte, dass die Würde des Bischofs höher stand als die des Kaisers: Plötzlich züngelten Schlangen aus dem Thronsessel und leckten an

124

Kaiser Valentinian I. bittet Martin auf Knien um Verzeihung. Flammen, die aus seinem Thron lodern, haben ihn zur Einsicht gebracht. Martin belohnt die Reue des Kaisers mit einem Segen.
Fresko von Simone Martini, Assisi, San Francesco, Martinskapelle in der Unterkirche um 1320/25.

125

dem Körperteil Valentinians, den Sulpicius nur diskret zu umschreiben wagte: „an dem Teil des Körpers, mit dem er saß". Dem Kaiser blieb nichts anderes übrig, als nun doch aufzustehen. „Vielmals umarmte er denjenigen, den zu verachten er vorher beschlossen hatte, und geläutert bekannte er, er habe dessen göttliche Kraft zu spüren bekommen."[11] Oft habe er sich danach mit ihm unterhalten und ihn zu Tisch gebeten. Zum Abschied habe er ihn mit Geschenken überhäuft, die Martin, der seiner mönchischen Armut treu blieb, sämtlich zurückgewiesen habe.[12]

Psychologisch lässt die Verbrüderung des Kaisers mit dem Bischof tief blicken. Es geht in diesem Zusammenhang weniger um Martins Einstellung als um die Vorstellungen des Biographen. Sulpicius wünschte sich zumindest eine Kirche auf Augenhöhe mit dem Kaiser. Die kaiserliche Umarmung und Tischgemeinschaft begradigten das Gefälle zwischen Herrscher und Bischof. Das tat Valentinian nicht freiwillig, sondern gezwungen durch göttliche Macht. Mit Gott auf seiner Seite war Martin dem Kaiser nicht nur ebenbürtig, sondern überlegen. Auch Martin war ein *imperator,* ein *imperator* Gottes. Sollte er je unter Komplexen gelitten haben, war er nun geheilt. Im Grunde drückte Sulpicius mit der Stilisierung der Begegnung den Wunsch des Untertan nach Anerkennung aus. Da die Protagonisten aber ein hoher Geistlicher und ein Kaiser waren, lässt sich die Geschichte auch als Allegorese über das Verhältnis zwischen Kirche und Staat deuten. Martin, der sein Leben bedingungslos in den Dienst Christi gestellt hatte, ging es eindeutig nicht um die Wertschätzung seiner Person, sondern um die Freiheit seiner Kirche und des Bischofsamtes. Aus diesem Grund betonte Sulpicius am Ende des Treffens, dass Martin alle Geschenke aus der Hand des Kaisers abgelehnt habe. Nicht der kleinste Schatten von Korruption sollte auf den heiligen Mann fallen. Er war das entschiedene Gegenbild zu einem sogenannten Hofbischof. Das historische Zusammentreffen von Valentinian und Martin fand zwischen 371 und 375 statt, nach Martins Bischofsweihe und vor dem 17. November 375, dem Sterbetag Valentinians. Vieles deutet auf das Jahr 374 hin, in dem sich der Kaiser mehrfach in Trier aufhielt. Am Osterfest 375 befand er sich ein letztes Mal in seiner Residenzstadt.[13]

Nicht weniger dramatisch war der Zusammenstoß Martins mit dem hohen Beamten Avitianus, der als *comes* mit Sondervollmachten in Gallien wütete. Hinter Claudius Avitianus lag eine beachtliche Karriere. Er hatte es 362/63 zum Statthalter in Afrika gebracht und leitete nun Kriminalprozesse in Gallien.[14] Entsprach Avitianus dem Klischee des machthungrigen Beamten, war seine Frau der Gegenentwurf. Sulpicius berichtete, wie sie einmal Martin Öl schickte, damit er es segne und sie es in Krankheitsfällen anwenden könne. Ein Priester brachte ihr das Öl in einem Gefäß zurück, das ein Knabe trug. Erstaunt beobachteten sie, wie das Öl ständig zunahm, schließlich überlief und das Gewand des Jungen tränkte. Als sie das Anwesen des Avitianus erreichten, war das Gefäß so voll, dass es sich nicht mehr verschließen ließ.[15] Der Glaube der demütigen Frau hatte ihr und ihrem Haus Segen gebracht.

Eines Tages zog Avitianus in Tours ein, gefolgt von erbarmungswürdigen Menschen in Ketten, die er am folgenden Tag Folterstrafen zu unterwerfen befahl. Die Bürger von Tours waren entsetzt. Als Martin von dem grausamen Befehl erfuhr, eilte er noch mitten in der Nacht zum Statthalterpalast. Doch die Tore waren verschlossen. Martin warf sich zu Boden und wartete. Ein Engel erschien dem schlafenden Avitianus und sprach zu ihm: „Ein Diener Gottes liegt vor deiner Türschwelle, und du ruhst?" Avitianus fuhr aus dem Schlaf auf und begriff sofort, dass es sich bei dem Diener Gottes in Tours nur um Bischof Martin handeln könne. Er rief seine Diener und wies sie an, den Bischof unverzüglich hereinzubitten. Die Diener konnten sich aber nicht vorstellen, dass Martin nachts vor dem Tor lag, und überzeugten ihren Herrn, dass er einem Traum aufgesessen war. Avitianus legte sich wieder hin und wurde ein zweites Mal aus dem Schlaf gerissen. Da die Diener wieder zögerten, öffnete er selbst das Tor und stieß auf den am Boden kauernden

Martin. Erschüttert sprach er zu ihm, er wisse sehr wohl, was Martin wolle. Da er den Zorn Gottes fürchtete, rief er, sobald Martin sich entfernt hatte, seine Beamten zusammen und befahl, die Gefangenen freizulassen. Bald darauf verließ er selbst, von Martin „in die Flucht geschlagen", Tours, „und die befreite Stadt freute sich".[16]

Auch wenn Sulpicius die Begleitumstände wieder wie in der Valentinian-Episode ins Wunderbare ausgeschmückt hat, ist nicht zu bezweifeln, dass Martin für unglückliche Gefangene und bessere Haftbedingungen eingetreten ist, und in vielen Fällen wird er zumindest Strafmilderung oder gar eine Amnestie erreicht haben. Ambrosius und Augustinus waren die bekannteren Bischöfe, die sich in dieser Weise einsetzten und sich oft, wenn auch nicht immer, gegen die Staatsmacht behaupteten. Martin tritt in der Avitianus-Erzählung erstmals in der zukunftsträchtigen Rolle des bischöflichen Stadtherrn auf, wie sie sich vor allem im Gallien des 5. und 6. Jahrhunderts entwickelt hat.[17]

Die Begegnung mit Avitianus hatte ein Nachspiel. Als Martin den gefürchteten *comes* erneut aufsuchte, sah er auf seinem Rücken einen mächtigen Dämon sitzen. Martin überlegte nicht lange und entschied sich, einen Exorzismus vorzunehmen. Er wählte die Zeremonie des Anblasens, die eigentlich dem Taufritus vorausging, aber auch getrennt von der Taufe eingesetzt wurde, um böse Geister zu vertreiben. Als Martin den Dämon aus gebührender Entfernung anhauchte, erschrak Avitianus und beklagte sich: Warum tust du mir das an? Als sein Besucher ihm erklärte, dass er nicht ihn meine und ihm den Grund nannte, verließ der böse Geist sein Opfer. Von diesem Tag an sei der von allen gefürchtete Avitianus milder geworden, berichtete Sulpicius. Denn er habe erkannt, dass er bisher dem Willen des Teufels verfallen war.[18] Dass Avitianus wie seine Frau dem christlichen Glauben angehörte, zeigen seine Kenntnisse über den Ritus der Teufelsaustreibung. Er scheint seine bösen Taten bereut zu haben. Offensichtlich empfand er seine Schuld als so bedrückend, dass er den Teufel als den eigentlichen Missetäter vorschob, um sich selbst zu entlasten. Wer seiner Interpretation folgte, konnte dank Martin mit dem Geläuterten wieder umgehen. Martin hat wohl auch um die Seele des Christen Avitianus gekämpft. Denn er ist einer der wenigen, von denen Sulpicius überlieferte, dass der Bischof ihn mehr als einmal aufsuchte.

Nach Kaiser Valentinian und seinem Begleiter Avitianus führte Martin auch einem Trupp Soldaten drastisch vor Augen, wie machtlos sie gegenüber seiner überlegenen Wunderkraft waren. Der Vorfall warnte zugleich alle Soldaten und Staatsdiener, die in der Spätantike ebenfalls als „Soldaten" (*milites*) bezeichnet wurden, eindringlich, sich nicht an einer geweihten Person zu vergreifen. Übermut der Soldaten gegenüber Zivilpersonen war ein Alltagsproblem, das nicht nur in Gallien heimisch war, sondern in allen Teilen des Reiches für Ärger und angstvolle Unsicherheit sorgte. Selbst im Neuen Testament wurde dieser Missstand aufgegriffen: Als Johannes der Täufer eine seiner Bußpredigten gehalten hatte, kamen anschließend Soldaten zu ihm, die sich bessern wollten. Johannes forderte sie an erster Stelle auf: „Misshandelt und erpresst niemanden und begnügt euch mit eurem Sold!"[19]

Eines Tages war Martin unterwegs auf einer Visitationsreise zu den Pfarreien seiner Diözese. Seine Begleiter, darunter der Erzähler und Augenzeuge Gallus, waren ein wenig hinter ihm zurückgeblieben. Vielleicht wollten sie ihren meditierenden oder betenden Bischof nicht stören. Martin war so in Gedanken vertieft, dass er nicht bemerkte, wie sich auf der Staatsstraße, die sie benutzten, ein Wagen mit Soldaten näherte. Auf Staatsstraßen hatten Reiter und Wagen, die in amtlicher Funktion reisten, die Vorfahrt, und es empfahl sich, rechtzeitig von der Straße herunterzugehen und bescheiden am Straßenrand zu warten, bis die Herren Soldaten vorbeigezogen waren. Martin lief jedoch weiter. Als die Zugtiere – es waren vermutlich Maultiere – auf gleicher Höhe mit der Gestalt in rauem schwarzem Gewand und wehendem Mantel waren, scheuten sie und wichen ein wenig zur Seite. Ihr Geschirr verheddderte sich und der Wagen kam zum Stehen. Erzürnt über die Verzögerung stürzten die Soldaten aus dem Wagen und begannen mit Peitschen und Knütteln auf Martin einzuprügeln. Stumm und mit unglaublicher Geduld ertrug der ehemalige Soldat die Schläge, was die Prügelnden noch mehr in Rage brachte, „weil er gleichsam die Hiebe nicht spürte und verachtete". Jetzt trafen Martins Begleiter ein und fanden ihren geistlichen Vater blutüberströmt und bewusstlos im Dreck liegen. Hastig legten sie ihn auf seinen mitgeführten Esel und entfernten sich schleunigst vom Ort des Verbrechens. Die Soldateska, die ihr Mütchen gekühlt hatte, kehrte zum Wagen zurück, um ihre Fahrt fortzusetzen. Doch die Zugtiere rührten sich nicht vom Fleck. Sie bewegten sich auch nicht, als die Kutscher lauter und lauter schrien und die Peitsche schwangen. Wieder sprangen die Soldaten aus dem Wagen. Sie rissen Äste von den Büschen ringsum und droschen auf die Maultiere ein. Es half alles nichts. Die Soldaten wussten sich keinen Rat mehr. Langsam dämmerte ihnen, dass hier etwas nicht mit rechten Dingen zuging und eine göttliche Gewalt im Spiel sein musste. Sie begannen sich zu fragen, wer der Mann sei, den sie kurz zuvor niedergeschlagen hatten. Von Passanten erfuhren sie, dass es Martin von Tours war, den sie so böse zugerichtet hatten und der sie nun festbannte. Eilends suchten sie den Verletzten auf. Rot vor Scham weinten sie, bestreuten ihren Kopf zum Zeichen der Reue mit Staub, warfen sich ihm zu Füßen, flehten um Verzeihung und baten, er möge sie wieder ziehen lassen. Ihr schlechtes Gewissen sei Strafe genug, und es sei ihnen klar geworden, dass die Erde sie bei lebendigem Leib hätte verschlingen können oder sie selbst, ihrer Sinne verlustig, zu Stein hätten erstarren können am selben Ort, wo ihre Zugtiere stehen geblieben waren. Noch einmal baten sie inständig, Martin möge ihnen verzeihen und sie weiterfahren lassen. In seiner Güte gewährte er ihre Bitte und befreite die Zugtiere von ihrer Starre. Seinen Gefährten hatte der Heilige bereits vorher angekündigt, was geschehen werde.[20]

Die Soldaten spürten zwar Sulpicius zufolge, dass sie „von einer göttlichen Gewalt festgehalten wurden", doch dürfte einem antiken Leser, der weniger fest im christlichen Glauben verwurzelt war, spontan ein anderer Gedanke gekommen sein: Die Zugtiere fesselte ein Bindezauber, eine *defixio*. Die besondere Form des Schadenzaubers war Bestandteil der schwarzen Magie, die in der antiken Welt des Vielgötterglaubens weit verbreitet war und die auch das Christentum noch längst nicht ausgerottet hatte.[21] Einen solchen Bindezauber fürchteten auch die Soldaten, weil sie wussten, dass er häufig auf den Tod des Betroffenen zielte. In ihrer Phantasie sahen sie sich schon von der Erde verschluckt oder zu Stein verwandelt. Kein Wunder, dass sie in Panik gerieten und vor Martin auf die Knie sanken. Dem Hagiographen bescherte der naheliegende Verdacht, der Bischof von Tours sei in Wahrheit ein verkappter Magier, einiges Kopfzerbrechen, wie er seinen frommen Helden vom Ruch der Zauberei befreien konnte. Sollte man dem halb totgeschlagenen Martin verübeln, dass er die Übeltäter bestrafte? Auch einem Heiligen waren menschliche Empfindungen wie Zorn und Rache nicht fremd. Doch der geistliche Mensch gewann schließlich die Überhand im Kampf der Gefühle und zeigte zum Schluss, dass er den reuigen Soldaten verzieh und den Bann von ihren Zugtieren löste. Wie Martin das tat, überging Sulpicius. Worte hätten zu sehr an Zauberformeln erinnert, die jeder Leser aus der Literatur, von Gegenständen, die mit magischen Formeln beschriftet waren, oder von den Zauberpapyri kannte – zumal er vielleicht glaubte, selbst einmal Opfer eines Schadenzaubers geworden zu sein. Schadenzauber vollzog sich oft im Geheimen oder Dunkeln, meist ohne Mitwisser. Von diesem magischen Ambiente hob sich Martin eindeutig ab. Seinen Begleitern, die ihn gerettet hatten, kündigte er vorab seine Strafe an und rief die – unausgesprochene – Reaktion hervor: Das geschieht den brutalen Verbrechern recht, die den verehrten Bischof misshandelt und fast ins Jenseits befördert haben.

Die Wunder, die Martin im Namen des christlichen Gottes vollbrachte, scheuten die Öffentlichkeit nicht. Sie waren Zeichen der

Liebe Gottes und geschahen zum Heil der Menschen. Das Heil der ‚schlagfertigen‘ Soldaten bestand wohl in der pädagogischen Absicht Martins, der sie zur Umkehr führte.

Das Thema „Martin und die Staatsgewalt" hatte durchaus auch eine erfreuliche Seite, wie die Reihe der hohen Beamten zeigte, die Martin um ihre eigene oder die Heilung ihrer Angehörigen baten oder sonstige Hilfe erhielten. Der gallo-römische Aristokrat Arborius, der es 379 zum Finanzminister und ein Jahr später zum Stadtpräfekten von Rom gebracht hatte,[22] war machtlos. Seine Tochter litt an einem schweren Verlauf des Quartanfiebers, einer Form der Malaria. Als sie wieder von Fieberkrämpfen geschüttelt wurde, legte der verzweifelte Vater einen Brief Martins auf ihre Brust, und das Fieber wich. Dankbar versprach Arborius das Mädchen Gott und reiste zusammen mit seiner Tochter nach Tours. Er bestand darauf, dass Martin ihr das Jungfrauengewand anlegte und sie weihte.[23] Die Geschichte des Arborius fällt insofern aus dem Rahmen der martinischen Wundergeschichten, weil Martin offensichtlich auch in Abwesenheit zu heilen vermochte. Es reichte der unerschütterliche Glaube an seine Heilkraft, unterstützt von einer sogenannten Berührungsreliquie, in diesem Fall einem Brief Martins.

Dem früheren Präfekten Auspicius half Martin in einer wirtschaftlichen Notlage. Auspicius besaß Ländereien im Gebiet der Senonen, in der Region des heutigen Sens. Jahr um Jahr verwüstete Hagel das gesamte Gebiet. Die leidgeprüften Bauern wandten sich an den besonders betroffenen Großgrundbesitzer, der wohl auch Patron mancher seiner Landsleute war, er möge Martin um Hilfe bitten. Der Bischof folgte der Bitte, und seinen Gebeten an Ort und Stelle war es zu verdanken, dass die Gegend zwanzig Jahre von Unwettern verschont blieb. Die Bauern betrauerten seinen Tod, denn noch im selben Jahr hatten sie wieder unter Hagelschauern zu leiden. Unmittelbarer Zeuge war Auspicius' Sohn Romulus, wie der Erzähler Gallus seinen Mitunterredner, den Priester Refrigerius, erinnerte. Beide hatten Romulus getroffen und mussten sich dessen

Klagen über Martins Tod und die regelmäßig wiederkehrenden Naturkatastrophen anhören.[24]

Eine weitere Episode, die einen Angehörigen der gesellschaftlichen Elite zeigte, wie er den Bischof von Tours um Hilfe bat, ist Teil einer Bekehrungsgeschichte. Sie belegt eindeutig, dass Martin seine ärztliche Hilfe als Teil seiner Missionsstrategie begriff: Taetradius war ein Mann von prokonsularischem Rang und führte ein großzügiges Haus, zu dem viele Sklaven gehörten. Obwohl sie juristisch als „Sache" (*res*) galten, gehörten Sklaven zur erweiterten *familia* eines Patrons. Von ihm hing maßgeblich ab, wie die Sklaven behandelt wurden. Wer auf einen menschenfreundlichen Herrn traf, führte trotz seiner persönlichen Unfreiheit ein besseres Leben als so mancher Kleinbauer oder Tagelöhner, der mit hungrigem Magen ins Bett stieg und nicht wusste, wie er seine Familie ernähren sollte. Nicht selten entwickelten sich enge Beziehungen, wie aus zahlreichen Grabinschriften für einen Lieblingssklaven oder eine Lieblingssklavin hervorgeht. Auch trauernde Sklaven setzten ihrem verehrten Herrn oder ihrer geliebten Herrin einen Gedenkstein. Taetradius hätte ebenfalls ein ehrendes Grabmal verdient. Denn er war sich nicht zu schade, einem seiner Sklaven beizustehen, der von einem Dämon befallen wurde und Höllenqualen litt. Da man keinen besseren Rat wusste, bat man Martin, dem Besessenen die Hand aufzulegen. Der Bischof willigte ein und befahl, den Unglücklichen zu ihm zu bringen. Der Dämon witterte Lunte und brachte sein Opfer so zur Raserei, dass er nach allen biss, die sich ihm näherten. Schließlich kniete sich der hohe Beamte vor Martin hin, umschlang dessen Knie und bat den Bischof, sich doch in sein Haus zu bemühen. Martin lehnte die Bitte mit der Begründung ab, er könne das Haus eines Heiden nicht betreten. Sofort schwor Taetradius, er werde sich zum Christentum bekehren, sollte es Martin gelingen, den Dämon auszutreiben. Martin begleitete Taetradius nach Hause, legte dem Sklaven die Hand auf und erlöste ihn von dem bösen Geist. Überwältigt von der Teufelsaustreibung wurde Taetradius gläubig, ließ sich als Katechumene aufnehmen und bald darauf taufen. Sollte Martin taktiert haben, der Erfolg gab ihm recht.[25]

Die Zeitangabe „bald darauf" macht stutzig. In der Regel dauerte das Katechumenat, der Taufunterricht, drei Jahre. Verantwortlich für die Auswahl und Zulassung der Kandidaten war der Ortsbischof. Zu seinen Aufgaben gehörte auch die Betreuung der Neubekehrten. Ob weitere Personen, Kleriker oder Gemeindemitglieder, an diesem Apostolat beteiligt waren, unterschied sich von Gemeinde zu Gemeinde.[26]

Hat Martin im Fall des Taetradius vielleicht eine Ausnahme gemacht und die christliche Lehrzeit verkürzt, weil er die *conversio* des ehemaligen Consuls miterlebt hatte und von deren Echtheit überzeugt war? Der Übertritt des Taetradius zum Christentum, der erfahrungsgemäß auch die Bekehrung des gesamten Hauses des Patrons nach sich zog, spiegelt eine religiöse Entwicklung des 4. Jahrhunderts: die vermehrte Bekehrung Angehöriger der höheren Stände im Römischen Reich, darunter viele Männer, wie auch die adligen Mönche in Martins Kloster belegen.

Eine Frage bleibt allerdings unbeantwortet: Lehnte Martin es wirklich grundsätzlich ab, die Häuser von Heiden zu betreten? Eine solche Haltung hätte zumindest nicht seinem Vorbild Jesus entsprochen, der das Haus des römischen Tribuns Cornelius betreten hat. Der Unterschied dürfte auch Sulpicius aufgefallen sein, der sich doch so anstrengte, Martin als *Zweiten Christus* aufzubauen. Vermutlich wollte er Martins Weigerung als religionspädagogisches Druckmittel verstanden wissen. Ende gut, alles gut, ist man versucht zu bilanzieren. Zum Abschluss der Bekehrungsgeschichte vergaß der Verfasser jedenfalls nicht herauszustellen, dass Taetradius „sein Leben lang Martin mit wunderbarer Zuneigung verehrte und ihn als den Urheber seines Heils betrachtete".[27]

Der Präfekt Vincentius, der in Gallien wegen seiner Tugend in hohem Ansehen stand, hatte den Wunsch, sooft er in der Gegend von Tours zu tun hatte, in Martins Kloster vorbeizuschauen. Öfter bat er darum, mit dem Bischof ein Mahl einzunehmen. Doch Martin schlug ihm den Wunsch ab, entgegen einer für Klöster üblich werdenden Gastfreundschaft. Der Erzähler Postumianus verwies auf das Beispiel des Bischofs Ambrosius, der gern mit höhergestellten Personen tafelte.[28] Nur: Ambrosius war Sohn eines Prätorianerpräfekten und war selbst Statthalter gewesen. Bei ihm trafen sich also Standesgenossen. Martin, der Sohn eines Tribuns und ehemaliger Offizier, zögerte vielleicht schon aus diesem Grund, den hohen Gast zu empfangen. Selbstverständlich bewertete Sulpicius sein Verhalten nicht so: Für ihn war Martin auch bei dieser Gelegenheit der demütige Mönchsbischof, der seine Unabhängigkeit von „hohen Tieren" wahren wollte und gerade dadurch einen Ambrosius in den Schatten stellte.

Hoch angesehene Persönlichkeiten wie die ehemaligen Präfekten Arborius und Auspicius oder der ehemalige Konsul Taetradius verbreiteten Martins guten Ruf unter ihren Standesgenossen und Untergebenen. Modern gesprochen waren sie wichtige Multiplikatoren, deren Lob mehr Gewicht hatte als etwa die Heilung eines unbekannten Leprakranken in Paris.[29]

Der Priscillianistenstreit

Der Streit um den Häretiker Priscillian und die Priscillianisten, der sich vorwiegend in Spanien und Gallien abspielte, wurde für Martin zur nächsten großen Herausforderung. Sie bot ihm Gelegenheit, die Trennung von weltlicher und kirchlicher Gewalt zu verteidigen, so wie es der Apostel Paulus im Ersten Korintherbrief 6,1–4 getan hat: „Wagt es einer von euch, der mit einem anderen einen Rechtsstreit hat, vor das Gericht der Ungerechten zu gehen statt zu den Heiligen? Wisst ihr denn nicht, dass die Heiligen die Welt richten werden? Und wenn durch euch die Welt gerichtet wird, seid ihr dann nicht zuständig, einen Rechtsstreit über Kleinigkeiten zu

schlichten? Wisst ihr denn nicht, dass wir über Engel richten werden? Also erst recht über Alltägliches."[30]

Die *Chronica* des Sulpicius Severus sind die wichtigste Quelle, die
sich mit der zunächst innerkirchlichen Auseinandersetzung beschäftigte. In den letzten sechs Kapiteln seines Geschichtswerks
schilderte der Historiker den äußeren Verlauf des erbitterten Streits
(2,46–51) und ging kurz auf Martins Rolle ein (2,50,5). Gestreift
hatte er dessen Part bereits in der *Vita*, ohne jedoch den Namen
Priscillian, den Anlass für Martins Eingreifen, zu erwähnen.[31] Auch
im zweiten Dialog fiel der Name des Häretikers nicht, obwohl Sulpicius noch ausführlicher als in der *Vita* von Martins Aufenthalt am
Kaiserhof in Trier berichtete, an den er wegen Priscillian gereist
war. Etwas genauer kam der Chronist erst im dritten Dialog 11,1–2
auf Martins kirchenpolitischen Einsatz zu sprechen. Das Schweigen
in der *Vita* erklärt sich wohl am ehesten aus dem Wunsch des Biographen, der seinen Protagonisten vor dem Vorwurf zu bewahren
suchte, er selbst sei ein Anhänger Priscillians gewesen.[32] Denn Martins entschiedenes Eintreten für den bedrängten Mitbruder konnte
man in diesem Sinn missverstehen. Vor die Sorge um das Schicksal
der vermeintlich Abtrünnigen stellte der ehemalige Hilariusschüler
allerdings den drängenden Wunsch, die Staatsgewalt aus dem Kir-
chenstreit herauszuhalten. Mit seiner Einstellung machte er sich die
bischöflichen Mitbrüder zu Feinden, die sich der kaiserlichen Macht
bedienten, um Priscillian und seine Schüler auszuschalten. Deutlich
ist Sulpicius' Bemühen zu spüren, den mittlerweile greisen Martin
vor seinen Mitbischöfen in Schutz zu nehmen. Da sich der Priscillianismus auch in der aquitanischen Heimat des Sulpicius ausgebreitet hatte, kannte er ihn vielleicht sogar aus eigener Anschauung
und konnte den Bischof von Tours umso entschiedener verteidigen.

In der Einleitung zu den *Chronica* erläuterte Sulpicius seinen
frommen Lesern, wie bedrohlich die Bewegung für das rechtgläu-
bige Christentum war. Es sei eine „gnostische Häresie" gewesen,
also Teil einer philosophisch-religiösen Lehre, von der sich bereits

die Urkirche abgrenzen musste. Sulpicius zufolge handelte es sich um den „verderbten Aberglauben" einer Geheimsekte, und er benutzte mit diesem Ausdruck eine beliebte Charakterisierung der Historiker, wie sie Tacitus in seinen Annalen auf die Christen angewandt hatte.[33] Die Gnosis nahm später Gedanken des Manichäismus auf, der im 3. Jahrhundert entstandenen Religion des Mani, die sich vom persischen Reich aus rasch verbreitete. Beide Bewegungen integrierten christliche Elemente. Im innerkirchlichen Kampf lautete der Vorwurf gegen die Priscillianisten, sie seien Manichäer. Auch die kaiserliche Gesetzgebung stellte beide religiösen Strömungen eng nebeneinander.[34] Sulpicius war diese Verbindung sicher ebenso geläufig wie Martin. Trotzdem vermied er die Bezeichnung Manichäer, um sich von der Gesetzessprache abzusetzen.

„Der Ursprung dieses Übels" lag Sulpicius zufolge im Orient und in Ägypten. Doch sei der Ursprung im Einzelnen schwer herauszufinden. Ein gewisser Marcus aus dem ägyptischen Memphis habe das Übel nach Spanien eingeschleppt. Da sich eine radikale Form der Askese zum Mittelpunkt des Priscillianismus entwickelte, lag die Vermutung nahe, dieser Marcus sei ein ägyptischer Mönch gewesen, der auf die bereits in Spanien und Gallien vorhandene Neigung zur Askese getroffen sei. Auch Martin profitierte für sich und sein Kloster von der breiten gesellschaftlichen Akzeptanz, ein Leben in Askese zu führen.[35] Man kann vielleicht noch einen Schritt weitergehen und hier einen der Gründe für die Vorbehalte sehen, die Sulpicius gegenüber ägyptischen Mönchen hegte. In Spanien gewann Marcus eine vornehme Dame namens Agape sowie den Rhetoriklehrer Helpidius für sich, die ihrerseits Priscillian unterrichteten. Wie Sulpicius den Asketen Priscillian beschreibt, erinnert in manchen Zügen an die Charakteristik des Catilina von Sallust: „Von vornehmer Abkunft, sehr reich, hitzig, unruhig, beredt, dank vielfältiger Lektüre gebildet, höchst bereitwillig zu argumentieren und zu disputieren, an sich glücklich, wenn er seinen ausgezeichneten Verstand nicht durch falschen Eifer verdorben hätte, kurz: Man erblickte in ihm Vorzüge des Geistes und des Körpers. Er konnte lange ohne Schlaf auskommen und Hunger und Durst ertragen. Auf Besitz war er nicht besonders erpicht und höchst sparsam im Verbrauch."[36]

Da Priscillian von Natur aus diszipliniert war, brachte er die besten Voraussetzungen für ein asketisches Leben mit. Und was Sulpicius weiter von ihm berichtete, zeichnete ihn als charismatischen Führer einer religiösen Bewegung aus, der katholische Gegner von Anfang an eine Distanz zur Großkirche unterstellten. Denn seit seiner Jugend praktiziere er magische Künste. Als er nun die Lehre des Marcus kennenlernte und übernahm, gewann er alsbald dank seiner Autorität und seiner Überzeugungskraft viele Anhänger aus dem Adel und dem einfachen Volk. Wieder erinnert die Charakterisierung an die charismatische Persönlichkeit Martins, und manchem wird die Anschuldigung der Magie eingefallen sein, mit der man den Wunderheiler schmähte. Das sollte die einzige Parallele zwischen den beiden Klerikern bleiben. Denn im Folgenden schieden sich ihre Wege grundsätzlich: Priscillian, der 380/81 zum Bischof von Ávila gewählt wurde, zog Scharen von Frauen an. Sulpicius konnte sich nicht verkneifen, die Klischees über das weibliche Geschlecht aufzuzählen, das stets für Änderung zu haben sei, das nicht fest im Glauben stehe und auf alles seinen neugierigen Sinn richte. Alle, Männer wie Frauen, waren von Priscillians Demut beeindruckt, die sich in seinem Mienenspiel und seiner Haltung ausdrückte, und sie erwiesen ihm ihre Ehrerbietung und Ehrfurcht.[37]

Allmählich breitete sich die „Pest des Unglaubens" über weite Teile Spaniens aus, gefördert durch einige Bischöfe, die sich Priscillian anschlossen. Sie scheinen sich zunächst nicht offen zu ihm bekannt zu haben, denn Sulpicius sprach von einer Verschwörung und nannte zwei Namen, Instantius und Salvianus. Häretische Vorstellungen erwähnte er nicht. Das Blatt wendete sich zu Ungunsten des Priscillianismus, als Bischof Hyginus von Córdoba im Verhalten von Instantius und Salvianus die Gefahr einer Kirchenspaltung heraufziehen sah und seinen Amtsbruder Ydacius von Emerita[38] (Mérida) alarmierte. Dieser zauderte nicht lange und griff Instantius und weitere Bischöfe in einer Kampfschrift heftig an, zu heftig, meinte Sulpicius, und er schürte die Flamme, die man damals noch hätte austreten können. Sulpicius' Vermutung war begründet, weil auf einer Synode, die 380 in Caesaraugusta (Saragossa) stattfand, weder Priscillian noch einer seiner Anhänger als Ketzer exkommuniziert wurden.[39] Sulpicius' gegenteilige Behauptung, die er wahrscheinlich einer späteren Verteidigungsschrift des Ithacius gegen Priscillian entnahm, wird durch die Akten der Synode und die Aussagen in einem Traktat Priscillians an Papst Damasus widerlegt.[40]

Eine einvernehmliche Lösung wäre Sulpicius zufolge immer noch möglich gewesen, wenn in seinen Augen die Bischöfe Ydacius und Ithacius nicht einen gravierenden Fehler begangen hätten: „In einem wenig vernünftigen Beschluss wandten sie sich an weltliche Statthalter, damit durch deren Dekrete und Maßnahmen die Häretiker aus den Städten vertrieben würden."[41] Für die Ankläger war die Bewegung also eine Häresie, und von Häretikern sprach fortan auch Sulpicius. Einen Erfolg konnten Priscillians Gegner zunächst nicht verzeichnen. Ihre Anklage verlief im Sand. Doch brachen danach heftige Auseinandersetzungen aus, so dass sich Ydacius schließlich mit dem Kaiserhof ins Benehmen setzte. Er erreichte, dass Kaiser Gratian per Gesetz verfügte, alle häretischen Bischöfe seien aus den Städten, in denen sie residiert hatten, 100 Meilen weit zu vertreiben. Auf diese Bestimmung verwies ein späteres Gesetz des Kaisers Honorius aus dem Jahr 405.[42] Gratians Text scheint Sulpicius aus dem Gedächtnis zitiert zu haben. Denn er sprach nur von Vertreibung aus allen Städten und fügte die Verschärfung „aus allen Ländern" hinzu.[43]

Dem Appell ihrer Gegner an den Kaiser begegneten Priscillian, Instantius und Salvianus mit einer Reise nach Rom, um sich an Papst Damasus zu wenden. Sie gaben so zu verstehen, dass für sie die päpstliche Gewalt über der kaiserlichen Gewalt stand und dass sie keineswegs, wie ihre Gegner behaupteten, Häretiker waren, sondern treue Söhne der Kirche. Zu ihrem Gegner wurde nun auch Sulpicius, der im heimatlichen Aquitanien erlebte, wie die drei Bischöfe ihre Romfahrt benutzten, um Anhänger zu gewinnen. Vor allem bei Unwissenden gelang es ihnen, „die Saat ihres Unglaubens zu verbreiten", so bei den Einwohnern von Elusa, dem heutigen Euaze. In Burdigala (Bordeaux) sorgte Bischof Delfinus dafür, dass ihnen niemand nachlief. Erfolgreicher waren die Spanier auf den Landgütern der Adligen Euchrotia und ihrer Tochter Procula, bei denen sie sich einige Zeit aufhielten. Entsetzt beobachtete Sulpicius, wie von da an ein Schwarm von Ehepaaren, aber auch Frauen allein, mit ihnen zog und man von ihrer sexuellen Freizügigkeit munkelte, ein Gerücht, das ebenso hartnäckig im Gedächtnis blieb, wie es schwer zu verifizieren ist.[44]

In Rom verweigerte Papst Damasus den Bischöfen eine Audienz. Ihm gleich tat es Bischof Ambrosius, als die Rückkehrer nach Mailand kamen. Die Verweigerung brachte keine Lösung. Nachdem die zwei mächtigsten kirchlichen Würdenträger den Dialog abgelehnt hatten, setzte Priscillian sein Vermögen ein, um den höchsten Hofbeamten, den *magister officiorum* Macedonius, zu gewinnen. Der einflussreiche Macedonius sorgte dafür, dass die kaiserliche Verordnung aufgehoben wurde, und Priscillian und Instantius kehrten unbesorgt nach Spanien zurück, um ihre Bischofssitze wieder einzunehmen. Salvianus, der Dritte im Bunde, war in Rom gestorben. Zugute kam ihnen, dass Kaiser Gratian um diese Zeit, im Jahr 383, mehr und mehr die Macht entglitt. Als sich auch der spanische Prokonsul Volventius für Priscillian verwandte, konnte der sich erlauben, seinen Gegner Ithacius abzusetzen. Die Verquickung von Politik und Religion zog ihre Maschen enger und enger, nicht zuletzt gefördert durch das Geld Priscillians. Daher sah sich Ithacius außerstande, seinen Bischofsstuhl zurückzugewinnen, obwohl er sich in der Residenzstadt Trier an den Prätorianerpräfekten Gregorius gewandt hatte.[45]

In Britannien hatte sich inzwischen der Usurpator Maximus gegen Gratian erhoben. Am 25. August 383 fiel der rechtmäßige Kaiser Häschern des Konkurrenten in die Hände und starb in Lyon. Kaum war Maximus in Trier eingezogen, wandte sich Ithacius an ihn und erreichte, dass der neue Herrscher im darauffolgenden Jahr eine Synode nach Bordeaux einberief. Als Ersten verurteilten die Synodenväter Instantius und setzten ihn ab. Priscillian wartete den Richterspruch gegen sich nicht mehr ab und rief Maximus an. Verärgert tadelte Sulpicius, dass die Synode ihm diesen Schritt „angesichts seiner so offenkundigen Verbrechen" erlaubte. Beide Lager waren schuld, dass die Staatsgewalt in eine kirchliche Angelegenheit hineingezogen wurde. Richtig wäre gewesen, Priscillian und seine Anhänger zu exkommunizieren. Mit Blick auf den Ausgang des Verfahrens zog Sulpicius in eigenem Namen ein harsches Fazit. In seiner Bewertung war er sich mit Martin einig, der dem Chronisten Hydatius zufolge, einem spanischen Bischof des fünften Jahrhunderts, an der Synode von Burdigala teilgenommen hatte:[46] „So wurden alle, die in die Sache verwickelt waren, vor den Kaiser gebracht. Es folgten auch die Ankläger Ydacius und Ithacius, deren Eifer für die Beseitigung der Häretiker ich nicht tadeln würde, wenn sie nicht in ihrem Eifer, zu siegen, mehr, als es nötig gewesen wäre, gekämpft hätten."[47] Priscillian hoffte, Maximus werde eine neue Synode einberufen, von der er sich ein günstigeres Urteil versprach, als es in Burdigala zu erwarten gewesen wäre.[48] Den Hoffnungsschimmer erstickten Ydacius und vor allem Ithacius, dessen Charakter und Lebenswandel Sulpicius das schlechteste Zeugnis ausstellte. Ithacius spann seine Fäden so dicht, dass sich Priscillian ebenfalls vor dem kaiserlichen Richter in dem Netz von Anschuldigungen und Verleumdungen verfing. Auch Martin, der inzwischen nach Trier gereist war und während des Verfahrens heftig mit Ithacius aneinandergeriet, vermochte nicht, den Bischof von Ávila aus den Verstrickungen zu befreien. Ithacius warf Martin vor, selbst ein Priscillianist zu sein, da er und Priscillian sich in ihrer Askese glichen.[49] Als kleinen Erfolg konnte Martin dem Kaiser immerhin abringen, kein Bluturteil über Priscillian zu fällen. Angesichts der streitenden Bischöfe setzte Maximus das Verfahren aus. Martin scheint ihn überzeugt zu haben, dass es „ein brutales und unerhörtes Unrecht sei, wenn ein weltlicher Richter über eine kirchliche Angelegenheit ein Urteil fälle". Denn „es genüge vollauf, dass Häretiker nach einem bischöflichen Urteil exkommuniziert [aus den Kirchen vertrieben] würden". Auf einer weiteren Synode sollte also die Verurteilung des Häretikers Priscillian nachgeholt werden, der er sich in Burdigala entzogen hatte. Martin verließ Trier im Vertrauen auf das Versprechen, das ihm Maximus gegeben hatte.[50]

Es war Martins erster Aufenthalt in der Residenz, und er stand 385 bereits im siebzigsten Lebensjahr.[51] Der Bischof von Tours hatte nicht nur Augen und Ohren für seine kirchenpolitische Mission, sondern zeigte sich weiter offen für die Nöte der Menschen. Ein Beispiel ist die bereits geschilderte Heilung eines gelähmten Mädchens, das im Sterben lag. Ihrem Vater gelang es, Martin in sein Haus zu holen, obwohl dieser zuvor sonderbar reagiert und die Bitte abgeschlagen hatte. Sulpicius nannte ihn sogar *confusus* – verwirrt.[52] Martin war „durcheinander", weil er in Trier etwas tun musste, was er zwar beherrschte, aber nicht mit Freude machte: Kirchenpolitik treiben. Das Unwohlsein oder die Verwirrung, wie sich Sulpicius ausdrückte, beeinflusste seine Wunderkraft. Wieder einmal konnte er sich nicht sicher sein, ob seine Kräfte für eine Heilung ausreichten. Doch seine Nächstenliebe besiegte die Angst.

Wie oben bemerkt, nannte Sulpicius Priscillians Namen weder in der *Vita* noch im zweiten Dialog. In beiden Schriften war dem Autor Martins Verhältnis zum Usurpator Maximus und zu seiner Gattin wichtiger, auch wenn es sich, wie er vorab bemerkte, im Vergleich zu dessen Wundertaten um ein weniger bedeutendes Thema handle. Bemerkenswert sei, dass Martin nicht zum Schmeichler des Königspaares geworden sei, ein Seitenhieb gegen manche andere Bischöfe. Im Gegenteil: Maximus entwickelte sich zu Martins Bewunderer,

und dessen Frau im zweiten Dialog zu seiner ehrfürchtigen Dienerin. Der Bischof von Tours wich von der Linie seiner bischöflichen
Mitbrüder ab und machte zunächst außerhalb des Gerichtsverfah-
rens keinen Hehl daraus, dass Maximus sich als grausamer Usurpator aufführte, der durch einen Bürgerkrieg, den Aufstand gegen Gratian, auf den Thron gelangt sei. Daher weigerte er sich zunächst,
den kaiserlichen Einladungen zu folgen. Er gab erst nach, als der
Kaiser ihm sagen ließ, er habe, von den Soldaten gezwungen, nach
dem höchsten Amt gegriffen, und Gott sei offensichtlich mit ihm,
da sein Gegner gefallen sei.[53] Seine Argumente gehörten zu den
üblichen Rechtfertigungen, mit denen Usurpatoren ihren Macht-
hunger verschleierten.

Im kaiserlichen Palast traf Martin auf eine vornehme Tischge-
sellschaft. Zu den Gästen zählten der gallische Prätorianerpräfekt
und designierte Konsul Euodius, zwei hohe Magistrate, sowie der
Bruder und der Onkel des Kaisers, der dem Geistlichen den Ehren-
platz an seiner Seite gab. Unbeeindruckt von der kaiserlichen Gunst
erteilte der geistliche Gast dem Usurpator und seiner Entourage eine
Lektion über das Verhältnis von Staat und Kirche: Als während des
Mahls ein Diener dem Gastgeber einen Becher reichte, befahl dieser,
ihn erst Martin, dem Ehrengast, zu geben, aus dessen Hand er ihn
selbst entgegennehmen wollte. Doch nachdem Martin getrunken
hatte, reichte er den Becher an den ihn begleitenden Priester weiter,
der in seinen Augen der Zweithöchste in dem Saal war, noch vor
dem Kaiser. Martins Geste verbreitete sich wie ein Lauffeuer im
Palast. Ob sie wirklich allen gefiel, wie Sulpicius triumphierte?

An die Brüskierung des Kaisers schloss Sulpicius eine böse Prophezeiung an, die Martin wohl nachträglich zugeschrieben wurde:
Martin habe Maximus vorausgesagt, er werde in einem Italienfeld-
zug gegen Valentinian II. zunächst siegen, dann aber untergehen.
„Dass es so kam, haben wir erlebt", erinnerte sich der Biograph: Valentinian sei bei Maximus' Einfall geflohen, habe aber Streitkräfte
gegen ihn gesammelt und ihn etwa ein Jahr später, 388, bei Aquileia

gefangen genommen und getötet.[54] Die Geschichte ist zu schön, um vollständig wahr zu sein. Tatsächlich war Kaiser Theodosius der eigentliche Sieger, ohne den Valentinian verloren gewesen wäre.

Im zweiten Dialog schmückte Sulpicius Martins Aufenthalt in Trier weiter aus, beziehungsweise ließ ihn von den Unterrednern Gallus und Postumianus ergänzend zur Vita mit Anekdoten garnieren. Allerdings hatten beide Gewährsmänner vorher zugegeben, dass sie keine Augenzeugen waren.[55] Maximus habe Martin öfter kommen lassen und ihm alle Ehre erwiesen. Er habe sich mit ihm „über die Gegenwart, die Zukunft, den Ruhm der Gläubigen und das ewige Leben der Heiligen" unterhalten. Während der Unterredung „hing die Kaiserin über Tage und Nächte an Martins Mund". Mehr noch: Wie die Sünderin in den Evangelien „netzte sie die Füße des Heiligen mit ihren Tränen und trocknete sie mit ihren Haaren". Von ihrem Mann erbat sie die Erlaubnis, allein und ohne Diener Martin zu bewirten. Eigenhändig bereitete sie für ihn ein Mahl und setzte es ihm demütig vor. Die übrig gebliebenen Brosamen sammelte sie für sich. Durch ihren Dienst übertraf sie noch die Königin von Saba, die nach Jerusalem nur reiste, um Salomon zu hören.[56] Postumianus sah sich anschließend genötigt, Martin gegen Gerüchte zu verteidigen, die offensichtlich über sein Zusammensein mit der Gattin des Maximus kolportiert wurden. War der Mönch und Bischof seinem Gelübde untreu geworden? Wurde ihm das zum Verhängnis, was man gerade Priscillian und seinen Anhängern angekreidet hatte: der Umgang mit Frauen? Die Vorwürfe gegen Martin waren völlig haltlos. Denn bei der Dame, deren Namen Sulpicius nicht erwähnte, handelte es sich weder „um eine freizügige Witwe noch um eine laszive Jungfrau, sondern um eine mit ihrem Mann lebende Frau". Sie lag auch nicht mit dem siebzigjährigen Martin zu Tisch, sondern wartete ihm ehrfurchtsvoll auf. Vor allem aber nutzte der Gast sein gutes Verhältnis zu Kaiser und Kaiserin, „um Gefangene aus dem Kerker zu befreien, Verbannte zurückzuholen und konfiszierte Güter wieder zu erstatten".[57] In

Trier kümmerte er sich nicht nur um eine Lösung des verfahrenen Priscillianistenstreits, sondern er setzte seine exzellenten Kontakte ein, um einzelnen Anhängern des gestürzten Gratian und des flüchtigen Valentinian zu helfen, die Maximus für ihre Loyalität bestrafte.

Was das angeblich so vertraute Verhältnis Martins zu Maximus tatsächlich wert war, zeigte sich, als Martin Trier den Rücken gekehrt hatte und die Gegner Priscillians Oberwasser bekamen. Dieses Mal waren es die Bischöfe Magnus und Rufus, die Maximus zu einer Wiederholung des Verfahrens drängten. Der Kaiser gab ihrem penetranten Vorstoß nach und übertrug die Neuauflage der Verhandlung seinem Prätorianerpräfekten Euodius, der als „scharfer und strenger Mann" verrufen war. Der Ausgang war abzusehen. Priscillian und vier Mitangeklagte, darunter Euchrotia, wurden der Magie für schuldig befunden, deren Tatbestand die Priscillianisten vermutlich zuvor unter der Folter gestanden hatten. Vor allem in der Spätantike zog der Magievorwurf häufig die Todesstrafe nach sich. Wegen allzu strenger Askese, Kritik an ihrer Kirche oder der Beteiligung von Frauen in der Leitung der Bewegung hätten die Angeklagten nicht zum Tod verurteilt werden können. Um ein „rechtmäßiges" Todesurteil zu erreichen, das ausschließlich der staatlichen Gewalt oblag, mussten todeswürdige Anschuldigungen wie Magie und Manichäismus herhalten. Maximus verkündete persönlich das Urteil und verhängte wie erwartet die Todesstrafe.[58] Magie wurde gern mit weiteren Vorwürfen verbunden, so auch im Fall des spanischen Häretikers: Priscillian habe nicht geleugnet, „dass er sich verderblichen Lehren gewidmet habe, dazu nächtliche Zusammenkünfte mit liederlichen Frauen veranstaltet habe und die Angewohnheit habe, nackt zu beten".[59] Die Anschuldigungen rechtfertigten, Priscillian auch offiziell zum Häretiker zu erklären und eine Rechtsgrundlage zu schaffen, um seine Anhänger in Gallien und Spanien zu verfolgen. Sulpicius schloss an seinen Bericht eine Übersicht derjenigen an, die Opfer der kaiserlichen Strafjustiz wurden. Bereits im zweiten Verfahren gegen Priscillian hatte Maximus den Vorsteher des Fiskus, Patricius, zum Ankläger bestimmt, und im dritten Dialog brachte der Verfasser die Information, der Kaiser habe bewaffnete und bevollmächtigte Offiziere nach Spanien entsandt, „welche die Häretiker aufspüren, verhaften und ihnen ihr Leben und ihre Güter nehmen sollten".[60] Bei Priscillian lohnte sich die kaiserliche Bestimmung, war er doch sehr reich. Nicht zum ersten Mal konnten Wohlhabende vor Gericht nicht mit Milde rechnen, weil ein Kaiser auf ihre konfiszierten Güter spekulierte, um seine Kassen zu füllen. Und der Usurpator Maximus benötigte viel Geld. Denn der Krieg gegen Valentinian II. stand an. Außerdem hatten die Bischöfe Maximus aufgefordert, die Ketzer in Spanien hart zu verfolgen.[61] Der Fall Priscillian war ein Justizmord, bei dem die staatliche Gewalt ein weiteres Mal ihre Hände in Unschuld wusch, hatte sie doch das Verfahren formal-juristisch korrekt abgewickelt.

Als Martin in Tours von den Vorgängen in Trier erfuhr, machte er sich schleunigst auf den Weg, um das Schlimmste zu verhindern. Es ging nicht nur um das Schicksal Priscillians, sondern es war absehbar, dass künftig viele Mönche wegen ihrer Askese des Priscillianismus verdächtigt werden würden.[62] Martin erreichte Trier einen Tag später, nachdem Maximus sein Vorgehen gegen Spanien beschlossen hatte.[63] Was Sulpicius nun berichtete oder vielmehr durch Gallus berichten ließ, war der beste Beweis für Martins Ansehen und seine daraus entspringende Macht. Ihre institutionelle Voraussetzung überging Sulpicius: Tours war inzwischen zur Hauptstadt der Provinz Lugdunensis III aufgestiegen, Martin folglich Metropolit der Bischöfe in den sieben Städten, die zur neuen Provinz gehörten. Wahrscheinlich war es Maximus, der die beiden Provinzen Lugdunensis I und II in vier Provinzen geteilt hatte.[64] Martins nahe Ankunft schreckte die Bischöfe am Trierer Hof auf. Sie wussten, er würde ihre Haltung nicht billigen. Und sicher würde er genügend Anhänger auftreiben, so dass nach dem Priscillianismus eine weitere Spaltung unter den Christen drohte, die sie ihre Bischofssitze kosten würde. Erneute Spannungen und Unruhen kamen auch Maximus nicht gelegen. Nach Beratungen mit den Bischöfen beschloss er daher, Martin Beamte entgegenzuschicken, die ihm das Betreten der Stadt nur unter der Bedingung erlauben sollten, dass er mit den dort zu einer Synode versammelten Bischöfen Frieden halte. Um seinen Grundsatz, die Trennung von Kirche und Staat, nicht zu verraten, zog Martin die diplomatische Karte und antwortete nur, „er werde im Frieden Christi kommen". Hätte er sich der kaiserlichen Anweisung direkt gebeugt, hätte er vor aller Welt die Entscheidungsgewalt des Staates über einen Bischof und in der Kirche akzeptiert. In der Nacht trickste er die kaiserlichen Boten aus und betrat heimlich die Residenzstadt, um in einer Kirche zu beten. Die Zwiesprache mit Gott konnte man einem Bischof schwerlich verwehren. Am Morgen ging er zum Kaiserpalast, aber Maximus weigerte sich zwei Tage lang, ihn zu empfangen und seine Bitten anzuhören. Diese bestanden aus einem politischen Anliegen, der Begnadigung zweier hoher Beamter des ermordeten Gratian, und einem kirchenpolitischen: Der Kaiser möge keine mit Kapitalgewalt ausgestatteten Beamten nach Spanien gegen die Priscillianisten schicken.[65] Währenddessen bedrängten die anderen Bischöfe den Regenten, er möge den Wünschen Martins nicht nachgeben, selbst wenn dieser die Gemeinschaft mit ihnen verweigere. Um sie nicht zu brüskieren, empfing Maximus schließlich Martin im Geheimen. Er versuchte, ihn von seinem Urteil und seiner kirchenpolitischen Linie zu überzeugen: Die Häretiker seien durch ein ordentliches öffentliches Gerichtsverfahren mit Recht verurteilt worden, ohne dass der Druck der Bischöfe den Ausschlag gegeben habe. Wenige Tage zuvor habe ihre Synode Ithacius ausdrücklich von jeder Schuld freigesprochen. Martin ließ sich nicht überzeugen. Voller Zorn kehrte Maximus ihm den Rücken und gab die Anweisung, die Anhänger Gratians, für die sich der Bischof so eingesetzt hatte, ebenfalls hinzurichten.[66]

Sobald Martin die Schreckensnachricht erfuhr, gab er nach. Noch in der Nacht eilte er in den Palast und versprach, die Gemeinschaft mit den Bischöfen aufzunehmen unter zwei Bedingungen: der Aufhebung des Hinrichtungsbefehls und des Rückrufs der Häscher aus Spanien. Beides sagte Maximus sofort zu. Besiegelt werden sollte ihre Vereinbarung durch ein öffentliches Zeichen der Einheit unter den Bischöfen, und dieses Zeichen sollte anlässlich der Bischofsweihe von Felix erfolgen. Sulpicius zufolge war Felix „ein äußerst heiliger und höchst frommer Mann, der zu einer besseren Zeit hätte Bischof werden sollen", eine Andeutung, wie brüchig die politische und kirchliche Lage in Trier war.

Martin hielt seine Zusage ein und nahm an der Weihe teil. Er zog es vor, im Augenblick gute Miene zum bösen Spiel zu machen, um nicht nur die Gefolgsleute Gratians zu retten, sondern zugleich für Ruhe in Spanien zu sorgen. Gewiss lag ihm auch die Sicherheit zahlreicher Mönche mit Hang zur Askese am Herzen, die sich gegen den Verdacht der Häresie hätten wehren müssen.[67]

Die Bischöfe kannten ihren Kollegen aus Tours gut genug, um dem erzwungenen Frieden zu misstrauen. Nicht dass sie an seinem Wort gezweifelt hätten, aber sie fürchteten seine Entschlossenheit, für seine Überzeugungen bis zum Äußersten zu kämpfen. Hinzu kam Martins diplomatisches Geschick, das ihm immer wieder verschlossene Türen öffnete. Er war eben nicht nur der barmherzige Samariter und bescheidene Mönch, sondern auch ein begabter Kirchenpolitiker. Auf dem kirchenpolitischen Schlachtfeld dürften dem Bischof von Tours seine Erfahrungen als Offizier zugutegekommen sein, der in seiner Zeit als Elitesoldat wohl mehrfach erfahren hatte, wie Intrigen am Hof und im Offizierskorps abliefen. Dass viele seiner Mitbrüder im Bischofsamt sich keinen Deut besser verhielten als weltliche Karrieristen, hat ihn trotz seiner Erfahrung und seiner Menschenkenntnis überrascht und erschüttert.

Um Martin besser kontrollieren zu können, verlangten die Bischöfe, er solle einen Synodalbeschluss unterschreiben, in dem wohl wieder neben der betonten Gemeinsamkeit (*communio*) aller gallischen Bischöfe eine Klausel bezüglich der Priscillianisten enthalten war. Trotz inständiger Bitten verweigerte Martin die Unterschrift und machte sich weiter verdächtig, ein heimlicher Sympathisant Priscillians zu sein. Zügig verließ er am folgenden Tag die Residenzstadt. Er war todunglücklich, denn er sah voraus, dass der Streit im gallischen wie im spanischen Episkopat wieder aufflammen werde. Sulpicius' Gewährsmann Gallus hatte einleitend zum Priscillianistenstreit erläutert, Martin habe über diese Zeit an sich nie mehr gesprochen, habe sie aber „vor uns nicht verheimlichen können".[68] Martin stand zu seinen Gewissensqualen, die ihn auf dem Heimweg von Trier plagten. Als er wenige Kilometer hinter Trier beim Dorf Andethanna, einer seiner Pfarrgründungen, durch einen dichten Wald kam, setzte er sich seufzend nieder. Während seine Begleiter vorausgingen, machte er sich schwere Vorwürfe, dass er „für eine Stunde mit einer schädlichen Gemeinschaft verkehrt hatte", und „abwechselnd klagte er sich an und rechtfertigte sich".[69]

Plötzlich sei dem Hadernden ein Engel erschienen und habe ihn getröstet: „Zu Recht zermarterst du dich, Martin, aber anders hättest du nicht herauskommen können. Komm wieder zu Kräften und nimm deine Standhaftigkeit auf, damit du nicht deinen Ruhm, sondern dein Heil gefährdest." Trotz der Entlastung, die ihm der Engel schenkte, merkte Martin, wie existentiell ihn die Trierer Ereignisse getroffen hatten. Seine Wunderkraft war geschwächt, sie nahm fortan weiter ab, und es kostete ihn größte Mühe, einige Besessene zu heilen. Martin zog Konsequenzen. Künftig nahm er an keiner Bischofssynode mehr teil, um seine Heilkraft nicht weiter zu beschädigen.[70]

In den *Chronica* berichtete Sulpicius zum Schluss, ohne auf Martin einzugehen, dass es gute Gründe für eine selbstverordnete Abstinenz von synodalen Treffen gab. Denn die Auseinandersetzung um den Priscillianismus trat in ein neues Stadium ein. Während Ithacius, der Hauptgegner, doch noch von seinem Bischofssitz vertrieben wurde, resignierte sein Kampfgefährte Ydacius freiwillig. Priscillian dagegen wurde von seinen Anhängern nicht nur als Heiliger, sondern auch als Märtyrer verehrt. Seine Gebeine und die sterblichen Überreste seiner Gefährten waren nach Spanien überführt worden, wohl um die Verehrung der Hingerichteten zu fördern. Gut fünfzehn Jahre tobte der Streit zwischen Priscillians Anhängern und der Großkirche. Alle Versöhnungsversuche scheiterten. Sulpicius beschloss seine Chronik mit der traurigen Feststellung, durch die Zwistigkeiten der Bischöfe sei alles durcheinandergeraten und die Katholiken seien sogar ins Hintertreffen gekommen: „Unter diesen Umständen verfiel das Volk Gottes und genau die Besten dem Schimpf und dem Spott" – so der letzte Satz des Werkes.[71]

Im zweiten Dialog erwähnte der Autor die Bischofssynode von Nemausus (Nîmes), an der Martin getreu seinem Vorsatz nicht teilnahm. Die Zusammenkunft fand 394 oder 396 statt. Lediglich aus dem dritten Dialog erfährt man, dass die Synode versuchte, die Kämpfe im gallischen Episkopat zu beenden. An einem Frieden war auch Martin gelegen. Dieses Mal erlebte Sulpicius, der sich gerade bei ihm aufhielt, selbst eines seiner Wunder. Er war mit Martin in einem Boot unterwegs – wohl auf der Loire. Während der Bischof im Heck saß, habe ihm ein Engel den Beschluss der Synode von Nemausus mitgeteilt, der an diesem Tag gefasst wurde. Engel waren Martins besondere Freunde. Sulpicius zufolge erschienen sie ihm fast täglich, um sich mit ihm auszutauschen.[72] Was für den Verehrer Martins auf dem Loireboot ein Engel kundtat, mochte einem Skeptiker als Erkenntnis eines gesunden Menschenverstandes einleuchten, den der Bischof zweifellos besaß. Er konnte sich ausrechnen, dass sich die zerstrittenen Amtsbrüder auch im schönen Nîmes nicht einigen würden.[73]

Wie Sulpicius rückblickend erwähnte, kam die Einigung dreizehn Jahre nach Priscillians Hinrichtung 386, nämlich auf einer Synode in Turin im Jahr 398 oder 399, zustande.[74] Kein Wort verlor Sulpicius über die Bemühungen eines anderen berühmten Bischofs, den Zwist beizulegen: Ambrosius von Mailand. Hätte er ihn erwähnt, wäre ein unvorteilhaftes Licht auf Martin gefallen. Der Bischof von Tours gab sich mit Engelerscheinungen zufrieden, die ihn in seinem Rückzug bestärkten und ihn darin rechtfertigten, seine Autorität nicht länger in theologischen und kirchenpolitischen Rangeleien zu vergeuden und vor allem nicht seine Wunderkraft zu verbrauchen. Vielleicht kamen gekränkte Eitelkeit und Ärger über die verlorene Auseinandersetzung hinzu. Davon war bei Sulpicius erst recht nicht die Rede.

6. Von Dämonen, verhexten Tieren und frommen Frauen

Begegnungen mit der Welt des Bösen

Schon zu Beginn seines öffentlichen Wirkens war Jesus der Teufel erschienen und hatte versucht, ihn zu verführen.[1] Jesu Wunderheilungen waren oft ausdrücklich ein Sieg über den Teufel oder dessen Helfer, die Dämonen, deren Macht Krankheiten ausgelöst hatte.[2] Seinen Aposteln gab er die Vollmacht, die bösen Geister in seinem Namen auszutreiben.[3] Wenn Martin der Teufel erschien und er sich gegen ihn wehrte oder wenn er Menschen heilte, die von Dämonen besessen waren, stand er in der Nachfolge Jesu und seiner Jünger. Martins Zeitgenossen in Gallien sahen noch einen anderen, für sie kulturell näheren Zusammenhang: Es war alte Sitte der Gallier, Amulette zu tragen, die vor bösen Geistern schützten und Misserfolge verhinderten.[4] Archäologen haben solche Amulette geborgen.[5] Trotz der Christianisierung Galliens überlebten dieser Brauch und der zugehörige Geisterglaube alle missionarischen Anstrengungen, und sie verschwanden erst mit der Zeit. Das Druidentum, das im 4. Jahrhundert eine gewisse Renaissance erlebte, gehörte ebenfalls zu den geschätzten Traditionen der einheimischen Bevölkerung. Druiden waren als Ärzte tätig und bedienten sich magischer Praktiken, um krank machende Dämonen zu vertreiben.[6]

Auch Martin war wie Jesus am Anfang seines neuen Lebensab-
schnitts der Teufel erschienen. Während jedoch die Evangelisten
über die Gestalt des Bösen schwiegen und man sich nur aus der Art
seines Auftretens einen Verführer in menschlicher Gestalt vor-
stellte, bestätigte Sulpicius ausdrücklich, der Teufel, der Martin in
der Nähe von Mailand entgegentrat, habe ein menschliches Ausse-
hen angenommen.[7] Die obige rationalistische Deutung, Martin habe
eine Begegnung mit einem Menschen gehabt, der ihm die kommenden Schwierigkeiten vorausgesagt habe und ihm daher teuflisch
vorgekommen sei, hätte Sulpicius nicht akzeptiert. Für ihn war der
Teufel Realität. Dessen Prophezeiung, er werde Martin auf Schritt
und Tritt begleiten, wohin er auch gehen oder was er unternehmen
werde, deutete die Worte aus, mit denen der Evangelist Lukas die
erste Begegnung zwischen Jesus und dem großen Verführer beschloss: Dieser „ließ vorläufig von ihm ab".[8] Der Gottessohn erteilte
dem Teufel aus eigener Machtvollkommenheit eine Abfuhr. Martin
dagegen versicherte dem Bösen „mit prophetischer Stimme": „Gott
ist mein Helfer." Jesu erstes Zusammentreffen mit dem Teufel zeigte,
dass dieser sich kluger Verführungskünste bediente. Martin erlebte
sogar die raffinierteste Täuschung, die man sich denken konnte:
Der Teufel erschien ihm in der Gestalt Christi. Als eine Klimax hob
sich Sulpicius diese Begegnung für eines der letzten Kapitel der Vita
auf: Einleitend erzählte er von einem jungen Mann in Spanien, der
sich durch viele Wundertaten einen Namen gemacht hatte und darüber so stolz wurde, dass er sich für den Propheten Elias ausgab.
Viele glaubten ihm, er sei dieser Prophet, worauf er noch einen
Schritt weiterging und behauptete, er sei Christus selbst. Sogar ein
Bischof Rufus ging ihm auf den Leim und betete ihn als Gott an.
Das war unerträglich, und der Bischof wurde abgesetzt. Sulpicius
bezeugte, er habe das unwürdige Schauspiel selbst gesehen. In Primuliacum berichteten ihm später Brüder von einem Mann im Osten
des Reiches, der als Johannes aufgetreten war. Der Erzähler empfand solche Hochstapler als Verkörperung teuflischer Bosheit und

als Vorzeichen für das Kommen des Antichrist.[9] Ende des dritten Jahrhunderts herrschte in weiten Kreisen der westlichen Gesellschaft eine apokalyptische Angst.[10]

Wie Sulpicius fortfuhr, blieb auch Martin diese Erfahrung nicht erspart. Während der Bischof eines Tages in seiner Zelle betete, stand plötzlich der Teufel vor ihm, allerdings nicht in der Erscheinung, die man sich gewöhnlich von ihm machte. Vielmehr umgab ihn ein purpurnes Licht; er trug ein königliches Gewand und ein edelsteinbesetztes goldenes Diadem. Auch seine Schuhe waren mit Gold verbrämt. Sein Mund lächelte, und er trug ein freundliches Antlitz zur Schau. Unbedarftere Gemüter hätten hinter der Lichtgestalt nie den Teufel vermutet. Martin stutzte zunächst, und einige Zeit standen sie sich schweigend gegenüber – ein kluger Schachzug des erfahrenen Seelsorgers und Exorzisten. Dann hob sein Gegenüber an: „Erkennst du den, den du siehst? Ich bin Christus. Da ich im Begriff bin, zur Erde hinabzusteigen, wollte ich mich dir zuvor noch offenbaren." Martin schwieg weiter, worauf der Teufel wiederholte: „Martin, was zögerst du zu glauben, was du siehst? Ich bin Christus." Daraufhin offenbarte ihm der Geist – es war der „Geist des Herrn", also die dritte göttliche Person[11] –, dass vor ihm der Teufel und nicht Christus der Herr stehe, und gab ihm auch die rechte Antwort ein: „Der Herr Jesus hat nicht gesagt, er werde in Purpur und mit einem glänzenden Diadem kommen. Ich werde nicht glauben, dass Christus gekommen ist, außer in dem Aufzug und in der Gestalt, in der er gelitten hat, und wenn er die Male des Kreuzes aufweist." Martins christologisches Glaubensbekenntnis wirkte wie sonst bei Teufelserscheinungen das Kreuzzeichen. Der Teufel löste sich in Rauch auf, und die ganze Zelle war von Gestank erfüllt, das sichere Zeichen, dass es sich tatsächlich um den Teufel gehandelt hatte.[12] Indem sich Martin eindeutig zur Menschheit Christi bekannte, wandte er sich nicht nur gegen die Versuchungen des Teufels, sondern auch gegen häretische Bestrebungen und gegen jede Form des Doketismus, welche die menschliche Natur Christi anzweifelten. Hinter seinem Widerstand gegen den Bösen verbarg sich der Kampf gegen die Häresien seiner Zeit.[13] Um den Teufel schachmatt zu setzen, nutzte der Bischof das Kreuz und Jesu Wundmale gewissermaßen als Bollwerk, an dem der Widersacher abprallte. Das Vertrauen, das Martin in das Kreuz setzte, zeigte zugleich seine tiefe Verehrung. In seiner Liebe zum Kreuz erwies er sich als vorbildlicher Mönch, für den die Kreuzesnachfolge Mittelpunkt der Berufung war. Seine Spiritualität spiegelte auch die Volksfrömmigkeit seiner Zeit, die sich in einem überschwänglichen Reliquienkult und der demütigen Verehrung des Kreuzes Christi ausdrückte.[14] Dass der Teufel im Ornat des Kaisers erschien, verlieh der Geschichte eine pikante Note. Die kaiserlichen Insignien des Teufels versinnbildlichten die irdische Welt, die den Gegenpart zur himmlischen Welt gab. Einige Jahre später sollte der Kirchenvater Augustinus in seinem *Gottesstaat* den Gegensatz zwischen der *civitas Dei* und der *civitas terrena* geschichtstheologisch fundieren.

Was Sulpicius berichtete, klang zunächst wie eines der üblichen Märchen vom Teufel. Deshalb beteuerte er am Schluss, er habe die Begegnung aus Martins eigenem Mund erfahren, „damit nicht etwa jemand glaubt, es handle sich um eine Fabel". Wie es auch gewesen sein mag, die Episode stellte Martin als geistbegabten Mönch vor, der das Charisma der Unterscheidung der Geister besaß. Vorbild war der ägyptische Mönchsvater Antonius, der in der *Vita Antonii* des Athanasius ebenfalls mehrfach mit dem Teufel kämpfte und den Sieg davontrug. Athanasius' Darstellung wurde zum Vorbild für spätere Mönchsviten, in denen der Kampf mit dem Bösen zu einem Topos wurde.[15]

War die Teufelserscheinung in Martins Zelle eine Vision, die ausgelöst wurde, nachdem sich tatsächlich Rauch in der Zelle entwickelt hatte? Denn Martin pflegte solche Vorkommnisse gern auf Satan zurückzuführen. Ähnlich reagierte der Bischof bei einem vergleichbaren Ereignis, das Sulpicius in seinem ersten Brief an Eusebius berichtete und von dem der Briefschreiber ebenfalls beteuerte,

Martin habe ihm die Begebenheit persönlich erzählt.[16] Der Bischof befand sich auf einer Visitation in einer seiner Pfarreien. Da es mitten im Winter war, bereiteten ihm die örtlichen Kleriker in der Sakristei ein Lager aus Stroh und heizten den Ofen an. Da der hohe Gast es gewohnt war, auf dem Boden zu schlafen, schob er das Stroh zur Seite, zog sich seinen härenen Mantel über und schlief ein. Um Mitternacht schreckte er auf: Das Stroh hatte Feuer gefangen. Dahinter konnte nur eine teuflische Attacke stecken. Der Teufel war es dann auch, der verhinderte, dass Martin den Türriegel zurückschieben konnte, während die Flammen schon an seinem Gewand züngelten. In Todesgefahr nahm der Bedrängte Zuflucht zum Gebet, und die Flammen verschonten ihn. Die Mönche draußen hörten das Feuer prasseln, schlugen die Tür ein und zogen ihren Bischof noch rechtzeitig aus den Flammen. Sie glaubten, er sei völlig verkohlt. Seinem Biographen klagte Martin später, der Teufel in seiner Raffinesse habe ihn getäuscht, sonst hätte er sofort gebetet, statt vergeblich an dem Riegel zu rütteln.[17] Durch die dramatische Zuspitzung schlossen Sulpicius und sein Held aus, dass die aufmerksam gewordenen und entschlossen handelnden Mönche die eigentlichen Retter waren.

Der Böse konnte sich anstrengen, wie er wollte. Gegen Martin hatte er keine Chance. Bei einem weiteren Versuch bediente er sich, wie bereits kurz erwähnt, eines jungen Mönchs namens Anatolius, der schon einige Zeit im Nachbarkloster des Clarus gelebt hatte, aber ein mönchisches Ideal nur vortäuschte.[18] Sein Verhalten glich dem Auftreten des oben erwähnten Spaniers. Nach einiger Zeit behauptete er, Engel unterhielten sich mit ihm. Durch sie stehe er in Kontakt mit Gott, denn er sei ein Prophet. Clarus erkannte, dass Anatolius offensichtlich unter einer typischen religiösen, sich steigernden Wahnvorstellung litt, und glaubte ihm nicht. Beleidigt drohte der falsche Prophet dem Zweifler mit dem Zorn Gottes. Schließlich verkündete er der staunenden Klostergemeinschaft, in der kommenden Nacht werde ihm Gott ein weißes Kleid vom Himmel herabsenden, in dem er unter ihnen erscheinen werde. Das Kleid solle ihnen Beweis sein, dass die „Kraft Gottes" in ihm wohne. Gespannt warteten die Brüder. Um Mitternacht hörten sie in Anatolius' Zelle großen Lärm, als ob Leute hin und her liefen, und sie sahen, wie Lichtblitze hin und her zuckten. Danach trat Anatolius heraus und zeigte sich einem der Brüder namens Sabbatius in einem weißen, weichen Gewand, an dem aber, wenn man es betastete, nichts Außergewöhnliches war. Der immer noch skeptische Clarus, der weiter von einem Teufelswerk ausging, forderte die Brüder auf, zu Gott zu beten, er möge ihnen offenbaren, um was es sich bei dem Gewand handele. Am Morgen wollte Clarus den weiß gewandeten Mitbruder zu Martin bringen, der sicher erkennen werde, ob der Böse sein böses Spiel mit ihnen treibe. Gegen den Widerstand und das Geschrei des Anatolius zwangen sie ihn mitzukommen. Doch plötzlich war das Gewand verschwunden, und Sulpicius resümierte: „Wer dürfte folglich daran zweifeln, dass es Martins Wunderkraft war, und der Teufel deswegen sein Blendwerk (*fantasiam*) nicht länger verleugnen oder verbergen konnte, als es Martin vor Augen geführt werden sollte."[19] Vielleicht hatten Anatolius und der junge Spanier apokalyptisches Gedankengut aufgenommen, das mit dem Kommen des Antichrist vor dem Ende der Zeiten rechnete. Hatte nicht Jesus prophezeit: „Viele werden kommen und in meinem Namen sagen: ‚Ich bin Christus', und sie werden viele verführen."[20] Sulpicius spielte in den *Chronica* darauf an, wo er die Sage von der Wiederkunft Neros „gegen Ende der Zeit" erwähnte,[21] der häufig mit dem Antichrist identifiziert wurde. Martin wehrte sich gegen solche Vorstellungen.[22]

Eine medizinische oder psychologische Diagnose würde dem jungen Spanier wie dem Anatolius Halluzinosen bescheinigen. In der Sprache der Bibel, aber auch in paganen Texten wäre er ein „von einem Dämon Besessener", ein Begriff, der auf die metaphysische Ursache von Geisteskrankheiten verweist. Martin und Sulpicius folgten einer alten Vorstellung: Geisteskrankheiten sind das Werk eines bösen Geistes oder des Teufels.[23] Der Exorzismus „über Besessene" (*in obsessos*) geht im Grunde noch heute von dieser Vorstellung aus, obwohl er nicht mehr ausdrücklich vom Teufel spricht.[24] Es konnte auch vorkommen, dass mehrere „unreine Geister" von einem Menschen Besitz ergriffen. Aus Maria von Magdala trieb Jesus sieben Dämonen aus,[25] und er wusste auch, dass ein Teufel, der einen Menschen verlassen hatte, mit sieben Unterteufeln zurückkehren konnte.[26]

Martin hatte es einmal sogar mit zehn Dämonen zu tun. Er war in eine Stadt gekommen, die durch das Gerücht, ein Barbareneinfall drohe, in helle Aufregung versetzt wurde. Der Bischof bewahrte einen kühlen Kopf und befahl, man solle ihm einen Besessenen in die Kirche bringen. Dieser gestand ihm, dass zehn Dämonen in ihm wohnten, die ihm befohlen hätten, das Gerücht unter das Volk zu streuen und auf diese Weise Martin aus der Stadt zu vertreiben. Der erfahrene Exorzist ließ nicht locker und zwang einen der Dämonen, aus dem Mund ihres Opfers zu verraten, dass die Barbaren gar nicht an einen Überfall dachten. Nach diesem Geständnis war die Stadt von ihrer Furcht erlöst.[27]

Durch Brüllen verrieten Besessene den innewohnenden Dämon. Deswegen schrie Anatolius, als die Mitbrüder ihn zu Martin führen wollten. Schon Jesus wurde von Dämonen, denen er sich näherte, angebrüllt.[28] Noch krasser erging es Martin in der Stadt, in der der Prokonsul Taetradius lebte. Einer seiner Sklaven hatte bereits gegen alle die Zähne gefletscht, bevor Martin ihn heilte.[29] Als der Bischof in derselben Stadt ein anderes Haus besuchte, stockte er auf der Türschwelle: Er sah im Atrium einen schlimmen Dämon. Als er dem bösen Geist zu verschwinden befahl, fuhr der Dämon in den Herrn des Hauses. Der Mann begann die Zähne zu fletschen und drohte, jeden zu zerreißen, der sich ihm näherte. Panisch machten sich die Angehörigen aus dem Staub. Allein Martin stellte sich ihm in den Weg. Der Besessene setzte an, ihn zu verschlingen. Doch Martin legte ihm seine Finger in den Mund und sprach: „Verschlucke sie, wenn du irgendwelche Macht hast." Der Hausherr zog die Zähne zurück, „als ob man ihm ein glühendes Eisen in den Mund gesteckt hätte", und berührte nicht einmal Martins Finger. So wurde der böse Geist gezwungen, aus dem Körper zu weichen, aber nicht durch den Mund an Martins Fingern vorbei, sondern durch heftige Entleerung des Darms, „wobei er hässliche Spuren hinterließ".[30]

Nachdem der Teufel selbst in der Gestalt Christi Martin nicht überlisten konnte, versuchte er in anderer Kleidung, zum Ziel zu kommen, „da er mit tausenderlei Böswilligkeiten dem heiligen Mann zu schaden suchte".[31] Bisweilen erschien er ihm in der Person Jupiters, meistens aber in der des Merkur, oft auch als Venus und Minerva. Unerschrocken schützte sich Martin durch das Kreuzzeichen oder durch das Gebet. Die Teufelerscheinungen standen für seinen Kampf gegen die heidnischen Götter. Schon Paulus hatte im Ersten Korintherbrief geschrieben, die Götter seien Dämonen, denen Christen nicht mehr, wie vor ihrer Bekehrung, opfern dürften.[32] In der Geheimen Offenbarung des Johannes wurden die Götterbilder als Darstellung von Dämonen verurteilt, und ein heidnisches Heiligtum in der Stadt Pergamon galt als Thron Satans.[33] Die Kirchenväter nahmen diese Gleichsetzungen auf. Wenn Martin daher an einem Tempel oder einer Götterstatue vorbeikam, empfand er die Kultstätten als Begegnung mit dem Teufel. Um ihm seine Verachtung zu zeigen, tat er vielleicht auch das, was fromme Christen als Abwehrgeste zu tun pflegten, und spuckte auf den Boden oder stieß den Atem aus.[34] Kein Gallier hätte sich gewundert, dass sich Martin und Merkur am häufigsten begegneten. Bereits Caesar hatte in seinem *Gallischen Krieg* festgestellt, dass die Gallier „Merkur am meisten als Gott verehren. Von ihm gibt es sehr viele Standbilder, ihn halten sie für den Erfinder aller Künste, für den Führer auf Wegen und Straßen, von ihm glauben sie, dass er die größte Macht zu Gelderwerb und Handel habe."[35] Caesar identifizierte den römischen Gott Merkur mit dem keltischen Esus oder Teutates.[36] Zerstörten Christen manche seiner Tempel und zertrümmerten manche Merkurstatue – es fanden sich

noch genügend, wenn Martin über Land zog. Caesar hatte als weitere
keltische Gottheiten Jupiter und Minerva genannt, die sich dann wieder bei Sulpicius finden, nicht dagegen Venus, die Stammmutter des
Julischen Geschlechts. Da die Liebesgöttin den Geschlechtstrieb verkörperte, hatten besonders Mönche und Priester mit ihr oder dem
Teufel in ihrer schönen Gestalt zu kämpfen. Ihnen blieben Kreuzzeichen und Gebet, um sich ihren dämonischen Fängen zu erwehren.
Lärm und Schimpfworte, die üblichen Begleiterscheinungen der sata-
nischen Erscheinungen, fehlten auch bei den Götterdämonen nicht,
und die Brüder haben so manches Mal vernommen, wie ihr Bischof
sich im Kampf mit den Geistern einer versinkenden paganen Welt
befand, „deren Lügen und Eitelkeiten er durchschaute und der sich
von den Begegnungen nicht erschüttern ließ".[37] Der Teufel geriet
besonders in Rage, wenn man ihm ein Opfer entriss, das er schon
sicher zu haben glaubte. Noch das Ende von Goethes Faust ist dafür
ein Beispiel. Im Lukasevangelium hatte Satan in einem solchen Fall
gedroht: „Ich werde in mein Haus zurückkehren, von dem ich ausgegangen bin." Dazu nahm er sieben Unterteufel mit.[38] Einige von
Martins Brüdern hörten, dass ein Dämon ihn in übler Weise beschimpfte, weil er andere Brüder, die ihre Unschuld durch verschiedene Vergehen verloren hatten, nach ihrer Bekehrung wieder in die
Gemeinschaft aufnahm. Der Böse zählte sogar die Verbrechen der
einzelnen Sünder auf, worauf ihm Martin entgegenhielt, sie seien
von ihren Vergehen durch die Rückkehr zu einem besseren Leben
gereinigt. Denn dank der Barmherzigkeit Gottes seien diejenigen von
ihren Sünden freizusprechen, die zu sündigen aufgehört hätten. Der
Teufel ließ nicht locker und konterte, für Verbrecher gebe es keine
Gnade und denen, die einmal gefallen seien, gewähre Gott keine
Milde. Darauf soll Martin ausgerufen haben: „Wenn du, Elender,
selbst von der Nachstellung der Menschen absehen würdest und
wenn dich deine Taten sogar zu dem Zeitpunkt reuen würden, wo
der Tag des Gerichts unmittelbar bevorsteht, würde ich dir im Vertrauen auf den Herrn Jesus Christus Barmherzigkeit versprechen."[39]

161

Sulpicius' Erzähleben verhüllte offenbar eine heftige Auseinandersetzung, die ein Teil der Mönche mit ihrem geistlichen Vater führte. Sie wehrten sich entschieden gegen Mitbrüder, die sich irgendwie vergangen und vielleicht deswegen die Gemeinschaft verlassen hatten. Sulpicius dachte wohl in erster Linie an Brictius, dessen Auseinandersetzung mit Martin er im dritten Dialog dann ausführlich und mit Namensnennung behandelte, gleichsam als Nachtrag zu der anonymen Darstellung in der *Vita Martini*.[40] Der junge Brictius, der „in der heiligen Zucht der Kirche" von Martin erzogen worden war, hatte den asketischen Weg verlassen. Dämonen stachelten ihn zum Angriff auf Martin an, der ihm aber am Ende verzieh. Dass seine Güte unter den braven Mitmönchen böses Blut machte, ist verständlich. Da Sulpicius in der *Vita* von den Sündern im Plural sprach, scheint Brictius nicht der Einzige gewesen zu sein, der die Klosterregeln gebrochen hatte. Am ehesten waren die Vorschriften wohl durch die jungen Adligen gefährdet, die sich in einer frommen Anwandlung um die Aufnahme ins Kloster beworben hatten, denen aber das Mönchsleben auf Dauer zu schwer fiel oder die sich auch einmal eine Auszeit gönnten, um später zurückzukehren. Martins Autorität brachte die friedliche Eintracht immer wieder zustande. Es ihm aber gleichzutun in seiner Vergebungsbereitschaft und Güte, war nicht jedem gegeben.

Im dritten Dialog verzieh Martin seinem Sorgenkind Brictius mit der Begründung, Christus habe sogar den Judas ertragen.[41] Deutlicher sprach Sulpicius in der *Vita* angesichts der inneren Schwierigkeiten in der Mönchsgemeinschaft ein theologisches Problem an, das er in den Dialog zwischen Martin und dem Teufel kleidete. Diejenigen, die Martins Großzügigkeit widersprachen, werden sich vielleicht auf das Neue Testament berufen haben, wo Jesus den Pharisäern verkündete, dass es für die Sünde wider den Geist weder in dieser Welt noch in der Zukunft Verzeihung geben werde.[42] Hatten einige Brüder nicht gegen den Geist des Klosters gesündigt? Auch die Priscillianisten kannten die „unverzeihliche Sünde".[43]

Gegen diese Interpretation folgte Martin der doppelten Vater-unser-Bitte von der Vergebung Gottes, der die Menschen mit ihrer Vergebung entsprechen sollten. Selbstverständlich setzte Vergebung voraus, dass der Schuldige aufrichtige Reue zeigte. Theologische Schützenhilfe holte Martin sich bei Origenes und seiner Lehre, der Apokatastasis, dass am Ende der Zeiten eine allgemeine Versöhnung möglich sei, die selbst den Widersacher Gottes, den Teufel, einschließe. Mit ihr sollte sich Postumianus noch einmal ausführlicher im ersten Dialog befassen, in dem Sulpicius den Kirchenschriftsteller Origenes und den auf derselben theologischen Linie liegenden Hieronymus zitierte.[44] Kenntnisse der Theologie des Origenes dürfte Martin bei Hilarius erworben haben, der sich während seiner Verbannung einer Gruppe origenistischer Theologen angeschlossen hatte.[45]

War es nicht Blasphemie, wenn Martin dem Teufel Erlösung versprach, die nur Gott gewähren konnte? Auch Sulpicius empfand den theologischen Haken und schob zum Schluss noch rasch eine Modifikation nach, die letztlich wieder nur Martins Größe herausstellte: „O welch heilige Vorwegnahme der Güte des Herrn, bei der Martin zwar nicht mit Autorität handeln konnte, doch seine Empfindsamkeit zeigte"[46]

Gallus – und mit ihm Sulpicius – empörte sich im dritten Dialog einmal, dass es Christen gab, die an Martins Wunderkraft nicht glaubten, während im Grunde die Dämonen, die er den Besessenen austrieb, genau dasselbe taten.[47] Um seine Einschätzung zu belegen, führte er weitere Heilwunder an: Wenn Martin seine Zelle verließ und die zwei Meilen zu seiner Kirche ging, fand er dort bereits eine Reihe von Geisteskranken vor, die mit ihrem Stöhnen, also den Dämonen, die aus ihnen sprachen, den gesamten Kirchenraum erfüllten. Mit einer gewissen Ironie bemerkte der Erzähler, dieser Krach habe den Klerikern die Ankunft ihres Bischofs angezeigt. Massenheilungen vollzog Martin nie. Er kümmerte sich um einen Einzelnen, schickte die anderen hinaus und verriegelte die Kirchentür.

Dann legte er sich in seinen Mantel gehüllt auf den Boden, bestreute sich mit Asche und betete. Der Eindruck, den er auf den bevorzugten Kranken machte, war der erste Schritt zu dessen Genesung. Diese Wirkung hätte sich vor einer großen Menge kranker Menschen nicht in dem Maß entfalten können, eine psychologische Erklärung, die der Erzähler jedoch nicht gab. Als Ersatz bot er geradezu phantastische Geschichten: Die einen wurden mit den Füßen nach oben in die Luft gehoben, doch so, dass ihnen die Kleidung nicht über den Kopf rutschte und sie nicht gegen die Zucht verstießen. Andere gaben ungefragt die Sünden preis, die sie begangen hatten, oder sie bekannten, Jupiter oder Merkur gewesen zu sein. Der Teufel und seine Helfershelfer wurden sichtlich gequält, was Sulpicius mit einer Paulusstelle aus dem Ersten Korintherbrief kommentierte: In Martin habe sich das Wort des Apostels erfüllt, dass die Heiligen über die Engel richten werden. Der Verfasser interpretierte die Teufel als die gefallenen Engel, was Paulus an der Stelle sicher nicht gemeint hat.[48]

Außer der Besessenheit blieb das übliche Einfallstor für den Teufel die Sexualität. Im zweiten Dialog kreiste eine Geschichte ausführlich um dieses Thema: Ein Soldat hatte in einer Kirche seine Uniform ausgezogen und zusammen mit seiner Frau die Mönchsgelübde abgelegt. Während er sich in einer einsamen Gegend in eine Zelle zurückzog und zunächst das Leben eines Eremiten führte, wies Martin die Ehefrau in ein Nonnenkloster ein. Der schlaue Versucher gab sich jedoch noch nicht geschlagen und quälte den Einsamen mit verschiedenen Gedanken und der Sehnsucht nach seiner Frau. Könnten sie beide nicht zusammen ein Einsiedlerleben führen? Er wandte sich mit seinen Überlegungen an Martin und trug ihm seine Absicht vor. Natürlich war Martin dagegen. Wer seine Gelübde abgelegt hatte, musste Mönch bleiben. Sulpicius gab nicht preis, wie die Geschichte ausgegangen ist. Sein Schweigen deutet darauf hin, dass sich der Soldat nicht überzeugen ließ und Martin eine Niederlage einstecken musste. Das Gegenteil hätte der Verfasser sicher gebührend herausgestellt.

Martin und die Tiere

Im Neuen Testament wird der Teufel gelegentlich mit einem wilden Tier verglichen, so im Ersten Petrusbrief: „Euer Widersacher, der Teufel, geht umher wie ein brüllender Löwe und sucht, wen er verschlingen könne."[49] Auch in anderen Zusammenhängen kommen Tiere als Verkörperung von etwas Bösem häufig vor.[50] Ungewöhnlich war das Verhalten der zahlreichen Dämonen, die Jesus einem Besessenen in Gerasa austrieb. Sie baten ihn, er möge sie in eine dort weidende Schweineherde verbannen. Er folgte ihrem Wunsch, worauf sich die Herde ins Wasser stürzte und ertrank.[51] Allerdings erwähnte das Neue Testament nicht ausdrücklich, dass der Teufel oder ein Dämon einem Menschen in Tiergestalt erschien oder sich eines Tieres bediente. Sulpicius ging einen Schritt weiter: Ein Bauer, der für die Holzversorgung des Klosters zuständig war, kam bei einem Unfall ums Leben. Er wollte die Zugriemen der Ochsen straffen, mit denen er eine Fuhre transportierte. Dabei stieß der Ochse ihm das Horn in den Leib. Dass hinter der tödlichen Attacke der Teufel steckte, der sich an einem Gehilfen Martins rächte, weil er dem Bischof nichts anhaben konnte, erfuhr dieser wenig später. Denn der Böse stürmte mit einem blutigen Horn in seine Zelle und höhnte: „Martin, was ist mit deiner Wundermacht? Eben habe ich einen deiner Leute getötet." Martin rief die Brüder zusammen, und da keiner fehlte, suchten sie die Gegend ab und fanden den sterbenden Bauern, der ihnen noch berichten konnte, was geschehen war.[52] Sulpicius' Schlussbemerkung lässt tief blicken: Martin habe nicht nur in diesem Fall, sondern auch sonst häufig Ereignisse vorausgesehen und davon den Klosterbrüdern berichtet. Besaß er einen sechsten Sinn und hatte geahnt, was dem Bauern einmal zustoßen werde? Später wurde aus seiner Vorahnung die Geschichte mit dem Teufel, der sich des Ochsen bediente, um die angebliche Machtlosigkeit des Heiligen vorzuführen. Für Sulpicius kam nur eine Antwort in Frage: Martin war ein Prophet.

In seiner Einleitung zu den Tierwundern rühmte Sulpicius, Martin habe den Teufel in jeder Gestalt durchschaut, ob er sich in seiner wahren Natur zeigte oder als böser Geist erschien.[53] Als er auf dem Rückweg von Trier war, griff ihn eine Kuh an. Sofort sah er, dass ein Dämon auf ihrem Rücken die Kuh zur Raserei brachte. Das Tier hatte schon viele mit seinen Hörnern durchbohrt. Aufgeregt schrien Martins Begleiter, er solle sich vor dem Tier in Acht nehmen. Doch er hob die Hand und befahl der wutschnaubenden Kuh, stehen zu bleiben. Den Dämon, der auf ihrem Rücken saß, herrschte er an, er solle verschwinden. Der böse Geist gehorchte, das erlöste Tier kniete dankbar vor seinem Retter nieder und schloss sich, wie Martin ihm sagte, wieder seiner Herde an.[54]

Für Martins Macht über Tiere gab es unter berühmten Weisen, die wie Pythagoras „den Göttern lieb waren", literarische Vorbilder. Der Philosoph befreite die süditalische Landschaft Daunia von einer wilden Bärin, die Angst und Schrecken über die Bewohner gebracht hatte: Pythagoras schritt furchtlos auf das Tier zu und streichelte es einige Zeit. Als überzeugter Vegetarier fütterte er es dann mit einem Gerstenbrot und mit Baumfrüchten und ließ sich von ihm versprechen, nichts Lebendes mehr anzurühren. Die Bärin trollte sich in die Berge und Wälder und hielt sich an ihr Versprechen.[55] Was bei diesem Vorfall und anderen Tierwundern fehlte, war die Vorstellung, das Tier sei von einem Teufel besessen gewesen. Anders verhielt es sich bei christlichen Tierwundergeschichten. Auf den Mönchsvater Antonius, gegen den der Teufel wie bei Martin Niederlage um Niederlage verbuchte, hetzte der Böse seine Hunde. Und da es „für den Teufel leicht ist, verschiedene Gestalten anzunehmen, um Böses zu tun", wurden aus den Hunden abwechselnd Reptilien, Löwen, Bären, Leoparden, Stiere, Schlangen, Vipern, Skorpione und Wölfe, die alle auf ihre Art den heiligen Mann anzugreifen schienen und einen Heidenlärm vollführten, so dass seine Behausung erbebte.[56] Eine solche Menagerie erschien Sulpicius doch zu viel des Guten zu sein, und er folgte in seiner *Vita Martini* dem Prinzip, das bereits für den Wunderheiler galt: Wie Martins Wunderkraft stets einem speziellen Kranken Segen brachte, so domestizierte er in Konflikten immer ein einzelnes Tier oder eine bestimme Tierart.

In einem Brief an seine Schwiegermutter Bassula berichtete Sulpicius von einer Begegnung Martins mit einem Schwarm Möwen auf der Loire. Wie üblich begleiteten ihn eine Schar von Mönchen und Schülern, als er sich auf den Weg nach Candes-St-Martin begab.[57] Er hatte bereits vorhergesagt, dass er bald sterben werde, wollte aber zuvor noch einen Streit schlichten, der unter den dortigen Klerikern ausgebrochen war. Als er die Wasservögel beobachtete, wie sie den Fischern nachjagten und ihren gierigen Schlund beständig mit ihrem Fang vollstopften, belehrte er seine Begleiter: „Das ist ein Bild der Dämonen: Sie stellen den Unvorsichtigen nach, schnappen die Ahnungslosen, schlingen die Gefangenen hinab und vermögen sich an dem, was sie verschlungen haben, nicht zu sättigen." Dann befahl er den Vögeln „mit machtvollem Wort", das Wasser zu verlassen und trockene, einsame Gegenden aufzusuchen, und die Tiere gehorchten. Sulpicius deutete den Vorfall pädagogisch: Martin bediente sich derselben Befehlsgewalt, mit der er auch die Dämonen zu vertreiben suchte, und er gab so seinen Weggefährten noch einmal eine Kostprobe, wie groß diese Gewalt war, die sogar im Tierreich ihre ordnende Wirkung entfaltete. Dieses Mal unterschied der Biograph deutlich: Der Teufel steckte nicht in den Wasservögeln, doch dienten sie Martin als anschauliches Mittel, um dessen Vorgehen gegen anfällige Menschen zu entlarven.[58]

Die Demonstration war sein Vermächtnis an die Mönche und Schüler, mit dem er sie warnte für die Zeit, wenn er nicht mehr unter ihnen lebte. Wer sich die Lehre ein für alle Mal zu Herzen nahm, dem stand, wie dem Briefschreiber und der Adressatin, das Bild vor Augen, wie und warum Martin die Möwen vertrieben hatte. An dieser Erinnerung prallten die Avancen des großen Versuchers ab. Ein Spaziergang an der Loire, um die Möwen zu besuchen, war dann nicht mehr nötig. Das war jedenfalls Martins Hoffnung. Ob sich die

Möwengeschichte tatsächlich so ereignet hat, ist für jeden, der damals am Ufer der Loire nicht dabei war, kaum zu beurteilen. Aber sie gibt Einblick, wie Martin seine Gemeinschaft führte: offensichtlich weniger durch gedankenschwere Vorträge, sondern mit eingängigen Beispielen, knappen Erläuterungen und lebensnaher Pädagogik. Martin und die Möwen – das ist auch eine Begegnung, die den Mönchsbischof als ausgezeichneten geistlichen Lehrmeister ausweist.

Martins Macht über die Tierwelt haben Gallus und seine Mitbrüder noch einmal beobachtet. Sie standen am Ufer der Loire, als sich ihnen eine Wasserschlange näherte, „eine böse Bestie". Dass Schlangen teuflische Tiere waren oder der Teufel in ihnen hauste, brauchte der Erzähler seinen Hörern, denen allen der Anfang der Genesis vertraut war, nicht weiter zu erläutern. Martins Abwehrgeste machte es ihnen zusätzlich deutlich: „Im Namen Gottes befehle ich dir umzukehren", worauf die Schlange zurückschwamm. Als Martin seinen Erfolg kommentierte, enthüllte er mehr über seinen Dienst als Bischof und Missionar als über seine besondere Beziehung zur Natur: „Schlangen hören auf mich, und Menschen hören nicht auf mich."[59] Selbst wenn Sulpicius seine Leser glauben machen wollte, im Großen und Ganzen gelte auch für seinen Protagonisten Caesars berühmter Satz „Ich kam, sah und siegte", sah der Alltag des berühmten Missionsbischofs weniger glanzvoll aus. Vor allem war sein Apostolat keine durchgängige Erfolgsgeschichte. Martin hatte mit Widerständen zu kämpfen und manche Enttäuschung wegzustecken. Er bewältigte sie mit unerschütterlichem Gottvertrauen, einer hohen körperlichen und seelischen Belastbarkeit und mit Demut.

Nicht nur Martins persönliches Eingreifen brachte Tiere dazu, ihm zu gehorchen. Sein Name allein genügte, wie Gallus erzählte. Die folgende Episode hatte auch sein Begleiter Saturninus miterlebt sowie ein Dritter, der anwesend war und dessen Name Gallus deswegen nicht nennen wollte: Ein böser Hund stürzte bellend auf sie zu. Gallus fuhr den Kläffer an: „Im Namen Martins befehle ich dir zu verstummen." Die Anrufung wirkte, und man hätte meinen können, dem Hund wäre die Zunge herausgeschnitten worden. Die Episode bot zugleich einen Blick in die Zukunft und in Martins Nachleben, den sich Gallus nicht entgehen ließ: „Auch andere vollbrachten in seinem Namen viele Dinge."[60] Mit dem Fürbittgebet und seiner Erfüllung nahmen der Martinskult und die postumen Heilwunder ihren Anfang, die sich in seinem Namen ereigneten.

Es passte zu Martin, der so viele Kranke aus Barmherzigkeit geheilt hatte, dass er ebenfalls Mitleid mit der verfolgten Tierwelt empfand und seine Wunderkraft für sie einsetzte: Auf einer Visitationsreise sahen er und seine Begleiter, wie eine Hundemeute einen Hasen über ein offenes Feld jagte und ihm immer näher kam. Für das gehetzte Tier gab es keinen Fluchtweg mehr. Martin konnte den Anblick und die Aussicht, was gleich geschehen werde, nicht ertragen. Als er den Hunden befahl, ihre Verfolgung zu beenden, blieben sie plötzlich wie angenagelt stehen. Seine Bindekraft tat wie früher ihre Wirkung.[61] Der Erzähler verzichtete darauf, der Hasenjagd ausdrücklich eine tiefere Bedeutung zu geben. In der frühchristlichen Kunst war der Hase ein Symbol, das man verschieden deuten konnte. Eine Erklärung lautete, dass er auf Christus zulief.[62] Außer der symbolischen Interpretation erbringt die Jagdgeschichte den Beleg, dass Martin all das am Herzen lag, was Gott geschaffen hatte. Seine Entscheidung, der geschundenen Kreatur zu helfen, zeigte nicht nur seine empfindsame Seite, sondern auch seine Achtung vor der Schöpfung. Barmherzigkeit ist keine exklusive Tugend; sie richtet sich auf die gesamte Schöpfung.

In einer weiteren Geschichte wird die Parallele zwischen Martin und Jesus noch deutlicher, und sie unterstreicht einmal mehr das Anliegen des Biographen, seinen Protagonisten in jeder Situation apostelgleich, ja sogar christusgleich zu inszenieren. Martin, der Asket, in dessen Kloster es für gesunde Mönche kaum Fleisch gab, war gewohnt, an den Ostertagen einen Fisch zu essen. An einem

Osterfest fragte er den zuständigen Küchenmeister Cato, ob er den Fisch bereits zubereitet habe. Cato musste gestehen, dass er dieses Mal nichts gefangen habe; ebenso sei es den anderen Fischern ergangen, die ihren Fang dem Kloster zu verkaufen pflegten. Martin befahl dem unglücklichen Koch: „Geh, wirf dein Netz aus, der Fang wird gelingen." Gallus und seine Mitbrüder, deren Zellen am Fluss lagen, gingen, da sie am Feiertag sonst nichts zu tun hatten, mit dem Fischer ans Wasser. Sie waren überzeugt, dass Martin seinen Fisch bekommen werde. Cato hatte tatsächlich Glück. Beim ersten Wurf zog er mit seinem kleinen Netz einen riesigen Salm (*esox*) heraus. Freudestrahlend lief er mit seinem Fang zum Kloster, und Gallus zitierte dazu einen Vers aus der *Thebais* des Dichters Statius: „Den gefangenen Eber brachte er zu den erstaunten Argivern." Allerdings erlaubte er sich ein kleines Versteckspiel und sprach von irgendeinem Dichter und einem Vers „aus dem Schulunterricht, da er ja unter Gebildeten rede".[63] Natürlich erinnerte sich jeder an den Namen des Dichters, den er als Schüler gelesen hatte. Die Szene war auch eine kleine humoristische Einlage, die zur Parallele vom großen Fischfang im Neuen Testament kontrastieren sollte. Im Lukasevangelium befahl Jesus zu Beginn seines öffentlichen Wirkens dem Simon Petrus, noch einmal auf den See Genezareth hinauszufahren und das Netz auszuwerfen, obwohl er und seine Kameraden in der Nacht nichts gefangen hatten. Petrus gehorchte, und er und die anderen fingen eine Unmenge Fische. So begann ihre Laufbahn als Apostel.[64] Im Schlussteil des Johannesevangeliums vollbrachte Jesus noch einmal ein solches Wunder.[65] Ohne direkt auf den zweimaligen Fischfang anzuspielen, beendete Gallus seinen Bericht mit einer allgemeinen Aussage über den Wundertäter Martin: „Er war wahrlich ein Schüler Christi, der die Wundertaten des Erlösers nachahmte, die er als Vorbild für seine Heiligen vollbracht hat, und er bewies, dass Christus in ihm wirkte." Gallus, respektive Sulpicius, hätte es nun gut sein lassen können. Doch dem außergewöhnlichen Bischof von Tours gebührte in ihren Augen auch außergewöhnliche

Anerkennung: Christus „wollte seinen Heiligen auf jegliche Weise verherrlichen und vereinigte in dem einen Menschen die verschiedenen Gnadengaben als Geschenke".[66] In seiner Begeisterung für Martin schoss der Biograph gelegentlich über sein hagiographisches Ziel hinaus, wenn er ihn als Prototypen des Heiligen verewigen wollte. Da reichte nicht mehr ein Charisma, sondern es mussten alle Geistesgaben sein. Und selbstverständlich hatte Jesus seinen Vorzeigeheiligen zu verherrlichen. Sollte es nicht umgekehrt sein? Auch wenn Sulpicius die Gnadengaben als Geschenke bezeichnete, beschleicht den Leser an dieser Stelle der Eindruck, dass Martin die Geschenke wegen besonderer Verdienste erhielt, also seine Heiligkeit eine Belohnung und überdies Frucht eigener Leistung war. Heiligkeit ist aber gerade keine emsige Sammlung von Tugenden, Charismen und Verdiensten. Heiligkeit definiert sich durch die Nähe zu Gott. Ein heiliger Mensch ist eine Folie für den Willen Gottes. Heiligkeit ist Gnade.

Bisweilen ging Martin zu weit in seinem missionarischen Eifer und dem Einsatz seiner Gnadengaben. Ein Beispiel war seine bereits beschriebene Reaktion auf einen Leichenzug, der anscheinend einen Mann mit heidnischen Bräuchen zu Grabe trug.[67] Martin verwechselte das Flattern der weißen Tücher mit dem Ritus einer Flurprozession, bei der die Teilnehmer in Weiß gehüllte Götterbilder über die Felder trugen, und er bannte den Trauerzug. Als er seinen Irrtum erkannte, löste er den Bann und ließ die Trauernden weiterziehen. Von missionarischen Bemühungen des Bischofs war zwar nicht die Rede. Sie verboten sich im Angesicht des Toten und seiner trauernden Angehörigen. Aber dem Heiligen kam auch keine Entschuldigung über die Lippen. Schließlich hatte er in der besten Absicht gehandelt und wollte nur seiner bischöflichen Aufgabe nachkommen. Führt man sich diese Begegnung – sei sie fiktiv oder nicht fiktiv – vor Augen, ist die Einschätzung nicht abwegig, dass es durchaus Menschen gab, die Angst vor dem mächtigen Bischof hatten, trotz seiner viel beschworenen Barmherzigkeit und Milde. Was ein moderner Leser als Wermutstropfen in Martins Wirken bewerten mag, hatte zu dessen Lebzeiten noch einen anderen Beigeschmack. Manche pagane Einwohner bekamen Angst vor dem machtvollen Wirken Martins und seines Gottes und fürchteten die Machtlosigkeit ihrer alten Götter. Das ängstliche Unbehagen verstärkte sich angesichts der *auctoritas*, die Martin ausstrahlte, und des Selbstbewusstseins, mit dem er die pagane Religion und ihre Kulte bekämpfte. Auf die Befindlichkeiten der Betroffenen nahm er wenig Rücksicht. Man kann ihm zugutehalten, dass er nicht weniger hart mit sich selbst umging.

Martin und die frommen Frauen

Martin und die Frauen – das war ein heikles Thema, selbst wenn die Frauen dem Ideal der *matrona* entsprachen und fromm, demütig und bescheiden auftraten. Vermutlich trieb Martin das Thema weniger um als seinen Biographen. Vor allem im zweiten Dialog ließ Sulpicius seine Gesprächspartner das Für und Wider der Begegnung zwischen Martin und der Frau des Kaisers Magnus Maximus diskutieren, um dann festzustellen, dass er die „Frauenfrage" nicht vertiefen wolle.[68] Gallus und Postumianus hingegen machten sich Sorgen, ob die vornehme Dame dem Bischof nicht zu nahe gekommen sei, als sie sich wie die Sünderin im Evangelium verhielt und die Füße des Heiligen mit Tränen benetzte und mit ihren Haaren trocknete. Denn Gallus war überzeugt, dass nie eine Frau Martin berührt habe. Fast entschuldigend fügte er an, Martin habe sich der nahezu aufdringlichen Aufmerksamkeit und Anhänglichkeit der Kaiserin nicht zu entziehen vermocht. Auch habe er ihre Einladung zum Mahl nicht ausschlagen können, weil diese auf Bitten der Kaiserin von ihrem Mann ausgesprochen wurde. Der frommen Frau – offensichtlich eine Christin, die in der Gegenwart des verehrten Bischofs alle Standesgrenzen aufhob – war keine Respektlosigkeit vorzuwerfen. Im Gegenteil: Sie zog sich jedes Mal diskret zurück, nachdem sie Martin die selbst zubereiteten Speisen gereicht und den Wein kredenzt hatte. Die Brotkrumen, die ihr Gast übrigließ, waren ihr genug, und sie sammelte sie ehrfürchtig ein. Trotz ihres vorbildlichen Verhaltens plagte die Runde in Primuliacum ein Unbehagen. Selbstverständlich zweifelte man weder an der Tugendhaftigkeit des Bischofs noch an der aufrichtigen Verehrung, welche die Kaiserin für ihren hohen Besuch empfand. Was vor allem Postumianus beschäftigte, waren die Verdächtigungen, die der ebenso großzügige wie gelassene Martin nach dem ungewöhnlichen Zusammentreffen auf sich ziehen mochte: Er liefere gerade denjenigen eine willkommene Rechtfertigung, „die sich gerne unter Frauen mischen". Gallus versuchte den Bedenkenträger zu beschwichtigen und führte ihm vor Augen, dass man nach Ort, Zeit und Person unterscheiden müsse, „wie das die Grammatiker lehren". Martin sei es schließlich schwergefallen, dem Drängen des Kaiserpaares zu widerstehen. Der Glaube der Kaiserin habe ihm gleichsam Gewalt angetan. Außerdem sei Martin nur deswegen ein wenig von seinen Regeln abgewichen, weil er an die bischöfliche Pflicht gedacht habe, Gefangene aus dem Kerker zu befreien, Verbannten die Heimkehr zu ermöglichen und konfiszierte Güter wiederzubekommen. Nur deswegen habe er sich mit dem Usurpator eingelassen.[69] Der Bischof sei überdies damals siebzig Jahre alt gewesen und von einer Ehefrau bedient worden, deren Mann mit ihrem Verhalten einverstanden gewesen sei. Die Altersangabe, die Sulpicius hier einfügte, bringt beiläufig ein weiteres Argument für die „lange Chronologie". Da das Gastmahl für Martin um 385 ausgerichtet wurde und siebzig eine durchaus zuverlässige Altersangabe war, spricht alles für das Geburtsjahr 316/17.

Die größte Versuchung bei Gastmählern mit gemischter Gesellschaft schloss Gallus nachdrücklich aus: Die Kaiserin lag nicht mit Martin zu Tisch, sondern zog sich, nachdem sie serviert hatte, diskret zurück. Sie inspirierte Gallus zu einer allgemeinen Empfehlung an seine Geschlechtsgenossen: „Eine Matrona soll dir dienen, aber sie soll nicht herrschen; sie soll aufwarten, aber nicht zu Tisch liegen." Das war in Sentenzform die Einstellung frommer Christen zu den Gastmählern ihrer heidnischen Zeitgenossen, an denen Frauen teilnahmen und bei denen es vor allem in der „feinen Gesellschaft" hoch hergehen konnte.[70] Bezeichnend ist der Moralist Tacitus, der seinen Mitbürgern das Beispiel der angeblich so tugendhaften Germanen vorhielt, deren Frauen „in abgeschlossener Sittsamkeit leben, weder durch die Verlockungen der Schauspiele noch durch die Reize der Gastmähler verdorben".[71]

Gallus und Postumianus hielten viel darauf, ihren Martin gut zu kennen. Aber sie kannten ihn offensichtlich nicht gut genug. Die Vorstellung, der Glaube der frommen Kaiserin habe ihm Gewalt angetan und ihn zu einem gemeinsamen Mahl gezwungen, verkennt Martins Charakter. Ein Mann, der angeblich dem Caesar Julian von Angesicht zu Angesicht widerstanden hatte, der den Mut besaß, bei einem Bankett Kaiser Maximus zu brüskieren, und eine Trinkschale nicht wie erwartet seinem Gastgeber zurückreichte, sondern zuerst an den ihn begleitenden Priester weitergab, wäre auch in der Lage gewesen, der Kaiserin einen Korb zu geben. Er tat es nicht, und er wird gute Gründe für seine Entscheidung gehabt haben. Denn wahrscheinlich fand das „Dinner for One" im Jahr 385 statt, also in der Hochzeit des Priscillianistenstreits am Trierer Hof.

Die vertrauliche Begegnung zwischen Martin und der Kaiserin war in den Augen der drei Freunde nur akzeptabel, wenn sie religiös überhöht wurde. Deswegen verglich Gallus die vornehme Frau in einem Atemzug mit der Sünderin im Neuen Testament, die Jesu Haupt und Füße so verschwenderisch mit erlesenem Öl verwöhnte. Als ob diese Gleichstellung nicht ausreichte, um Martin von etwaigen Verdächtigungen zu entlasten, fügte der Erzähler kurz darauf einen zweiten biblischen Vergleich an: Die Kaiserin habe sich wie Martha verhalten. Die Schwester des Lazarus habe Jesus bedient, aber selbst nicht am Mahl teilgenommen. Ihre Schwester Maria, die zu Füßen Jesu dessen Worten lauschte, wurde zudem der fleißigen Martha vorgezogen. Am Ende machte Gallus der Kaiserin doch noch ein Kompliment: Sie sei in der Gegenwart Martins eine Dienerin wie Martha und eine Hörende wie Maria gewesen. Die kaiserliche Gastgeberin und der geistliche Gast hatten also im biblischen Sinn korrekt gehandelt.

Während Gallus und Postumianus eifrig diskutierten, fiel ihnen auf, dass Sulpicius die ganze Zeit geschwiegen hatte.[72] Nach dem Grund gefragt erzählte der Gastgeber, dass er enttäuschende Erfahrungen mit diesem Thema gemacht und deswegen beschlossen habe, künftig darüber zu schweigen. Wer nun an moralische Fehltritte denkt, liegt falsch: Er habe einmal eine leichtfertige Witwe gemaßregelt, weil sie sich gern schminkte und ein zügelloses Leben führte. Ein anderes Mal habe er eine Jungfrau getadelt, die über die Maßen für einen jungen Mann geschwärmt habe, den er gut kannte. Andere Leute habe die Verliebte dagegen wegen deren Schwärmereien häufig kritisiert. In beiden Fällen habe er sich den Hass „aller Frauen und aller Mönche" zugezogen. Spielte Sulpicius darauf an, dass sich in seiner Asketengemeinschaft Frauen, fromme Witwen und Jungfrauen befanden, die er in seiner Eigenschaft als Leiter ab und an zur Ordnung gerufen hatte? Auch seine Schwiegermutter lebte zeitweise in Primuliacum. Der ihm gut bekannte junge Mann wäre demnach ein Asket, der ebenfalls zur Gemeinschaft gehörte. Seine Maßregelungen hatten Sulpicius offensichtlich Kritik und Unruhe in seiner Gemeinschaft eingetragen, weswegen er beschlossen hatte, manchen Beobachtungen nicht mehr auf den Grund zu gehen und den Mund zu halten. Es gab schließlich wichtigere Themen. Und ein „Moralapostel" wollte er wohl auch nicht sein. Dass der Schriftsteller seine Freunde dennoch etwaige Grenzüberschreitungen Martins erörtern ließ, spiegelte vermutlich Diskussionen, die im Klerus und in der Gemeinde geführt wurden. Nicht nur die Heiligkeit Martins war ein interessanter Gesprächsstoff, sondern auch sein Leben außerhalb der Sakristei und vor allem die Zeit vor seiner

Hinwendung zum Christentum. Der Bischof von Tours stand permanent unter Beobachtung, und seine Gegner hätten sich sehr gefreut, wenn sie das sprichwörtliche Haar in der Suppe gefunden hätten.

Sulpicius hüllte sich auch deswegen in Schweigen, weil er nichts Näheres über das Vorleben des Bischofs beisteuern konnte. Martin hatte gut zwanzig Jahre in der römischen Armee gedient. Außer einem Sklaven, den der Offizier sehr fürsorglich behandelte, und einem Tribun, mit dem er einen vertrauteren Umgang pflegte, waren keine persönlichen Beziehungen aus der Militärzeit bekannt. Sulpicius zufolge versprach Martin dem Tribun auf dessen Bitten, nach seiner Taufe weiter in ihrer Einheit zu verbleiben. Als Lockmittel stellte der Freund in Aussicht, er werde als Veteran der Welt den Rücken kehren, also sich der Askese verschreiben.[73] Auch wenn der sanfte Erpressungsversuch wohl unhistorisch ist, zeigt er doch, dass Martin unter seinen Kameraden Freunde gefunden hatte, die ähnlich dachten und glaubten wie er. Frauen, selbst zum Christentum konvertierte, kamen in der offiziellen Lesart von Martins Soldatenzeit nicht vor. Sulpicius betonte lediglich, dass Martin bereits als Soldat so lebte, als sei er ein Mönch,[74] und die lebten zölibatär und keusch. Vermutlich hat der Biograph bei seinen späteren Begegnungen mit dem Bischof von Tours das Thema Frauen respektvoll vermieden, und Martin tat das Klügste, was er tun konnte: Er schwieg über seine Jugendzeit.

Welchen Platz der Bischof Frauen in der Gesellschaft zudachte, enthüllt die oben geschilderte Episode über ein Ehepaar, das sich gemeinsam entschlossen hatte, ein geistliches Leben zu führen.[75] Nach einiger Zeit bat der Ehemann Martin um die Erlaubnis, wieder mit seiner Frau zusammenleben zu können, selbstverständlich ohne die Keuschheitsgelübde zu verletzen. Als Begründung führte er an, er sei „Soldat Christi" und auch seine Frau habe denselben Fahneneid geschworen. Der lebenserfahrene Seelsorger hielt wenig von dieser Idee. Um den Bittsteller nicht zu demütigen, griff er zu einem Gleichnis aus dessen früherer Lebenswelt und fragte ihn, ob er jemals gesehen habe, dass eine Frau in der Schlachtreihe oder im Nahkampf das Schwert gezückt habe. Der Ratsuchende konnte nicht anders, als die Frage zu verneinen. Da eine große Schar Brüder dem Gespräch zugehört hatte, fühlte sich der Mönchsbischof zu einer abschließenden Klarstellung herausgefordert: Die Frau hat im Feldlager der Männer nichts zu suchen. Wenn sich Frauen unter die Soldaten mischen, macht sich das Heer verächtlich. Ein Soldat hat in der Schlachtreihe zu stehen; er soll im Feld kämpfen. Eine Frau dagegen hat sich innerhalb der schützenden Mauern aufzuhalten. Ihre Ehre, ihr Kampf, besteht darin, während der Abwesenheit ihres Mannes ihre Keuschheit zu bewahren. Eine Frau erringt die höchste Tugend und den vollkommenen Sieg, wenn sie sich nicht blicken lässt.[76]

Martins pathetische Worte, die das pagane Frauenbild in Griechenland und Rom wiederholten, ließen an Deutlichkeit nichts zu wünschen übrig. Selbst wenn Sulpicius sie ihm im Nachhinein in den Mund gelegt hätte, passten sie zu Martins militärischer Prägung, seinem Selbstverständnis als Soldat Gottes und seiner mönchischen Lebensweise. Man darf allerdings nicht so weit gehen, ihm zu unterstellen, er habe die Frauen von der Nachfolge Christi ausgeschlossen. Allerdings befürwortete er die Trennung der Geschlechter – entsprechend dem konservativen Frauen- und Familienideal seiner Zeit – und empfahl eine den Geschlechtern angemessene Art der Glaubensnachfolge.

Martin verschenkte seine Wunderkraft ohne Ansehen der Person, des Standes oder des Geschlechts. Die Wunder, die Frauen durch ihn erfuhren, waren meist Heilungen, die Jesu Begegnungen mit Frauen nachempfunden waren. So bezeugte der Priester Refrigerius, dass eine blutflüssige Frau von ihrem Leiden erlöst wurde, als sie Martins Gewand berührte.[77]

Interessant ist, dass die „Frauenwunder" oft durch Mittler und Berührungsreliquien, also ohne direkten Kontakt mit dem Wundertäter geschahen. Das „Ölwunder", bei dem die Gattin des berüchtigten Avitianus dem Bischof ein gläsernes Gefäß mit Öl schickte, um es von ihm segnen zu lassen, wirkte der Bischof zwar für eine Frau. Sie selbst aber trat nicht in Erscheinung. Martin und die vornehme Matrone verhandelten über Mittelsmänner, die auf dem Rückweg staunten, als das Öl über den Rand des Gefäßes quoll.[78] Der Präfekt Arborius legte seiner von Fieberkrämpfen geschüttelten Tochter einen Brief Martins auf die Brust, worauf das Fieber auf der Stelle wich.[79] Aus Dankbarkeit brachte der Vater seine Tochter zu Martin und bestand darauf, dass sie aus seiner Hand das Jungfrauengewand empfing. Für Sulpicius stand die Zustimmung der Tochter wohl außer Frage. Seine Darstellung der Heilungsgeschichte erweckt jedenfalls den Eindruck, dass der Eintritt ins Kloster eher auf einer Absprache zwischen Martin und dem Vater beruhte als die Frucht einer Berufung war. Wie römische Väter die Ehen ihrer Kinder arrangierten, so hielten sie es vielfach auch mit dem Eintritt ihrer Töchter ins Kloster; und vielleicht lockte manche junge Frau das Gemeinschaftsleben zur Ehre Gottes mehr als der Ehealltag und Geburten auf Leben und Tod.

Hielt Martin bei erwachsenen Frauen, die er heilte, eine gewisse Distanz, zeigte er keine Berührungsängste gegenüber kranken Mädchen, die nach römischer Auffassung im Alter von zwölf Jahren in das heiratsfähige Alter traten. Zu seiner Entspanntheit mag auch beigetragen haben, dass es in den zwei überlieferten Fällen die Väter waren, die ihn um Hilfe für ihre Töchter anflehten. Die Mütter der Mädchen fehlten bei der Heilung, zumindest wurden sie nicht ausdrücklich erwähnt. Einem zwölfjährigen stummen Mädchen schenkte er die Sprache wieder, indem er ihm geweihtes Öl auf die Zunge träufelte, während er seine Zunge berührte. Auf seine Bitte rief die junge Frau den Namen des Vaters. Nicht ihrer Mutter, sondern dem Vater galt ihr erstes Wort.[80]

Nach einem ähnlichen Muster verlief die Heilung des gelähmten Mädchens in Trier. Wieder war es der Vater, der Martin für seine im

Sterben liegende Tochter bat, und wieder setzte er Öl ein, um dem Mädchen Lebenskraft einzuflößen. Obwohl Sulpicius darauf hinwies, dass die Verwandten um das Krankenbett standen und sich eine große Menschenmenge vor dem Haus des Kindes eingefunden hatte, verzichtete er darauf, die Mutter zu nennen.[81] Möglicherweise war das Mädchen Halbwaise, und seine Mutter war, wie es nicht selten der Fall war, bei der Geburt gestorben. Doch dass bei zwei „Mädchenheilungen" die Mütter fehlten, fällt auf. Folgte Sulpicius einer verengten männlichen Sicht auf das Leben des heiligen Martin, oder sorgte er sich tatsächlich so um dessen Leumund, dass er Frauen in Verbindung mit Martin nur dann erwähnte, wenn es sich nicht vermeiden ließ? Jedenfalls erfüllte der schriftstellernde Aristokrat in seinen Martinsschriften das patriarchalische Muster: Lobenswert ist die Frau, die sich weitgehend im Haus aufhält und nicht weiter auffällt, eine Vorstellung, die der Alltag im Römischen Reich Lügen strafte. Warf Sulpicius einen Blick auf seine nähere Umgebung, fiel der auf seine rührige Schwiegermutter Bassula, die weder vor Reisen zurückschreckte noch sich scheute, mit ihm in Primuliacum zu leben.

Dass Martin besonders bei den frommen Frauen in hohem Ansehen stand, belegte ein Vorfall, der fast groteske Züge annahm. Als sich die Freunde Sulpicius, Postumianus und Gallus nach einem Tag angeregter Gespräche anschickten, schlafen zu gehen, fiel Postumianus noch eine Begebenheit ein, die er seinen Mitstreitern als „Gutenachtgeschichte" mit auf den Weg ins Bett gab: In Claudiomagus, dem heutigen Clion, befand sich eine Kirche, die wegen der Frömmigkeit ihrer Mönche und einer Gemeinschaft gottgeweihter Jungfrauen einen ausgezeichneten Ruf genoss. Als Martin die von ihm gegründete Gemeinde visitierte, wohnte er im Anbau der Kirche. Hielten sich die Jungfrauen in seiner Gegenwart noch zurück, kannten sie nach seiner Abreise kein Halten mehr. Sie stürzten in den Anbau, küssten alle Stellen, wo der Heilige gestanden und gesessen hatte, und teilten sein Bett aus Stroh unter sich auf. Einige Tage später setzte eine der frommen Frauen ein Stückchen von dem heiligen Stroh ein, um einen Besessenen zu heilen. Als dieser wieder in Raserei verfiel, legte sie die Reliquie um seinen Hals. Im selben Augenblick fuhr der Teufel aus dem Mann aus, und er war geheilt.[82]

Martin begegnete nicht nur gottgeweihten Jungfrauen, die für ihn schwärmten. Doch ausgerechnet diejenige, die ihm selbst einen kurzen Gruß verweigert hatte, lobte er überschwänglich, wie Sulpicius und Gallus aus eigenem Erleben bezeugten: Martin hatte von einer jungen Frau gehört, die auf einem kleinen Gut als Eremitin lebte. Neugierig geworden machte er sich, begleitet von Sulpicius und Gallus, auf den Weg, um die Jungfrau kennenzulernen, deren herausragende Frömmigkeit und Tugend von allen Seiten gepriesen wurden. Für seine Begleiter verlief die Begegnung enttäuschend. Sie hatten angenommen, die Eremitin fühle sich durch den hohen Besuch geehrt. Denn ihretwegen war Martin ein wenig von seinen strengen Überzeugungen abgewichen. So staunten die Weggefährten, als die Einsiedlerin über eine andere Frau, die dort wohnte, ausrichten ließ, sie könne den Bischof von Tours nicht empfangen, weil sie ihr Gelübde, einsam zu leben, nicht brechen wolle. Martin war begeistert; er hatte sein weibliches Pendant gefunden. Die Eremitin lebte ihr Apostolat ebenso überzeugend und konsequent, wie der Bischof von Tours es tat.

Als sich Sulpicius respektive Gallus von seinem Staunen erholt hatte, erkannte er, dass die Jungfrau die Besucher nicht brüskieren wollte, sondern die Treue zu Gott, die sich in der Einhaltung ihrer Gelübde ausdrückte, höher schätzte als schmeichelhafte Anerkennung aus dem Mund eines kirchlichen Würdenträgers. Als Sulpicius die Begegnung in seinen zweiten Dialog aufnahm, ließ er Gallus die Willensstärke der Einsiedlerin loben und in einem Atemzug betonen, dass Martin nicht beleidigt reagierte, sondern ihre Tugend pries und sich über ein Vorbild freute, das es in dieser Umgebung nicht allzu häufig gab. Kein anderer Bischof hätte in der Situation so reagiert wie Martin, war Sulpicius überzeugt. In Zorn geraten wären die bischöflichen Mitbrüder, und sie hätten die junge Frau als Ketzerin beschimpft und schließlich den Kirchenbann über sie verhängt. Hier übertrieb der Biograph, den die Eitelkeit mancher Würdenträger allzu sehr ärgerte.

Da die Nacht hereinbrach, bezogen Martin und seine Begleiter eine Unterkunft in der Nähe des Gutes. Da die Einsiedlerin wenigstens aus der Ferne den Gepflogenheiten der Gastfreundschaft genügen wollte, sandte sie dem Bischof ein Geschenk. Wieder staunten die Begleiter: Martin, der bisher alle Gastgeschenke und Gaben abgelehnt hatte, nahm das Geschenk der Eremitin an. Als Begründung führte er an, ein Bischof dürfe ihre geheiligte Gabe nicht ablehnen, weil man diese Frau vielen Priestern vorziehen müsse. Er nahm die Gelegenheit wahr, den gottgeweihten Jungfrauen das Verhalten und die Haltung der Einsiedlerin zu empfehlen: Wer seine Tür vor den Bösen verriegele, der müsse sie auch für die Guten verschlossen halten. Um zu vermeiden, dass den Bösen der Zugang zu ihnen offenstehe, sollten sie keine Bedenken quälen, selbst Bischöfen den Eintritt zu verweigern. „Den Anfängen wehren" heißt ein bekanntes römisches Sprichwort, eine Einsicht, nach welcher der Mönch Martin lebte. Um das seelische Gleichgewicht und letztlich die Berufung nicht zu verlieren, bedarf es einer ständigen Achtsamkeit. Etwas, das gut begonnen hat, kann sich zum Bösen wandeln. Daher war es Martin zufolge klüger, generell Distanz zu wahren.

Am Ende der Geschichte äußerte sich der Erzähler kritisch über eine Fehlentwicklung, die Martin offensichtlich zu schaffen machte: Es gebe Jungfrauen, die es darauf anlegten, ihren Bischof möglichst oft zu treffen. Sie veranstalteten aufwendige Gastmähler und säßen sogar mit zu Tisch. Gallus respektive Sulpicius hatte sich in Rage geredet und ruderte im folgenden Satz ein wenig zurück: Er wolle seine freimütigen Worte mäßigen, um keinen Anstoß zu erregen. Tadel bewirke bei den leichtsinnigen Jungfrauen keine Sinnesänderung, und den guten reiche das Vorbild. Versöhnlich unterschied er zwischen den Jungfrauen, die oft eine lange Reise auf sich nahmen, um Martin zu erleben, und denjenigen, die ihm auf Schritt und Tritt folgten. Die Bemerkung zeigte erneut, dass es bereits zu Lebzeiten Martins eine Art Wallfahrtstourismus nach Tours gab.

Die aufdringlichen Jungfrauen, auf die Sulpicius hier anspielte, scheinen nicht alle in Gemeinschaften integriert gewesen zu sein, sondern ihre Gelübde in einem betuchten häuslichen Umfeld erfüllt zu haben. Denn sie besaßen die Freiheit und das Geld, zu opulenten Gastmählern einzuladen. Martin war auf der Hut vor ihren Schmeicheleien und ließ sich nicht vereinnahmen von Frauen, deren Glaube zur Schwärmerei tendierte. Vor diesem Hintergrund lässt sich seine Freude über die glaubensstarke Eremitin umso besser verstehen. Da er die prophetische Gabe besaß, die Geister zu unterscheiden, spürte er die Echtheit einer Berufung. Die Einsiedlerin mochte ihm wohl nicht als Frau gegenübertreten, sondern in Erinnerung bleiben als Gläubige, für die es nichts Wichtigeres gab als Gott. Ihm zuliebe stellte sie asketischer Tradition folgend eigene Bedürfnisse hintan. Mit dieser Haltung verkörperte die Eremitin das spätantike Ideal der *mulier virilis* – der männlichen Frau, die ihre angebliche Schwachheit durch strenge Askese überwindet.[83] Die Eremitin hat Martin tief beeindruckt.

Obwohl der Bischof von Tours dem weiblichen Geschlecht mit Strenge begegnete, tat das seiner Verehrung unter Christinnen keinen Abbruch. Blickt man auf die Viten heiliger Frauen – historischer wie fiktiver – aus der Merowingerzeit, wird deutlich, dass Martin für sie ein großes Vorbild war.[84] Gregor von Tours überlieferte in seinem *Liber Vitae Patrum* die Lebensgeschichte der Nonne Monegundis, die aufzeigt, wie sehr das *exemplum Martini* auch weibliche Berufungen förderte und zur Nachahmung anregte: Monegundis, die einzige Frau unter zwanzig Viten, die Gregor gesammelt hat, verließ ihre Heimat Chartres, ihre Familie und ihren Ehemann und ließ sich beim Martinsgrab in Tours nieder. Die Nähe zum heiligen Martin inspirierte sie zu einem gottgeweihten Leben. Betend und fastend lebte sie in ihrer Zelle, begleitet von einigen frommen Frauen. „Eines Tages bat eine blinde Frau sie, ihr die Hände aufzulegen. Sie aber antwortete: ‚Wohnt hier nicht der heilige Martin, der täglich durch das Werk seiner berühmten Wunder glänzt? Geht dorthin, bittet dort, damit er euch eines Besuchs für würdig hält. Denn was soll ich Sünderin tun?' Jene aber blieb hartnäckig bei ihrer Bitte und sprach: ‚Gott vollbringt durch alle, die seinen Namen fürchten, täglich ein hervorragendes Werk. Deswegen flüchte ich mich kniefällig zu dir, welcher die göttliche Gnade zu heilen verliehen worden ist.' Bewegt legte die Dienerin Gottes ihre Hände auf die toten Augen. Sofort verschwand der Katarakt, und sie, die vorher blind gewesen war, sah die weit vor ihr liegende Welt."[85]

Der Verfasser des Lebensberichts über die heilige Genovefa betrachtete die Schriften des Sulpicius Severus als Vorlage und hat „martinisch" geschrieben. Wie der heilige Martin wirkte Genovefa Wunder, und sie fastete Tag und Nacht. Als sie nach Tours reiste, kamen ihr Besessene aus dem Martinsheiligtum entgegen. Sie schrien, sie würden zwischen Martin und Genovefa verbrannt. In der Martinsbasilika heilte sie die Besessenen durch Gebet, Kreuzzeichen und die Salbung mit Öl. Während der Vigil zum Martinsfest griff ein Besessener den Psalmisten während seines Vortrags an. Danach eilte der Kranke zu Genovefa, die ihn vor aller Augen kurierte. Der Vorfall zeigte, dass die Heilige in Martin ein Vorbild sah, aber eigenständig auftrat und heilte. Sie war eine *famula Dei*, die mit eigener *virtus* gesegnet war und ihre Wunderkraft nicht aus der Nähe zu Martin schöpfte, sondern direkt von Gott erhielt.[86] Nicht allein Frauen, sondern auch zahlreiche Männer versuchten, das Leben des heiligen Martin nachzuahmen. Frauen nahmen an den Entwicklungen in ihrer Kirche teil. Sie hatten weder eine geringere Wunderkraft als die Männer, noch standen sie ihnen an Heiligkeit nach. Eine spezifisch weibliche oder männliche Heiligkeit gab es nicht. Im Streben nach Heiligkeit und im Anspruch, heilig zu sein, wurden Geschlechtergrenzen überschritten. Heiligkeit einte die gläubigen Männer und Frauen. Was zählte, war Authentizität in der Lebensführung und konsequente Nachfolge Christi. Martins Einstellung zur Frau in der Gesellschaft und in der Kirche interessierte seine späteren Jüngerinnen nicht.

7. Wie im Leben –
so im Sterben

Sulpicius' Traum

Als Sulpicius um das Jahr 396 seine Martinsbiographie schrieb, ein Jahr vor dem Tod seines Helden, benutzte er bei der Darstellung der Wundertaten wie zuvor in der Lebensgeschichte die erzählenden Vergangenheitsformen. Den Schlussabschnitt eröffnete er mit der Ankündigung, er höre jetzt auf, obwohl es über den Mann noch vieles zu sagen gebe; aber er kapituliere vor der Fülle des Stoffes.[1] Da die anschließende zusammenfassende Würdigung ebenfalls im Imperfekt gehalten ist, erinnert das Finale der *Vita Martini* eher an eine Totenrede, eine Assoziation, die der Autor sicher nicht beabsichtigt hat.[2]

Wenig später, etwa im Jahr 397, richtete Sulpicius an den Priester Eusebius seinen ersten erhaltenen Brief. Zu Beginn freute er sich, wie viele eifrige Leser seine Martinsbiographie gefunden habe. Weniger erfreut reagierte er auf Kritiker des Bischofs: Ihre Einwände könnten Martin nichts anhaben, denn er sei ein heiliger, seliger Mensch, der in allem den Aposteln gleiche. Hier schrieb Sulpicius im Präsens. Martin lebte also noch.[3] Dank seiner Wunderkraft habe der Greis den gefährlichen Brand überlebt, der sich nachts in einer Sakristei entwickelt hatte und den Sulpicius in seinem Brief – ergänzend zur Vita – ausführlich schilderte.[4]

Einen zweiten Brief, den man auf Ende 397 datiert hat, schrieb

Sulpicius an einen Diakon Aurelius.[5] Der Adressat hatte ihn erst gegen Morgen verlassen, nachdem sie die Nacht durchdiskutiert hatten. Sie sprachen über die Zukunft, das Leben nach dem Tod und die Furcht vor dem Endgericht und den Sündenstrafen. Wieder allein spann Sulpicius die ernsten Gedanken weiter. Dann habe er sich, „ermattet von Seelenangst", auf sein Lager geworfen und sei in einen unruhigen Schlummer gefallen. Im Schlaf erschien ihm Martin „in einer weißen Toga mit Purpurstreifen", einer sogenannten *toga praetexta*, wie sie nur Senatoren tragen durften. Er hatte einen feurigen Blick, die Augen leuchteten wie Sterne und sein Haar war purpurn. Er lächelte seinen Biographen eine Weile an und hielt in der Rechten dessen Martinsvita. Sulpicius umschlang seine Knie und bat, wie er es gewohnt war, um seinen Segen. Der Bischof legte ihm die Hand auf den Kopf und segnete ihn mit dem Kreuzzeichen. Sulpicius genoss die Berührung und vermochte seine Augen nicht von der Erscheinung abzuwenden. Plötzlich schwebte Martin in die Höhe, und der Träumende schaute ihm staunend nach, bis er hinter einer Wolke verschwand. Kurz darauf erblickte er im selben Traum den kürzlich verstorbenen Clarus, einen Schüler Martins, der seinem Lehrer folgte. Sehnsüchtig wollte Sulpicius ihnen nachfliegen, doch in diesem Augenblick wachte er auf. Da ein Traum traditionell als Ort religiöser Offenbarung galt und der Kirchenvater Gregor von Nyssa sogar davon ausging, dass Gott auserwählten Menschen prophetische Träume eingebe,[6] grübelte Sulpicius über die Botschaft der Traumgesichter. Während er sich noch über die unverhoffte Begegnung mit Martin im Land der Träume freute, trat sein Diener mit trauriger Miene ein: Zwei Mönche seien gerade aus Tours angekommen mit der Nachricht, Martin sei gestorben. Sulpicius brach in Tränen aus. Weinend setzte er sich nieder, um Aurelius zu schreiben, er möge eilends wieder zu ihm kommen, um gemeinsam mit ihm den Verlust zu betrauern.[7]

War der Brief ein echtes Schreiben und berichtete er, was Sulpicius tatsächlich geträumt hatte? Oder hatte er einen literarischen

Brief komponiert, um dem verstorbenen Martin ein erstes schrift-
liches Denkmal zu setzen, für das er eine Begegnung mit einem
Schüler oder Verehrer Martins namens Aurelius fingierte? Vielleicht versuchte der Verfasser zugleich, seine eigene Todesfurcht zu
bekämpfen, über die er eingangs schrieb. So sollte der gerade
verstorbene Martin, sein „Tröster im Leben", sein künftiger „Schutzpatron" (*patronus*) sein, den er vorausgeschickt habe.[8] Andererseits
wäre es nicht ungewöhnlich gewesen, dass ein begeisterter Anhänger sogar von Martin träumte, die natürliche Folge des engen Ban-
des, das zwischen Sulpicius und seinem geistlichen Vorbild bestand.
Der Kirchenschriftsteller Tertullian beschrieb den Traum als Zustand der Seele zwischen Leben und Tod.[9] Mit Martin warf Sulpicius gewissermaßen einen Blick ins Jenseits. Da der Biograph im
Bischof von Tours einen zweiten Christus sah, erstaunt es auch
nicht, wenn er sogar die Himmelfahrt des berühmten Mannes er-
träumte. Deren Darstellung lehnte er eng an die Himmelfahrt
Christi zu Beginn der Apostelgeschichte an bis hin zu der Parallele,
dass eine Wolke die beiden „Aufsteiger" den Augen der Empor-
blickenden entzog. Ein überzeugter Christ, der die eindrucksvolle
und wohlbekannte Szene vor den Toren Jerusalems nachträumte,
wäre ebenfalls nicht ungewöhnlich gewesen. Selbst das Zusammentreffen des Traums mit der Todesnachricht könnte einer jener
berühmten Zufälle oder eine Vorahnung gewesen sein, wie sie im
Leben vorkommen. Sulpicius selbst dachte eher daran, dass der sterbende Martin oder seine emporsteigende Seele sich ihm im Traumgesicht in der Gestalt gezeigt hatte, die ihm von seinen Besuchen
vertraut war: „in der Haltung und Gestalt des Körpers, in der ich
ihn kennengelernt hatte".[10] Er schaute also den leiblichen Aufstieg
Martins in den Himmel. Ihn allerdings seine Himmelfahrt in dem
schäbigen schwarzen Mantel antreten zu lassen, den er gewöhnlich
getragen hatte, dieser Gedanke wäre Sulpicius selbst im Traum
nicht gekommen. Dem konservativen Aristokraten erschien der
Heilige daher in der *toga praetexta*, obwohl die offizielle Kleidung

des Senators seit dem dritten Jahrhundert mehr und mehr an Bedeutung verloren hatte und sie im vierten Jahrhundert nur noch vereinzelt von hohen Magistraten und dem Kaiser angelegt wurde.[11] In den Augen des standesbewussten Aristokraten war es daher nur angemessen, wenn Martin das wichtigste Ereignis in einer „christlichen Karriere", den Aufstieg in den Himmel, ordentlich gewandet erlebte. Für den Bibelkenner lag eine weitere Erklärung für das Traumgesicht nah: die Erinnerung an die Verklärung Jesu auf dem Berg Tabor, wo er den drei Aposteln Petrus, Jakobus und Johannes in einem Gewand „weiß wie Schnee" erschien.[12]

Sulpicius machte sich schließlich Vorwürfe, dass er trauerte, anstatt sich zu freuen. Denn der Verstorbene gehöre nun zum Kreis der Apostel und Propheten, hinter denen er keineswegs zurückstehe. Von Martin, dem „Apostelgleichen", hatte er bereits im ersten Brief gesprochen, und er sollte den Vergleich in seiner Chronik und in seinem zweiten Dialog wiederholen.[13] War der Vergleich nicht doch zu hoch gegriffen? Sulpicius kamen Bedenken, und er schränkte durch ein „mit Verlaub gesagt" (*pace*) seine Aussage ein wenig ein. Denn keinesfalls wolle er einem anderen Heiligen zu nahe treten.

Der große Mittelteil des Briefes galt dem „Märtyrer" Martin. Sulpicius war überzeugt, dass sich sein Held in Zeiten blutiger Christenverfolgung den Verfolgern gestellt und sogar mit einem Lächeln auf den Lippen die Folter ausgehalten und den Märtyrertod erlitten hätte. Anstelle der Bluttaufe habe er mit seinem asketischen Leben ein unblutiges Martyrium vollzogen, sei also der gleichen Verehrung würdig wie die grausam hingerichteten Christen. Vor allem durch seinen täglichen Widerstand gegen den Teufel und gegen böse Menschen habe er sich wie die Blutzeugen die Märtyrerkrone verdient.[14] Kraft, Geduld, Beharrlichkeit und Gleichmut seien Martins Waffen im Kampf gegen das Böse gewesen. Sulpicius beendete seinen geistlichen Panegyrikus mit zwei Tugenden, die sein geliebtes Vorbild geradezu verkörpert hatte:

Frömmigkeit und Barmherzigkeit. Sulpicius sollte recht behalten. Die *misericordia* wurde fortan das Markenzeichen des Heiligen von Tours.

Zum Schluss klagte der Briefschreiber dem Adressaten Aurelius seine Sünden, die ihn drückten und die ihn für die Hölle bestimmten. Dem Sünder bleibe als letzte Hoffnung, dass Martin im Himmel für ihn beten und ihn so retten werde.[15] Der Verstorbene wurde zum Hoffnungsträger und zu einem Heilmittel gegen die Angst, die der Autor in seinen einleitenden Sätzen eingestanden hatte. Tiefes, heute fast skrupulös wirkendes Sündenbewusstsein und die Furcht vor der Hölle waren bei frommen Christen der Zeit weit verbreitet. In der Sorge, das Paradies zu verfehlen, und in der Einsicht, sich Hilfe und Fürsprache von einem Heiligen erbitten zu können, hatte der nun einsetzende Martinskult eine seiner Wurzeln.

Zur antiken Biographie gehörte die Entschuldigung des Literaten Sulpicius, er wolle Aurelius mit seinem „so geschwätzigen Brief" nicht länger aufhalten und dadurch dessen Kommen hinauszögern. Von Angesicht zu Angesicht hat der empfindsame Briefschreiber seinem Freund gewiss noch einmal das erzählt, was dieser bereits schriftlich von ihm erfahren hatte. Der aufgewühlte Sulpicius brauchte seelischen Beistand und einen geduldigen Zuhörer. Um vielleicht seine Schwäche wenigstens zum Schluss seines Schreibens notdürftig zu kaschieren, verschanzte er sich ein zweites Mal hinter einer formelhaften Wendung und bedauerte, die Briefseite sei zu Ende geschrieben und es sei kein Platz mehr für eine Fortsetzung. Zumindest habe er Aurelius mit der Trauerbotschaft auch Trost spenden wollen.[16] Der Freund Aurelius war offensichtlich der verständnisvolle Gesprächspartner, dessen Sulpicius bedurfte, um seine Trauer zu bewältigen.

„Mich nimmt der Schoß Abrahams auf"

Einzelheiten über Martins Tod hatten die Boten aus Tours offensichtlich nicht mitgeteilt. Andernfalls hätte Sulpicius seinem Freund Aurelius bestimmt sofort geschrieben, unter welchen Umständen Martin gestorben war. Aber er zog Erkundigungen ein. Da er über gute Verbindungen verfügte, erfuhr er bald Näheres. Sein Informationsvorsprung war seiner Schwiegermutter zu Ohren gekommen. Obwohl Sulpicius sich damals in Toulouse aufhielt, das etwa 450 Kilometer Luftlinie südlich von Tours liegt, verlangte die energische Bassula, die sich zur selben Zeit in Trier befand, er möge ihr alles berichten, was er über Martins Ableben wisse. Ihren Wunsch erfüllte Sulpicius in seinem dritten erhaltenen Brief an seine „verehrte Mutter Bassula".[17] Zunächst spannte der Schwiegersohn Bassula ein wenig auf die Folter und begann mit einer zwischen Ernst und Scherz, Ärger und Humor pendelnden Abrechnung, die zugleich Licht auf die Beziehung der beiden warf, aber auch auf den Schriftverkehr in Gallien: „Wenn es erlaubt wäre, Eltern vor Gericht zu ziehen, würde ich dich in gerechtem Schmerz vor das Tribunal ziehen und des Raubs und Diebstahls anklagen. Denn warum sollte ich dich nicht wegen des Unrechts anklagen, das ich von dir erleide? Zu Hause nämlich hast du mir kein Blatt Papier, kein Büchlein, keinen Brief gelassen. Alle hast du ja weggenommen, alles verteilt. Wenn ich einem Freund etwas vertraulich geschrieben habe, wenn ich zufällig etwas diktiert habe, während wir scherzten, was ich dennoch unveröffentlicht lassen wollte, all das ist beinahe noch, bevor es geschrieben oder gesagt war, zu dir gekommen."[18]

Wie gelang Bassula die mütterliche Überwachung ihres schriftstellernden Schwiegersohns? Sie stellte ihm großzügig Schreiber zur Verfügung, die sie auf ihren Wink hin mit seinen Konzepten und Entwürfen versorgten. Gegen das familiäre Netzwerk konnte sich der Autor kaum wehren: „Über die Schreiber kann ich mich nicht erregen, wenn sie dir gehorchen, die aufgrund deiner übergroßen Freigebigkeit in meine Gewalt gekommen sind und sich daran erinnern, dass sie immer noch eher deine als meine Leute sind. Du allein bist die Angeklagte, du allein die Schuldige, die du mir nachstellst und jene mit List umgarnst, so dass sie ohne Rücksicht das, was ich vertraulich geschrieben oder nachlässig und ohne es korrigiert zu haben geäußert habe, dir uneingeschränkt und nicht bearbeitet übergeben." Sulpicius gab es nicht zu, aber es machte ihn andererseits stolz, dass seine literarischen Geistesblitze und selbst das, was er ins Unreine diktierte, so begehrt waren. Daher hatten die Schreiber ihrer ehemaligen Herrin auch den Brief an Diakon Aurelius zugespielt. Nach der Lektüre habe sie ihm ihrerseits Vorwürfe gemacht, dass er den Tod Martins ausführlicher hätte schildern sollen, um sie über die Umstände zu unterrichten. Eifersüchtig fuhr Sulpicius sie an, der Brief sei schließlich nur für Aurelius und nicht für sie bestimmt gewesen. Mit gespielter Empörung erregte sich der Kritisierte: „Oder bin ich zu der schweren Arbeit verurteilt, dass alles, was man über Martin wissen sollte, in erster Linie durch meine Feder bekannt werde?" Bassula möge sich doch, wenn sie etwas über den Tod Martins erfahren möchte, bei denen erkundigen, die dabei waren. Er habe sich fest vorgenommen, ihr nichts zu schreiben, damit sie ihn nicht in die Öffentlichkeit zerre. Doch unvermittelt lenkte er ein: „Aber wenn du versprichst, es keinem zu lesen zu geben, will ich deinem Wunsch Genüge tun und dich so an dem teilhaben lassen, was mir bekannt geworden ist."[19]

Seine Nachgiebigkeit am Ende des Disputs verriet, dass die Vorwürfe ein literarisches Spiel waren. Denn wie bei seinem letzten stolzen Hinweis zu Beginn seines ersten Briefes, seine Martinsvita werde von vielen gelesen, war das Geplänkel mit Bassula eine leicht verschlüsselte Proklamation, dass er in ganz Gallien der einzig kompetente und allgemein anerkannte Fachmann für Martin sei und Bassula ihr Bestes tue, um diesen Ruf zu fördern. Das tat sie wohl nicht völlig uneigennützig. Der Glanz des Literaten fiel auch auf seine Schwiegermutter. Gelassen konnte er davon ausgehen, dass sie genau das tat, was er ihr untersagt hatte: seine Ausführungen über Martins Tod zu vertreiben und mit ihrem „Ungehorsam" dessen Verehrung zu fördern. Wie Sulpicius war sie Glied in einem Kreis von reichen Christen aus der gallischen Oberschicht, die untereinander in engem Kontakt standen. Paulinus von Nola gehörte auch dazu und hielt von Italien aus Verbindung mit ihnen. In einem Brief gratulierte er seinem Freund Sulpicius, dass er in Bassula – ihren Namen nannte er nicht – eine Schwiegermutter gewonnen habe, die großzügiger als jede Mutter sei. Das sei ihm deswegen geglückt, weil er den himmlischen Vater dem irdischen vorgezogen habe.[20] Im Leben des Sulpicius spielte Bassula also eine wichtige Rolle, als er sich dem Christentum zuwandte. Paulinus' Frau Therasia sandte den beiden im Jahr 403 eine Partikel vom Kreuz Christi, die Melania die Ältere, eine römische Adlige, von Bischof Johannes in Jerusalem erhalten hatte.[21]

Nach dem langen Vorspann, der fast ein Drittel des Briefes ausmachte, kam Sulpicius endlich zur Sache: Martin ahnte seinen Tod lange voraus und kündigte ihn seinen Mönchen auch an. Die Fähigkeit, seinen Sterbetag vorauszusehen, überstieg die natürlichen Todesahnungen mancher alter und kranker Menschen. Martin erwies sich wieder einmal als Prophet. Obwohl am Ende seines Lebens angelangt, drängte ihn sein Pflichtgefühl, nach Condate, dem heutigen Candes-St-Martin, zu reisen, um einen Streit zu schlichten, der unter den dortigen Klerikern ausgebrochen war. Er wusste, dass die Gegner des Christentums, aber auch seine persönlichen Widersacher im gallischen Episkopat nur darauf lauerten, Spaltungen im Klerus seiner Diözese aufzudecken. Und „er hielt es für den Höhepunkt seiner Wundertaten, wenn er der Kirche Frieden gegeben habe."[22] Auf dem Weg nach Candes, das 44 Kilometer flussabwärts von Tours am Südwestrand seiner Diözese lag, kam es zu der oben geschilderten Begegnung mit den Möwen.[23] In Candes, wo er einen Tempel zerstört und mit Hilfe einiger Mönche eine

Kirche errichtet und eine Gemeinde aufgebaut hatte,[24] blieb er einige Zeit, und es gelang ihm, den Kirchenfrieden wiederherzustellen. Als er endlich nach Tours aufbrechen wollte, verließen ihn von einem Tag auf den anderen die Kräfte. Er rief die Mönche zusammen, die ihn wie gewohnt begleitet hatten. Deren Entsetzen war groß. In biblischen Bildern drückten seine Gefährten ihre Trauer aus: Wenn der Hirte weg ist, werden die Wölfe in seine Herde einbrechen.[25] Als sei Martin in der Lage, für sich selbst Wunder zu wirken, flehten sie ihn unter Tränen an, sie nicht so rasch zurückzulassen. Martin hatte Mitleid mit seinen jammernden Freunden. Betend wandte er sich an Gott und überließ ihm die Entscheidung, „unter seiner Fahne" noch einige Zeit den „Kriegsdienst" auf Erden zu leisten, obwohl es ihn zu Christus in den Himmel ziehe. Hin und her gerissen griff der ehemalige Soldat noch einmal zu den militärischen Begriffen, die für das christliche Leben seit Paulus in die Literatur der Kirchenväter eingegangen waren.[26]

Es folgten mehrere Tage, an denen Martin von heftigem Fieber gequält wurde. Der Asket in ihm kämpfte gegen die Fieberschübe. Die Brüder drängten ihn, er möge sich wenigstens auf Stroh betten. Martin aber – wie stets in seinen härenen Umhang gehüllt – beharrte darauf, auf Asche zu liegen: Ein Christ müsse auf Asche liegend sterben, andernfalls hinterlasse er das Bild eines Sünders. Auch als man ihn bat, er möge sich abwechselnd auf die eine, dann auf die andere Seite legen und sich so Erleichterung schaffen, blieb er hart. Auf dem Rücken liegend blickte er nach oben und betete ununterbrochen. Er wolle lieber in den Himmel als auf die Erde blicken. Seit dem vierten Jahrhundert vor Christus galt bei den Griechen der Blick zum Himmel als „intellektuelle Schau". Im Christentum gehört er zu einer Gebetshaltung.[27] Während seiner letzten Atemzüge sah Martin noch einmal den Teufel neben sich erscheinen und fuhr ihn an: „Was willst du hier, grausames Tier? Böser, du wirst an mir nichts finden! Abrahams Schoß nimmt mich auf."[28] Ähnlich hatte auch Jesus verkündet, der „Fürst der

Welt" werde ihm nichts anhaben.[29] Mit diesen Worten gab Martin seinen Geist auf.

Man hätte dem Sterbenden andere, vielleicht freudigere letzte Worte gewünscht, so wie sie der Erzmärtyrer der Kirche, Stephanus, ausgerufen hatte: „Seht, ich sehe den Himmel offen und den Menschensohn zur Rechten Gottes stehen."[30] Martin jedoch begleiteten die Attacken des Teufels bis in den Tod, auch wenn sie bei der letzten Begegnung dem Fieberwahn geschuldet waren. Die Teufelsvision auf dem Totenbett bestätigte, wie sehr Martin sich sein Leben lang mit dem Thema „Gut und Böse" beschäftigt hatte. Seinen geistlichen Weg hatte er auch als Kampf gegen den Bösen und das Böse verstanden. Es war eine anstrengende Auseinandersetzung, die ihn bis zum Schluss nicht losgelassen hat. Zu Lebzeiten hat er wohl das eine oder andere Mal gezweifelt, ob sein Kampf gut ausgehen werde. Denn er begriff und empfand sich als Sünder, der in seiner Schwäche anfällig war für Versuchungen. Am Ende stand die Gewissheit, dass er den Kampf gewonnen hatte. Seine Glaubenssicherheit kleidete der Sterbende in das Bild von Abrahams Schoß. Der Jenseitstopos findet sich in der jüdischen und christlichen Tradition und steht für das Paradies oder zumindest für einen ruhigen und angenehmen Zustand, wie Augustinus glaubte. Abrahams Schoß bezeichnet einen Ort, wo die Seelen der Gerechten auf die Auferstehung warten.[31] Der Bettler Lazarus, der sein Leben unbeachtet vor der Tür eines reichen Mannes zubrachte, wurde nach seinem Tod von Engeln in Abrahams Schoß getragen.[32]

Endzeitvorstellungen, wie sie ihm Sulpicius im zweiten Dialog in den Mund gelegt hatte,[33] plagten den Sterbenden nicht mehr: Seinen Mönchen habe Martin einmal vorhergesagt, dass am Ende der Welt Nero und der Antichrist aufträten. Nero müsse zehn Könige besiegen, um an die Herrschaft zu gelangen. Er werde eine Verfolgung im Westen anzetteln, um die Menschen zum Götzendienst zu zwingen. Der Antichrist werde im Orient die Herrschaft an sich reißen, Jerusalem zur Hauptstadt seines Reiches bestimmen und die

Stadt wie den Tempel wieder aufbauen. Seine Verfolgung ziele darauf, dass die Menschen die Gottheit Jesu leugnen. Um erfolgreich zu sein, werde er sich als Christus ausgeben und befehlen, dass sich die Männer nach dem Gesetz beschneiden lassen. Schließlich werde der Antichrist Kaiser Nero auslöschen. Alle Völker auf der Erde unterstünden so lange seiner Herrschaft, bis er durch Christi Ankunft gestürzt werde. Martin sei sich zudem sicher gewesen, dass der Antichrist, den ein böser Geist gezeugt habe, bereits als Knabe unter ihnen lebe und bald die Herrschaft übernehme. Gallus respektive Sulpicius schloss die Prophezeiung mit der Warnung vor einer Zukunft, die Angst machte. Die Furcht vor einem bevorstehenden Weltuntergang war damals weit verbreitet, und es war wohl eher Sulpicius, der diesem Aberglauben aufsaß, und nicht Martin, den Gottvertrauen im Leben wie im Tod auszeichnete. Die apokalyptischen Vorstellungen gehen daher zu Lasten des Sulpicius, der eigene Ängste in Worte fasste.[34] So überschäumend Sulpicius' Bewunderung für Martin war, sie war nicht groß genug, um den Biographen von seinen Ängsten zu befreien. Hätte er vielleicht mit einem vertrauensvolleren Blick auf das Sterben und den Tod Martins geschaut, hätte er den Dämon Angst vertreiben können.

Auf Augenzeugen, die den Toten gesehen hatten, griff Sulpicius für die folgenden Eindrücke zurück: Sein Gesicht habe wie das eines Engels geleuchtet. Seine Glieder waren weiß wie Schnee. Man konnte kaum glauben, dass er je ein häres Bußgewand getragen und sich auf Asche gebettet habe. In Martins Antlitz spiegelten sich bereits seine künftige Auferstehung und sein verklärter Leib:[35]

Die Überführung der Leiche nach Tours wurde zu einem Triumphzug, der die Größe des Toten zeigte und seine historische Bedeutung für das Land an der Loire herausstellte. Nie hatte er bisher außerhalb seines Klosters eine solche Anerkennung erfahren. Wie ein Lauffeuer verbreitete sich die Todesnachricht. Die Bewohner aus den benachbarten Städten und Dörfern strömten zusammen, um ihm das letzte Geleit zu geben. Die Touraine trauerte. Noch mehr

Martin stirbt gebettet auf Asche im Kreis seiner Getreuen. Im Gegensatz zu den Aussagen des Sulpicius Severus im dritten Brief kleidet Simone Martini den Sterbenden in einen bischöflichen Ornat aus Goldbrokat.
Fresko von Simone Martini, San Francesco, Assisi, Martinskapelle in der Unterkirche um 1320/25.

trauerten die Mönche. Zweitausend sollen es gewesen sein, junge und alte, die Martin zu Grabe trugen. Die Scharen mit ihren bleichen Gesichtern und faltigen Umhängen boten ein ebenso eindrucksvolles wie ermutigendes Bild. Sie waren der lebende Beweis, wie viele von dem asketischen Leben angezogen worden waren, das Martin ihnen Tag für Tag vorgelebt hatte. Sulpicius erwähnte auch einen „Chor von Jungfrauen", also Nonnen, die den Mönchen in ihrer Trauer nicht nachstanden. Von Nonnenklöstern war bisher nichts bekannt geworden.[36]

Den Trauerzug, der Martin unter Psalmengesängen zu seiner Ruhestätte in Tours begleitete, verglich Sulpicius mit den Triumphzügen römischer Feldherrn und Kaiser in Rom. Er kannte sie aus der Literatur. Erlebt hatte er keinen. Folgten den Triumphatoren auf ihren Wagen die Kriegsgefangenen mit auf den Rücken gefesselten Händen, so begleiteten Martins Leichnam „diejenigen, welche die Welt unter seiner Führung besiegt hatten". Wurden jene vom Beifallklatschen der Massen erfreut, wurde Martin mit himmlischen Hymnen geehrt. Jene wurden nach ihrem Triumph „in die finstere Unterwelt gestoßen". Martin wurde „voller Freude in Abrahams Schoß aufgenommen". Um sich nicht den großen Vergleich und die Demonstration seiner historischen Bildung durch den kleinlichen Einwand verderben zu lassen, der erste christliche Kaiser Konstantin habe nach seinem Sieg an der Milvischen Brücke 312 auch auf einem Triumphwagen gestanden und sei schwerlich in der Unterwelt gelandet, argumentierte Sulpicius mit dem Bettler Lazarus, der in Abrahams Schoß ruhte: „Der arme und bescheidene Martin geht als Reicher in den Himmel ein.[37] Von dort wird er wachsam auf uns schauen, auf mich, der das geschrieben hat, und auf dich, der du das liest."[38] Die reiche Matrone Bassula konnte mit ihrem Sulpicius hochzufrieden sein. Wer einen solchen Schutzpatron im Himmel hatte, dem konnte nichts mehr passieren.

Ein unwürdiges Schauspiel?

Über den Verlauf der eigentlichen Beisetzung schwieg sich Sulpicius aus, und sein Schweigen macht stutzig. Das Begräbnis verlief nicht völlig reibungslos. Bereits der Vergleich mit dem römischen Triumphzug könnte dazu gedient haben, unschöne Begleiterscheinungen vergessen zu machen. Gregor von Tours, einer der Nachfolger auf Martins Bischofsstuhl, war weniger zimperlich. In seinen *Zehn Büchern Geschichten*, gewöhnlich *Fränkische Geschichte* betitelt, war er immer an spannenden Erzählungen interessiert. Und der Kampf um Martins Leiche, den er zum Abschluss seines ersten Buchs schilderte, war eine der spannendsten. Als Historiker begann Gregor scheinbar präzis und mit einer knappen Würdigung des Toten: „Im zweiten Jahr der Herrschaft des Arcadius und Honorius schied der heilige Martin, der Bischof von Tours, in einem Dorf seiner Diözese namens Candes aus der Welt und ging glücklich zu Christus, im 81. Jahr seines Lebens und im 26. seiner Bischofswürde. Er war voll Wunderkraft und Heiligkeit und ließ den Kranken viele Wohltaten angedeihen. Unter den Konsuln Atticus und Caesarius verschied er um Mitternacht eines Sonntags."[39]

Wie sonst bereitete die Chronologie Gregors auch hier Schwierigkeiten. Das zweite Jahr der Kaiser Arcadius und Honorius war das Jahr 396. Atticus und Caesarius bekleideten jedoch das Konsulat im Jahr darauf. Gregor verwirrte seine Leser noch mehr mit seinem Schlusssatz: „Von der Passion des Herrn bis zum Heimgang des heiligen Martins rechnet man 412 Jahre." Nach der für Christen kanonisch gewordenen Chronik des Eusebius und deren lateinischer Fassung bei Hieronymus starb Jesus im 18. Jahr des Kaisers Tiberius, also im Jahr 32. Dieser Berechnung zufolge wäre Martin 444 gestorben. Gregor verwechselte schlicht dessen Todesjahr mit dem seines Nachfolgers Brictius, der laut seiner Bischofsliste 47 Jahre Bischof von Tours war, also 444 starb.[40] Gregors Flüchtigkeitsfehler erklärt sich leicht aus der Neigung der Christen, den Todestag wegen des liturgischen Totengedächtnisses für wichtiger zu halten als das Todesjahr. Zahlreiche christliche Grabinschriften, die nicht das Todesjahr nennen, sondern den Todestag, belegen diese Vorliebe. Daher verzeichnete Gregor den Todestag auch bei Martin, indem er die genaue Dauer seines Bischofsamtes angab:[41] Er war 26 Jahre, vier Monate und sieben Tage Bischof, beginnend an einem 4. Juli.[42] Der Todestag war ein Sonntag, und Martin starb um Mitternacht.[43] Gregor jubelte, dass Martin an einem Sonntag starb, weil auch Christus an einem Sonntag von den Toten auferstanden sei und Martin daher den Sonntag besonders gefeiert habe.[44] Beigesetzt wurde er, wie Gregor bei der Weihe der von Perpetuus zu Martins Ehren erbauten Basilika nachtrug, an einem 11. November.[45] Er war 81 Jahre alt geworden.[46]

„Viele hörten bei Martins Tod Freudenlieder im Himmel", ergänzte Gregor. Er habe darüber in seinem Buch über Martins Wunder berichtet.[47]

Als die Menschen von Martins Erkrankung in Candes erfuhren, machten sich nicht nur Einwohner aus Tours, sondern auch aus Poitiers auf den Weg, so dass sie rechtzeitig vor Ort waren, als er starb. Seine Bischofsstadt war ihm ans Herz gewachsen, aber nicht minder Poitiers, die Bischofsstadt des heiligen Hilarius, in deren Nähe er sein erstes Kloster Ligugé gegründet hatte. Kaum hatte Martin die Augen für immer geschlossen, gerieten die Leute von Tours und Poitiers aneinander: Wem und wohin gehörte der Leichnam? Vergessen war das gute Vorbild Martins, der sich sein Leben lang um Einheit und Frieden in den Gemeinden bemüht hatte. Zuerst trugen die Kontrahenten den Streit mit Worten aus. Die Einwohner von Poitiers argumentierten, Martin habe bei ihnen als Mönch und Abt gelebt. Nach Tours habe man ihn nur ausgeliehen und fordere ihn nun zurück. Dessen Einwohner sollten zufrieden sein, dass er so lange bei ihnen Bischof gewesen sei, sie seine Reden gehört, seine Gesellschaft genossen, von seinem Segen profitiert

Blick auf die Stiftskirche Saint-Martin in Candes-Saint-Martin, 13. Jhr.
In Candes baute Martin eine Kirche und gründete eine Gemeinde. Am
8.11.397 wurde die Kirche zu Martins Sterbeort. Teile der ersten Kirche sind
als Anbau in der heutigen Wallfahrtskirche erhalten.

und an seinen Wundern ihre Freude gehabt hätten. Das sei genug.
Die Einwohner von Tours hielten dagegen: Auch die anderen hätten
mehr als genug Wohltaten von Martin erfahren. Schließlich habe er
größere Wunderkraft als Mönch denn als Bischof besessen, wie er
selbst eingestanden habe.[48] Zudem habe er bei ihnen zwei Tote
erweckt, in Tours nur einen. Daher müsse er als Toter in seiner
Bischofsstadt noch einiges gutmachen. Als Bischof sei er von Gott
den anderen weggenommen und nach Tours gegeben worden. Daher müsse er nach Gottes Willen dort sein Grab haben, wo er zum
Bischof geweiht wurde. Und sollten sich die Einwohner von Poitiers
darauf versteifen, der Leichnam gehöre nach Klosterrecht ihnen,

weil er dort ein Kloster gegründet habe, so sollten sie sich daran er-innern, dass er zuerst in Mailand im Kloster gewesen war. Das war etwas ungenau, aber auf Genauigkeit kam es, wie bei antiken Pro-zessreden, weniger an als auf eine schlagkräftige Beweisführung.

Beide Parteien stritten bis in die Nacht. Dann verriegelten sie die Stadttore, und die einen stellten sich auf die linke, die anderen auf die rechte Seite der Leiche und hielten Wache. Die Wächter aus Poi-tiers waren in der Überzahl, und es sah ganz danach aus, als wür-den sie am nächsten Morgen im Kampf um die Leiche den Sieg da-vontragen. Da griff Gott der Allmächtige ein. Er wollte nicht, dass die Stadt Tours ihres Patrons verlustig gehe. So sorgte er dafür, dass die mächtige Schar der Gegenpartei um Mitternacht in einen tiefen Schlaf fiel. Kaum war sie eingenickt, packten die Touronen den Leichnam. Die einen warfen ihn durch ein Fenster in der Stadt-mauer hinaus, wo sich die anderen aufgestellt hatten, um den Toten aufzufangen. Eilends brachten sie ihn auf ein Schiff und fuhren mit der kostbaren Fracht das Flüsschen Vienne hinab, das in die Loire mündete. Unter Psalmen und Lobgesängen liefen sie in Tours ein. Währenddessen waren die Leute von Poitiers aufgewacht und kehr-ten ohne Martin zerknirscht und beschämt in ihre Heimat zurück.[49]

In Tours erzählte man sich die Geschichte zu Gregors Zeiten mit diebischer Freude, und der Historiker war von ihrer Historizität überzeugt. Doch gerade ihre drastischen Details verraten, dass sie erfunden war.[50] Ihr realer Hintergrund war die Konkurrenz zwi-schen Tours und Poitiers. Die lokalen Eifersüchteleien gehörten nicht nur in Gallien, sondern auch in anderen Städten des Römi-schen Reichs zum Alltag, und römische Kaiser und Statthalter mussten so manches Mal schlichtend eingreifen, vor allem wenn es zu Handgreiflichkeiten gekommen war. Im Fall des toten Martin kam eine religiöse Komponente hinzu. Man war darauf erpicht, mehr Gräber von Heiligen und Märtyrern in seinen Mauern zu haben als die Konkurrenz oder aber einen besonders berühmten Toten, um den man weidlich beneidet wurde. Das „Horten" von heiligen Leichnamen vergrößerte das Renommee der Stadt. Ein berühmter Heiliger unter ihnen war ein Magnet, der viele Pilger anziehen würde. Wunderheilungen würden den Ruhm des Heiligen und seiner Stadt verbreiten. Was in den Quellen selten erwähnt wird, aber erst recht nicht verschwiegen werden sollte: Pilger und Pilgerscharen waren damals wie heute eine lukrative Einnahmequelle für die einheimische Gastronomie und den Andenkenhandel. Die Apostelgeschichte berichtete von den Tumulten, die in der kleinasiatischen Küstenstadt Ephesus ausbrachen, als sich die Silberschmiede um ihr lukratives Geschäft betrogen sahen. In Ephesus stand ein alter und berühmter Tempel der Göttin Artemis, der römischen Diana, der von vielen Touristen besucht wurde. Für sie fertigten die Silberschmiede Miniaturtempel der Göttin als Andenken und für den persönlichen Kult an. Demetrius, ein Großhändler oder Vorsteher der Gilde der Silberschmiede, sah seine Felle davonschwimmen, als Paulus nach Ephesus kam und den neuen Christengott verkündete. Zusammen mit seinen Kollegen stachelte Demetrius die Einwohner von Ephesus auf, die ins Theater strömten. Paulus war seines Lebens nicht mehr sicher, weil die Epheser ihn für den Einbruch des Devotionalienhandels verantwortlich machten. Doch der Apostel kam noch einmal davon.[51]

Gregor berichtete den Kampf um Martins Leiche auch aus dem Rückblick auf die Wallfahrten zum Grab seines bischöflichen Vorgängers, die Verehrung des Toten sowie die Wundertaten, die er vom Himmel aus vollbracht hatte und die Gregor in vier Büchern gesammelt hatte.[52] Vor allem kam es ihm darauf an zu beweisen, dass der Kult Martins sofort mit dessen Ableben einsetzte. Mit seinem geschickten literarischen Ablenkungsmanöver überspielte er die Zeit von Martins direktem Nachfolger Brictius, der sich zu Lebzeiten seines geistlichen Ziehvaters mit ihm überworfen hatte und nach dessen Tod von einem Martinskult zunächst nichts wissen wollte.[53]

Während Sulpicius lediglich bemerkte, Martins Leichnam sei „zum Ort seines Begräbnisses" gebracht worden, war Gregor genauer und sprach von dem Ort, „wo auch jetzt noch sein Grab verehrt wird".[54] Die Begräbnisstätte überbaute Brictius schließlich mit einer ersten kleinen Basilika, die sein Nachfolger Perpetuus später zu dem prächtigen Neubau erweiterte.[55] In ihm scheint Martins Grab versetzt worden zu sein.[56]

Warum verzichtete Sulpicius darauf, die genaue Stelle zu benennen, wo Martin zur letzten Ruhe gebettet wurde? Hatte der triumphale Leichenzug vielleicht ein weniger rühmliches Ende gefunden? Man hätte erwarten können, dass Martin in der Kirche des Litorius und neben seinem beliebten bischöflichen Vorgänger sein Grab fand. In dem Fall hätte Sulpicius keinen triftigen Grund für sein Schweigen gehabt. Gegen die Kirche als Begräbnisort sprechen auch die nachfolgenden Kirchenbauten des Brictius und Perpetuus, die sich über dem Grab Martins erhoben. Vielleicht hatte Martin auch ausdrücklich eine herausgehobene Grablege abgelehnt und sich gewünscht, als Hirte mitten unter den Gläubigen begraben zu werden. Sollte es so gewesen sein, überrascht allerdings, dass Sulpicius die Bescheidenheit, die der heilige Mann selbst im Tod zeigte, nicht gebührend herausgestellt hat. Gut 400 Jahre später füllte Alkuin, der Leiter der Hofschule Karls des Großen und späterer Abt von St. Martin in Tours, die Wissenslücke mit dem Hinweis, Martin sei zunächst auf einem öffentlichen Friedhof (*in polyandro publico*) bestattet worden.[57] Es ist anzunehmen, dass Alkuin einer zuverlässigen lokalen Überlieferung folgte, die sich bis in seine Zeit gehalten hat. Er, der sich in seiner *Schrift über das Leben des heiligen Martin von Tours* bis in die Wörtlichkeit an Sulpicius anlehnte, wich in diesem Punkt ab, was er sicher nicht getan hätte, wenn er von der Historizität dieser Tradition nicht überzeugt gewesen wäre. Diese Überlieferung erhärtet die Vermutung, dass es unter den Klerikern der Diözese Tours zum Streit über Martins Grablegung kam. Dass eine Missstimmung herrschte, deutete bereits die Feilscherei um Martins Leichnam an, die sich Einwohner von Poitiers und Tours angeblich lieferten. Drei Tage benötigte das Schiff, um den bischöflichen Leichnam nach Tours zu überführen, ein Aufschub, den man in der Bischofsstadt wohl dringend benötigte, um eine Lösung zu finden.

Der Vorwurf der Ketzerei, den Kritiker im Streit um Priscillian gegen Martin erhoben hatten, war nicht vergessen, und mit seiner Entscheidung, künftig auf Treffen mit seinen bischöflichen Brüdern zu verzichten, hatte sich der Bischof von Tours keine zusätzlichen Freunde gemacht. Marmoutier, das er zu seiner eigentlichen „Residenz" auserkoren hatte, war dem einen oder anderen Geistlichen in Tours ein Dorn im Auge. Bei seiner Missionsarbeit hatte sich Martin vor allem auf seine Mönche gestützt und sie in seinen Gemeindegründungen als Geistliche eingesetzt, eine Entscheidung, die zu Eifersüchteleien und Missmut im Diözesanklerus führte. Kurzum: Mancher Kleriker und vielleicht auch mancher Laie, mit dem Martin in Glaubensfragen oder in seinem Missionseifer aneinandergeraten war, wird erleichtert zugesehen haben, wie sich der Sargdeckel über dem zeitlebens ebenso charismatischen wie unbequemen Bischof schloss. Vielleicht schwante ihm angesichts der tiefen Trauer der Mehrheit: Das letzte Wort war nicht gesprochen. Ahnungen trügen bisweilen nicht. Es folgten noch viele Worte. Das „zweite Leben" des Martin von Tours hatte gerade erst begonnen.

8. Mythos Martin

Erbe und Erben

Die Mönche von Marmoutier, die mit Martin jahrelang Zelle an Zelle gelebt, gebetet und der missionarischen Ausrichtung seines Bischofsamts zum Erfolg verholfen hatten, waren seine natürlichen Erben. Sein Biograph Sulpicius, der bei seinen Besuchen in das Klosterleben an der Loire eingetaucht war, gehörte auch zu diesem Erbenkreis. Denn schließlich war er es, der mit seinen Schriften dafür sorgte, dass Martins spirituelles Erbe geehrt und weitergegeben wurde. Seine Asketengemeinschaft in Primuliacum formte Sulpicius zu einem Ort authentischer Martinsverehrung. Es gelang ihm, den Leichnam des engen Martinsschülers Clarus nach Primuliacum übertragen zu lassen, und er beerdigte ihn in der zur Gemeinschaft gehörigen Basilika.[1] Im Baptisterium dieser Kirche befand sich ein Bild Martins, für das Paulinus von Nola eine Inschrift entwarf: „Alle, die ihr in diesem Brunnen eure Seelen und Leiber waschet, haltet euch fest an Wegen, die zu guten Taten führen. Martinus ist hier, so könnt ihr sein Vorbild vollkommenen Lebens schauen. ... Martinus zieht die Augen der Gesegneten auf sich. ... Er ist das Beispiel für die Heiligen."[2] Paulinus' Schreiben aus dem Jahr 404 belegt, dass es bald nach Martins Tod Bilder mit dessen Porträt gab, die von den Gläubigen verehrt wurden. Totengedenkbilder waren ursprünglich ein römischer Brauch, der im Fall Martins die bloße Erinnerung an den Verstorbenen überstieg und den Bischof von Tours als Idealheiligen empfahl.[3] Dem Martinsheiligtum in Primuliacum war keine lange Wirkungsgeschichte vergönnt. Nach 404 verlieren sich seine Spuren in der Überlieferung. Ein ähnliches Schicksal teilte die Verehrung des heiligen Martin in Nola, die Paulinus in seinem Kloster vorlebte. Seine Bewunderung für den bischöflichen Mitbruder hielt er in den Versen fest, die er für dessen Porträt in Sulpicius' Basilika dichtete: „Jener wappnet unseren Glauben durch seine beispielhaften Taten und seine mutigen Worte, so dass er unbefleckt die wohlverdienten Siegespalmen erringt."[4] Was ihm mit der Verbreitung der Martinsvita seines Freundes Sulpicius in Italien gelungen war, erreichte Paulinus in einem spirituellen Anliegen, der Ausweitung des Martinskults auf Gesamtitalien, nicht. Als sich seine Augen schlossen, verlor der Martinskult auch in Nola wieder an Bedeutung.[5]

Es war Papst Symmachus (498–514), der in Rom der Martinsverehrung Schwung verlieh. Dem ersten heiligen Nicht-Märtyrer zu Ehren ließ er auf dem Oppiushügel unterhalb des Esquilin eine Kirche errichten. San Martino ai Monti gilt als der älteste Kultort des heiligen Martin in Rom. In Erinnerung an die Glaubensstärke und den missionarischen Eifer des Mönchsbischofs wählten drei Päpste den Namen Martin: Martin I. (649–653/655), Martin IV. (1281–1285) und Martin V. (1417–1431), der an einem 11. November gewählt wurde. Die Päpste Martin II. und Martin III. fehlen in der Aufzählung, weil es sie unter diesem Namen nicht gegeben hat. Ein Schreibfehler in den mittelalterlichen Papstlisten machte aus Marinus II. und Marinus III. einen Martinus, so dass Martin IV. eigentlich Martin II. ist.[6]

Immer wieder zogen zukunftsweisende Persönlichkeiten der Kirchengeschichte Kraft aus dem beispielhaften Leben, das Martin als Mönch, Bischof und Missionar geführt hat. Papst Gregor der Große erzählte in seiner Lebensbeschreibung des heiligen Benedikt, wie der Mönch das auf einer Erhebung liegende Kastell Casinum in Kampanien besuchte und gegen den dort betriebenen Apollokult vorging. Wie sein Vorbild Martin zerstörte er das Götterbild und den Altar, ließ die Haine roden und machte aus dem Tempel eine Kirche zu Ehren des Heiligen, die zur Keimzelle des benediktinischen Klosters Monte Cassino wurde. An der Stelle, wo der Altar des Apollo gestanden hatte, erbaute Benedikt eine Kapelle, die Johannes dem Täufer geweiht war. Benedikts geistliche Nähe zum Bischof von Tours machte Schule und legte den Grundstein zu einer ausgeprägten Verehrung des Heiligen im abendländischen Mönchtum und im Benediktinerorden.[7]

Gregors *Geschichten*

In den ersten Jahren nach Martins Tod kann man lediglich von einer örtlichen Verehrung des Heiligen sprechen, die von ihren jeweiligen Förderern abhing. Für das Nachleben Martins im fünften und sechsten Jahrhundert ist Gregor von Tours, sein bischöflicher Nachfolger von 573 bis 594, der wichtigste Zeuge. Er stammte aus einer gallo-römischen Adelsfamilie in der Auvergne. Bis zum Untergang Westroms stellte sie Senatoren, danach machten Familienmitglieder Karriere im Kirchendienst. Nach dem frühen Tod des Vaters nahm ein Onkel väterlicherseits, Bischof Gallus von Clermont, den jungen Gregor in seine Obhut. Der Neffe entschied sich wie der Onkel für eine geistliche Laufbahn. Als er zum zweiten Mal schwer erkrankte, machte der inzwischen zum Diakon ordinierte Gregor im Jahr 563 eine Wallfahrt zum Grab des heiligen Martin. Zehn Jahre später trat er die Nachfolge des Bischofs Eufronius in Tours an, des 17. Nachfolgers Martins.[8] Die Stadt an der Loire hatte sich inzwischen zu einem der wichtigsten Bischofssitze Galliens entwickelt, nicht zuletzt wegen der Verehrung für den heiligen Martin.[9]

Was Martin für Gregor bedeutete, zeigt ein Blick in das Personenverzeichnis seiner *Zehn Bücher Geschichten*: Martin, die verschiedenen Martinskirchen und Martinskapellen werden zusammen mit ihren Geistlichen sehr viel häufiger erwähnt als die bedeutenden merowingischen Könige, die Söhne des großen Chlodwig, die Gregors Zeitgenossen waren und die politischen Geschicke Galliens bestimmten. Zu seinem Geschichtswerk kamen die vier Bücher der „Wunder, die unser Herr und Gott durch den seligen Martin, seinen leiblich begrabenen Bischof, zu vollbringen für würdig erachtet hat" – so der Einleitungssatz zum ersten Buch der *Miracula*. Als Zeugnisse nannte der Verfasser zu Beginn des zweiten Buches die Wunder, die er selbst gesehen hatte. Sie wurden ergänzt von Berichten, die er gesammelt hatte. Wie er zu Beginn des dritten Buches bemerkte, waren es vor allem Heilwunder, und er dankte Gott, dass er den Menschen in Martin einen solchen Arzt geschenkt habe, „der unsere Krankheiten heilt, Wunden schließt und heilbringende Medizin bringt; denn zu seinem Grab möge sich der Sinn demütig neigen und das Gebet sich erheben."

Im ersten Buch seiner *Geschichten* erwähnte Gregor Kaiser Konstantin den Großen und schob überraschend die Bemerkung ein, in dessen 11. Regierungsjahr, also 316/17, sei Martin im pannonischen Sabaria von vornehmen, aber heidnischen Eltern geboren worden. Nach dieser einzelnen Notiz fuhr er mit Konstantin fort.[10] Martin war also ein großer Zeitgenosse des großen Konstantin, des ersten römischen Kaisers, der sich zum Christentum bekannte, und um die Leser darauf aufmerksam zu machen, durfte man durchaus dessen Geschichte unterbrechen. Da für Gregor die gesamte Weltgeschichte von Gott gelenkt wurde, war das chronologische Zusammentreffen der beiden kein Zufall.

Solche oft sprunghaft wirkende Darstellung ist für Gregor typisch, und es scheint, als habe er eine chronologische Tabelle mit weltlichen und christlichen Einträgen vor sich gehabt, wie sie etwa der Chronik des Eusebius von Caesarea und seines Nachfolgers Hieronymus zugrunde lag. Die nächste Anmerkung zu Martin machte Gregor im Zusammenhang mit dem 19. Regierungsjahr Kaiser Konstantins des Jüngeren, wobei dem Chronisten ein Fehler unterlief. Er verwechselte Constantin II. mit dessen Bruder Constantius II.

Denn in dessen 19. Regierungsjahr 356 fielen die von Gregor erwähnten Ereignisse: der Tod des Mönchsvaters Antonius und die Verbannung des Hilarius, der nach vier Jahren in die Heimat zurückkehrte.[11] Auf diese chronologischen Angaben folgte ein Abriss über Martins Wirken in Gallien: „Damals nunmehr ging unser Licht auf und mit neuen Sonnenstrahlen wurde Gallien erhellt, nämlich zu der Zeit, als der seligste Martin in Gallien zu predigen begann, der Christus, den Sohn Gottes, durch viele Wunder als den wahren Gott unter den Völkern erklärte und die Ungläubigkeit der Heiden abwehrte. Er hat nämlich Tempel zerstört, den Ketzerglauben unterdrückt, Kirchen erbaut und, während er durch viele andere Wundertaten glänzte, seinem Lob die Krone aufgesetzt, indem er drei Tote zum Leben erweckte."[12]

Das Schlusskapitel des ersten Buches erzählte dann die oben behandelte Geschichte von Martins Tod und dem Kampf um seine Leiche. Am Ende warf Gregor noch einen Blick auf die früheren Bischöfe von Tours, den legendarischen Catianus und Martins unmittelbaren Vorgänger Litorius. Mehr als diese zwei Bischöfe habe es in Tours nicht gegeben, weil die Stadt noch heidnisch war und die Christen sich verstecken mussten, wollten sie nicht gefoltert und enthauptet werden. Gregor hatte andere gallische Städte im Sinn mit sehr viel längeren und älteren Bischofslisten. Im letzten Satz des Buches erschien wieder Martin: Von Christi Leiden bis zu seinem Tod waren es 412 Jahre. Über dem Bemühen, Christi Tod mit Martins Tod zu verbinden, verhedderte sich Gregor im Gegensatz zu seiner früheren Angabe in der Chronologie. 412 Jahre wären beim üblichen Datum für Jesu Tod, dem 18. Jahr des Tiberius, also dem Jahr 32 n. Chr., das Jahr 444 gewesen.[13]

Nach Martins Tod begann Gregor das zweite Buch mit dessen erstem Nachfolger Brictius. Ein chronologisches Gerüst für seine *Geschichten* bot die Bischofsliste von insgesamt weiteren 16 Bischöfen bis zu Gregor. Was er von Brictius und seinem Verhältnis zu Martin erzählte, erweiterte deutlich den Bericht des Sulpicius im

dritten Dialog.[14] Brictius war auch hier der bösartige Kritiker seines
Bischofs, der dessen Lebensweise tadelte. Als ein Kranker ihn, den
Diakon, nach dem Weg zu Martin fragte, antwortete er: „Wenn du
jenen Schwätzer suchst, schau ihn dir aus der Ferne an. Denn wie
ein Irrer pflegt er zum Himmel zu schauen." Der Kranke ließ sich
nicht abschrecken und suchte trotzdem Martin auf, der ihm seinen
Wunsch erfüllte und sich dann Brictius vorknöpfte. Er konfron-
tierte ihn mit seiner Beleidigung, die er mitgehört hatte, und prophezeite ihm im Tone Jesu: „Wahrlich (*amen!*), ich sage dir, ich habe
von Gott erreicht, dass du nach mir zur Bischofswürde gelangst.
Doch wisse, dass du im Bischofsamt viel Widerwärtiges erleiden
wirst." Gregor bzw. sein Gewährsmann war hier ein „rückwärts
gekehrter Prophet" (Friedrich Schlegel), der wusste, wie es mit
Brictius 47 Jahre bis zu seinem Tod weiterging. So genau konnte
Martin nicht in die Zukunft sehen. Wohl aber ahnte der Menschen-
kenner, dass sein Kritiker ihm als Bischof nachfolgen sollte. Teile
seiner Mönche und der Einwohner von Tours würden die Wahl
befürworten, andere nicht. Es brauchte nicht viel Phantasie, um das
von ihm angekündigte „Widerwärtige" abzusehen.

Sulpicius, der um 420 starb, erlebte wenigstens die ersten Jahre
der Auseinandersetzungen noch mit, die indirekt in sein Bild von
Brictius einflossen. Zweifellos arbeitete der ehrgeizige Kleriker auf
die bischöfliche Nachfolge hin. Unhistorisch ist daher seine Bemerkung zu Martins Prophezeiung: „Habe ich nicht gesagt, dass jener
Geschwätz hervorbringt?" Vielleicht war er aber auch schlau genug
und wusste, man dürfe sich nach dem begehrten Amt nicht drängen.[15] Auch nach seiner Priesterweihe blieb sein Verhältnis zu
Martin gespannt. Brictius' ambivalente Persönlichkeit oder das entsprechend ambivalente Bild, das von ihm überliefert wurde, sprach
aus Gregors nächstem Satz: „Als er unter Zustimmung der Bürger
das Bischofsamt erreicht hatte, widmete er sich dem Gebet. Denn
obwohl er stolz und eitel war, hielt man ihn dennoch in leiblichen
Dingen für keusch."[16]

Was Gregor nun folgen ließ, war eine Schauergeschichte, die man in dieser Art von Martin nie hätte erzählen können und die so manche der süffisanten Anekdoten in den Schatten stellte, mit denen Heiligenviten für ein bisweilen sensationslüsternes Publikum garniert wurden[17]: Eine Frau, die Nonne geworden war und Brictius' Wäsche wusch, wurde überraschend schwanger. In Tours fiel sofort der Verdacht auf Brictius, er sei der Vater des Kindes. Die Empörung unter den Gläubigen war so groß, dass sie ihren Bischof steinigen wollten: Man habe lange genug vor seinem Amt Achtung gehabt. Doch Gott wolle nicht, dass man weiter seine unwürdigen Hände küsse. Brictius wehrte sich gegen die Anschuldigung, und als der Säugling einen Monat alt war, befahl er, man solle ihn zu ihm bringen. Nun beschwor er das Kind: „Ich beschwöre dich bei Jesus Christus, dem Sohn des allmächtigen Gottes: Sage vor allen, ob ich dich gezeugt habe." Darauf antwortete das Kind: „Du bist nicht mein Vater." Als die umstehenden Leute Brictius aufforderten, er solle fragen, wer der Vater sei, weigerte sich der Bischof, das sei nicht seine Aufgabe. Sie sollten selbst das Kind befragen. Die Menge erboste sich, er habe durch Zauberkünste seinen Kopf aus der Schlinge gezogen, und wütend schleppten sie ihn fort: Er sei ein falscher Hirte und solle nicht länger über sie herrschen. Brictius gab nicht auf und lieferte ihnen einen zweiten Vaterschaftstest: Er füllte glühende Kohlen in sein Gewand, presste sie an sich und ging, begleitet von der Volksschar, zu Martins Grab. Dort warf er die Kohlen auf den Boden, und alle sahen: Das Gewand war unversehrt. In ähnlichen Geschichten akzeptierte in der Regel die aufgebrachte Menge das Gottesurteil. Doch nicht die Touroner. Die Erbitterung über Martins Nachfolger muss so tief gewesen sein, dass sie ihn trotz seiner Unschuldsbeweise unter Schimpfworten aus der Stadt jagten. Martins Prophezeiung hatte sich erfüllt. Zu dessen zweitem Nachfolger wählten die Christen von Tours Justinianus. Auch Schüler und Anhänger Martins im auswärtigen Klerus klagten Brictius auf Synoden an, er habe dessen Ideal verraten, bis er sich endlich auf der Synode von Turin 400 oder 401 rechtfertigen konnte.[18]

Der vertriebene Bischof reiste zum Papst nach Rom und beichtete ihm seine eigentliche Sünde: Er habe Martin einen Schwätzer und Narren genannt und habe seine Wunder, die er mit eigenen Augen gesehen habe, nicht geglaubt. Die Bürger von Tours hatten Wind von der Pilgerreise nach Rom bekommen und drängten den neuen Bischof, Martin schleunigst nachzureisen, um den Papst aufzuklären. Justinianus kam jedoch nur bis Vercelli, wo er überraschend starb. In Gregors Augen hatte ihn Gottes Gericht getroffen.

Die Einwohner riefen nun nicht etwa Brictius zurück, sondern verharrten in ihrer Bosheit (*malitia*) und entschieden sich für Bischof Armentius. Brictius ließ sich derweil an den Apostelgräbern in Rom nieder, las dort häufig die Messe und beweinte, worin er gegen Martin, „den Heiligen Gottes", gefehlt hatte. Nach sieben Jahren machte er sich mit päpstlicher Erlaubnis auf den Weg zurück nach Tours. Als er sechs Meilen vor der Stadt das Dorf Laudiacum (Montlouis) erreichte und dort einkehrte, wurde Bischof Armentius plötzlich vom Fieber gepackt und starb um Mitternacht. Ein weiteres Gottesurteil. Obwohl Gregor es nicht aussprach, ahnt der Leser, dass Martin vom Himmel aus seine Hand im Spiel hatte. Denn Brictius erfuhr in einem Traumgesicht von Armentius' Tod. Rasch hieß er seine Begleiter aufstehen, und sie brachen nach Tours auf. Als sie die Stadt durch das eine Tor betraten, trug man den toten Armentius zum anderen Tor hinaus. Scheinbar ohne Schwierigkeiten bestieg Brictius wieder seinen Bischofsstuhl. Bis zu seinem Tod, sieben Jahre später, residierte er in Tours. Gregor zählte die Jahre zusammen: Brictius war 47 Jahre lang Bischof gewesen. Der Historiker schloss die Jahre des römischen Exils in seine Berechnung ein, hielt also die Absetzung nicht für rechtens. Mit der Angabe des Nachfolgers Eustochius, eines Namens „voll wunderbarer Heiligkeit", schloss Gregor vorerst das Kapitel Brictius.[19] Er scheint mit Martins erstem Nachfolger seinen Frieden gemacht zu haben.

Eines ist allerdings merkwürdig: Die folgenreichste Tat des Brictius nach seiner Rückkehr aus dem Exil erwähnte Gregor zunächst nicht. Das tat er erst in seinem Abriss über die Bischöfe von Tours am Ende des zehnten und letzten Buches: „Er erbaute die kleine Basilika über dem Grab des seligen Martin, in der er auch selbst begraben wurde." Zweimal erwähnte Gregor die Grabeskirche, so wichtig war sie ihm. Man hat allerdings vermutet, die erste Erwähnung sei ein Einschub von fremder Hand. Gregor zählte fünf weitere Kirchen auf, die Brictius erbaut hatte.[20]

Da Gregor betonte, dieser habe die letzten sieben Jahre als Bischof von Tours glücklich verbracht, hing das Glück auch mit dem Bau der kleinen Basilika über Martins Grab zusammen. Gewidmet war sie allerdings Petrus und Paulus, die Martin so oft in Visionen gesehen hatte.[21] Die Mehrzahl der Touroner rechnete Brictius die Grabeskirche hoch an. Vergessen waren die bösen Auseinandersetzungen, deren eigentlicher Grund Brictius' Feindschaft mit Martin gewesen sein dürfte. Seine teils hämische Kritik konnte ihm das gläubige Volk von Tours lange Jahre nicht verzeihen. Die Martinsverehrer hatten seinen ersten Nachfolger wohl auch dafür verantwortlich gemacht, dass der geliebte Bischof nicht sofort eine würdige Grabstätte bekommen hatte, sondern auf einem öffentlichen Friedhof beigesetzt worden war.[22] Selbst wenn Martin verfügt hätte, ein schlichtes Grab unter denen zu erhalten, um die er sich während seines Episkopats vor allem gekümmert hatte: Die einfachen Gläubigen von Tours hätten ihm diesen Wunsch abgeschlagen.

Der Bau einer Basilika wurde auch deswegen nötig, weil mehr und mehr Pilger nach Tours strömten, um an Martins Grab zu beten. Die Kirche des Brictius vermochte die Scharen bald nicht mehr zu fassen. Eine größere Basilika errichtete Bischof Perpetuus, der fünfte Nachfolger Martins, der von 461 bis 491 den Bischofsstuhl innehatte.[23] Er war, wie Gregor erklärte, zu der Auffassung gelangt, dass der kleine Vorgängerbau angesichts der Wunder, die sich am Grab ereigneten, eines Martin unwürdig sei. Perpetuus stammte wie sein Vorgänger Eustochius und sein Nachfolger Volusianus aus senatorischem Adel, und alle drei waren miteinander verwandt. Nachdem sich schon Martins Klostergemeinschaft Adlige angeschlossen hatten, war abzusehen, dass erst recht sein Bischofssitz für die nordgallische Aristokratie attraktiv werden würde. Zunächst sicherte sich daher eine einzelne Adelssippe den Zugriff für ihre geeigneten Mitglieder.

Ausführlich beschrieb Gregor den imposanten Neubau des Perpetuus, „der bis zum heutigen Tag steht", also bereits gut 100 Jahre: „Er liegt 550 Schritte von der Stadt entfernt und misst 160 Fuß in der Länge, 60 Fuß in der Breite und 45 Fuß bis zur Decke. Er hat 52 Fenster, 120 Säulen und acht Türen, drei im Altarraum und fünf im Schiff. Am 4. Juli wird ein dreifaches Fest in der Kirche gefeiert: Es ist der Kirchweihtag und der Tag von Martins Bischofsweihe. Zugleich begeht man den Tag seines Begräbnisses, obwohl der – wie man allgemein weiß – der 11. November war."

Der Seelsorger Gregor fühlte sich gedrängt, auch auf die Gnadengaben hinzuweisen, die dieses Fest mit sich brachte: „Wer es gläubig feiert, der wird in diesem und im jenseitigen Leben Martins Schutz erhalten." Das Versprechen dürfte er regelmäßig in seiner Festpredigt wiederholt haben. Der Freund der Architektur lieferte noch einen Nachtrag: Die Decke von Brictius' kleiner Basilika war so schön gearbeitet, dass Perpetuus sie abtragen und in der Peter-und-Paul-Kirche von Tours anbringen ließ. Ferner habe er viele andere Kirchen gebaut, und auch sie bestünden immer noch, schloss Gregor.[24]

Die neue Basilika, in deren Apsis „der selige Leib des verehrungswürdigen Heiligen" unter den Altar umgebettet wurde,[25] sollte nicht nur der Ehre Martins, sondern auch dem Ruhm ihres Erbauers dienen. Dem half Perpetuus nach. Er bat den befreundeten Sidonius Apollinaris, den aus einem hochadligen gallischen Geschlecht stammenden Dichter und späteren Bischof von Clermont, er möge ein Gedicht zur Einweihung der Kirche verfassen.

Der Freund entzog sich der Bitte nicht und beschrieb in zehn Distichen zuerst Perpetuus' Bemühen, die Bürger von Tours zu überzeugen, wie unangemessen die alte Kirche für „Martins auf der ganzen Erde verehrten Leichnam" war. Gebührend lobte er anschließend den Neubau, der mit Salomons Tempel in Jerusalem konkurrieren könne, und prophezeite mit einem Wortspiel, das Werk des Perpetuus werde auf ewig (*perpetuo*) bis Christi Wiederkunft bestehen. Sidonius zitierte sein Weihegedicht in einem Brief an einen Freund Lucontius und pries Perpetuus, welcher „der würdigste Nachfolger eines so großen Vorgängers" sei.[26] Angebracht wurde das Gedicht in der Apsis der Basilika.[27] Man hat vermutet, die neue Basilika habe sich durch eine epochemachende neue Architektur ausgezeichnet. Denn sie habe „die Kuppel der kurz vorher im Osten entstandenen Kuppelbasilika durch einen niedrigen quadratischen Turm mit Lichtgaden" ersetzt.[28] Wandmalereien und Mosaiken stellten das Leben des Heiligen dar, erläutert mit Inschriften und Abschnitten aus Sulpicius' *Vita*. Es ist der älteste Zyklus eines Heiligenlebens in der westlichen Welt, der sich allerdings nicht erhalten hat.[29]

Perpetuus stellte auch einen liturgischen Kalender zusammen mit Fast- und Gottesdiensttagen, in dem die Martinsfeste an Zahl alle anderen Heiligenfeste übertrafen. An den Asketen Martin erinnerte er mit der Vorschrift, dass vom 1. Oktober bis zu seinem Todestag zweimal in der Woche und vom Todestag bis Weihnachten dreimal in der Woche gefastet werden muss.[30] Er bat zudem Paulinus von Périgueux um ein Wandgedicht,[31] nachdem dieser in sechs Büchern Martins Leben und Wirken in Verse gefasst und dessen Nachfolger gewidmet hatte.[32] Erhalten hat sich außer der *Vita*, die auf der Lebensbeschreibung des Sulpicius aufbaute, nur sein kleines Gedicht *Über die Beter*, die sich in ihren verschiedenen Nöten an Martin wenden und von ihm Hilfe erfahren: „der Blinde, der Lahme, der Bedürftige, der Erbitterte, der Ängstliche, der Kranke, der Schwache, der Unterdrückte, der Gefangene, der Traurige, der

Arme". Die Schwelle der Kirche überschreite keiner vergebens, stellte Paulinus fest und prophezeite: „Solch verschwenderische Güte wird sich auf der ganzen Welt verbreiten."[33]

Nicht nur Arme und Kranke sahen in Martin ihren hilfreichen Patron. Er wurde, wie schon zu Lebzeiten, auch nach seinem Tod in die hohe Politik hineingezogen. Der gallische Adlige Aegidius, den Kaiser Maiorian 457 zum Heermeister in Gallien ernannt hatte, behauptete nach dessen Sturz und Hinrichtung 461 Nordgallien bis zu seinem eigenen Tod 465 als unabhängiges Herrschaftsgebiet. Er verteidigte es gegen die von Südwesten vordringenden Westgoten unter König Eurich. Als er einmal von ihnen in einer Stadt belagert wurde, gelang es ihm, sich zu befreien, nachdem er zu Martin gebetet hatte. Zur selben Zeit verkündete ein Besessener mitten in der Basilika von Tours den Erfolg, der dem Heiligen zu verdanken war.[34]

Wahrscheinlich im Frühjahr 471 wurde Tours eine Beute der Westgoten.[35] Das düstere Bild vom Katholikenverfolger Eurich muss man allerdings revidieren. Perpetuus' Geschmeidigkeit wird dazu beigetragen haben, dass die neue Lage für die Bewohner der Stadt erträglich war.[36] Die arianischen Westgoten wussten schwerlich, dass Martin den Arianismus einmal heftig bekämpft hatte.[37] Das auskömmliche Verhältnis änderte sich, als Bischof Perpetuus 491 starb und ihm sein Verwandter Volusianus auf dem Bischofsstuhl nachfolgte.[38] Als sich der Machtkampf zwischen Eurichs Sohn Alarich II. und dem energischen jungen Merowingerkönig Chlodwig anbahnte, der 486/87 mit Syagrius den letzten römischen Statthalter in Gallien vertrieben hatte, blieb Volusianus nicht neutral. Vielleicht war es ihm zu verdanken, dass Chlodwig 494 Tours besetzen konnte, oder er hatte den Sieger zu freundlich begrüßt. Alarich nahm ihm jedenfalls seine Parteilichkeit übel. Als er 497 Tours zurückgewann, schickte er Volusianus in die Verbannung, wo er kurz darauf starb.[39] Ein Jahr später gewann Chlodwig endgültig die Stadt an der Loire.[40] Durch die Machtverschiebung wurde Martin erst recht zum politischen Heiligen.

In der Schlacht von Zülpich gegen die Alemannen 497 soll der Sieger Chlodwig erstmals die Macht des Christengottes erfahren und die Bekehrung versprochen haben. Nachdem er in Tours die vielen Pilger vor dem Martinsgrab beobachtet und von den Wunderheilungen gehört hatte, habe er sich endgültig entschlossen, die Taufe zu empfangen. Der Tag seines Entschlusses könnte der 11. November, Martins Begräbnistag, gewesen sein. Bischof Remigius von Reims begleitete Chlodwigs Konversion. Er war es, der ihm wahrscheinlich am Weihnachtsfest 498 zusammen mit 3000 Stammeskriegern in seiner Kirche die Taufe spendete.[41] Als katholische Könige konnten die Merowinger fortan Bischöfe einsetzen und mit deren Unterstützung ihr Herrschaftsgebiet ordnen und einen. Sooft neu bekehrte Franken nach Tours kamen, staunten sie über die Pilgerscharen und die Wunderheilungen in der Martinsbasilika, und der eine oder andere wird dort ebenfalls Heilung gesucht haben. Die Bischöfe reagierten auf den Pilgeransturm: Die Synode von Orléans, an der 32 Hirten teilnahmen, stellte im Jahr 511 die Wallfahrt nach Tours gleichrangig neben die Pilgerzentren Rom und Jerusalem.

Chlodwig erkannte zudem, dass er die Herzen seiner neuen Glaubensgenossen gewinnen werde, wenn auch er sich als Verehrer Martins zeigte. In der Schlacht von Vouillé besiegte er 507 die Westgoten und unterwarf sich fast das gesamte westgotische Gallien. Seinen Sieg habe er erneut „mit Gottes Beistand" errungen, überlieferte Gregor. Nicht ausgeschlossen ist, dass er sich an Martin als Vermittler gewandt hatte. Denn am Ende des Krieges zog er nach Tours und empfing in der Martinsbasilika eine Gesandtschaft des oströmischen Kaisers Anastasius. Die Gesandten bekleideten ihn mit einer Tunika und einem Mantel aus Purpur, dem Herrscherornat, und krönten ihn mit einem Diadem. Anschließend bestieg Chlodwig ein Pferd und streute auf seinem Weg von der Vorhalle der Martinsbasilika bis zur Stadtkirche Gold- und Silberstücke unter das Volk.[42] Den Einwohnern von Tours erschien der König als ein zweiter mildtätiger Martin. Der Mönchsbischof, der zum fränkischen Nationalheiligen aufstieg, sollte als himmlischer Fürsprecher nun das unterstützen, was er zeitlebens entschieden abgelehnt hatte: das Staatskirchentum. Die politische und militärische Instrumentalisierung des Heiligen von Tours hatte begonnen.

Ob sich Chlodwig bereits in Tours die ehrwürdige Martinsreliquie geben ließ, seinen Mantel –die *capa*–, wird nirgends überliefert. Ihre Herkunft liegt im Dunkeln. Erstmals bezeugt ist sie im Jahr 682, als der Merowinger Theuderich III. regierte. Der Besitz des „halben Mantels" knüpfte ein noch engeres Band zwischen den merowingischen Herrschern und dem Heiligen von Tours, der sich durch seine Reliquie einen Platz am Königshof erobert hatte. Die *capa* war der Schutzmantel, der die Könige und ihren Stamm in den Wechselfällen der Zeit behüten sollte, während Martin im Himmel für sie Fürsprache hielt. Als wertvollstes Stück des merowingischen Königsschatzes wurde die *capa* in einer eigenen Kapelle aufbewahrt, die von ihr den Namen erhielt. Er entwickelte sich schließlich zu einer allgemeinen Bezeichnung für ein kleines Gotteshaus, die „Kapelle", und der Priester, der für die *capa* zuständig war, der *capellanus*, wurde später zum „Kaplan".[43] Martins Mantel schrieb Sprachgeschichte.

Der Ruhm Martins als Fürsprecher war längst über die Grenzen seiner Diözese hinausgedrungen, und so brachte er es zum beliebtesten Kirchenpatron in Gallien. Das Rheinland schloss sich an, Rom und Italien folgten mit Martinskirchen.[44] In Spanien und Nordafrika belegen Inschriften, dass sich die Gemeinden und Gläubigen auch um Reliquien des Heiligen bemühten. Es handelte sich wahrscheinlich um Kontaktreliquien, die Pilger von ihren Reisen zu Martins Grab mitbrachten. Sie legten vor allem Tücher auf sein Grab, aus denen sie viele kleine Stoffreliquien schneiden konnten.[45] Nicht nur Pilger waren auf martinische Reliquien versessen. Gregor von Tours hatte stets eine Kapsel mit Staub aus dem Martinsgrab bei sich.[46] Besonders eng fühlten sich einige Mönchsgemeinden Martin als ihrem großen Vorbild verbunden, wie etwa um das Jahr 500 die Mönche in den Klöstern des Jura unter ihren Äbten Romanus, Lupicinus und Eugendus.[47]

Es ist schwierig zu beurteilen, ob Chlodwigs öffentlich zur Schau gestellte Verehrung des Heiligen von Tours lediglich politischem Kalkül entsprang oder auch persönlichem Empfinden entsprach. Seine Nachfolger sahen zunächst von einer intensiven Förderung des Martinskults ab und wandten sich anderen Heiligen als persönlichen Schutzpatronen zu.[48] Die Königinnen der merowingischen Dynastie fühlten sich dagegen mit dem Wundertäter von Tours enger verbunden und trugen dazu bei, seine Verehrung zu verbreiten. Die Gemahlin Chlodwigs, der noch im Jahr seines Sieges bei Vouillé starb, verließ im hohen Alter die neue Residenz Paris, um sich in Tours nahe bei Martins Grab niederzulassen. Ihren Gebeten zu dem Heiligen war es angeblich zu verdanken, dass der Heilige im Jahr 534 einen Hagelsturm herabschickte, der den Machtkampf zwischen ihren Söhnen Chlothar und Childebert und ihrem Enkel Theudebert beendete.[49] Die thüringische Prinzessin Radegunde, die in jungen Jahren mit Chlothar verheiratet worden war, aber ein Leben als Nonne vorzog, besuchte nicht nur Tours, sondern auch Martins Sterbeort Candes. Venantius Fortunatus schilderte in seiner Lebensbeschreibung der Königin, wie sehr sie der Besuch all der Städte erschütterte, mit denen der Heilige zu Lebzeiten in Berührung gekommen war.[50] Sigibert, ein Sohn Chlothars, und seine Gemahlin Brunichildis, eine westgotische Königstochter, machten Armenstiftungen zu Ehren des heiligen Martin.[51] Venantius Fortunatus, der spätere Bischof von Poitiers, widmete dem Paar ein Gedicht zu Martins Todestag, christlicher Auffassung zufolge sein Geburtstag, worin er unter seinen vielen Wundertaten auch seine Mantelteilung feierte: „Dessen dicker Mantel deckte den zitternden Bettler, euch möge der Arm des apostolischen Martin decken."[52] Und er pries die Reliquie: „Dieser weiße Soldatenmantel ist mehr wert als der Purpurmantel eines Königs." Spielte der Dichter, der

Martin führt im Purpurmantel den Zug der 26 Märtyrer und Bekenner an. Mosaik (5. Jhr.) an der rechten Längswand der Basilika San Apollinare Nuovo, Ravenna.

wie schon Sulpicius Severus den Mantel *chlamys* nannte,[53] auf die *capa* an?

Martins Fürsprache hatte Venantius Fortunatus am eigenen Leib erfahren. Um 560 suchte er die Kirche der heiligen Johannes und Paulus in Ravenna auf, um am Altar des heiligen Martin vor einem wundertätigen Bild des Heiligen zu beten. Venantius' Glaube wurde belohnt, und seine hartnäckigen Augenschmerzen verschwanden. Wie der Dichter hatte auch Bischof Felix von Treviso seine kranken Augen mit dem Öl der Lampe, die das Martinsbild erhellte, betupft und Heilung gefunden.[54]

Im Gegensatz zu einem Martinsbildnis in der Kirche S. Apollinare Nuovo, die der Ostgotenkönig Theoderich der Große Anfang des sechsten Jahrhunderts als Palastkirche in Ravenna errichtet hatte, ist jenes wundertätige Bild nicht erhalten. So gebührt S. Apollinare Nuovo die Ehre, das älteste Martinsbild zu bewahren. Ursprünglich dem arianischen Ritus verhaftet wurde die ehemalige Hofkirche des Arianers Theoderich auf Veranlassung des römischen Kaisers Justinian für den katholischen Ritus umgewidmet und zu Ehren des heiligen Martin geweiht, der zu Lebzeiten die Arianer so entschieden bekämpft hatte. Der Rituswechsel musste sich auch im Bildprogramm der Kirche ausdrücken. Über den alten Mosaiken entstanden neue, die unter anderen 26 Märtyrer und 22 Märtyrerinnen an den Wänden des Hochschiffs in einer Prozession zeigen. Martin führt als Nicht-Märtyrer den Zug der Blutzeugen an. Er ist nicht nur der Erste an Christi Thron, sondern unterscheidet sich auch in seiner Kleidung von den anderen Märtyrern, die weiß gekleidet sind. Er trägt einen Purpurmantel und wird bildlich mit Christus zusammengestellt, der ebenfalls in Purpur gewandet ist. Der Purpurstreifen an der weißen Toga, in der Sulpicius den Heiligen auffahren sah, hatte sich im Himmel in einen Purpurmantel verwandelt. Wie die Christusvision bestätigte, die Martin nach der Mantelteilung in Amiens erfuhr, hatte der damalige Soldat seinen Mantel mit Christus in Gestalt des Armen geteilt. Dem Betrachter vermittelt die Darstellung, dass Martin Anteil am Königtum Christi hat. Sie bietet auch die offizielle Rechtfertigung dafür, dass der Nicht-Märtyrer wegen seines beispielhaften Glaubenszeugnisses und seiner Askese zu Recht in die Schar der Blutzeugen aufgenommen und deshalb als Heiliger verehrt wurde.[55]

Ein Mantel schreibt Geschichte

Als die Karolinger die Merowinger von der Macht verdrängten, übernahmen sie auch die *capa*, um ihre Herrschaft zu legitimieren. Die Martinsverehrung erreichte einen neuen Höhepunkt, der den Bau weiterer Kirchen unter dem Patronat des Heiligen nach sich zog, und sicherte Tours unter Karl dem Großen den Ruf, eine der bedeutendsten Städte in seinem Reich zu sein. Um den hochgelehrten Angelsachsen Alkuin im Kirchen- und Bildungswesen zu halten, machte Karl ihn 796 zum Abt des angesehenen und reichen Stifts St. Martin in Tours, obwohl er nur Diakon war. Alkuin, der zuvor Karls Hofschule geleitet hatte, baute das Kloster zum vielleicht wichtigsten Bildungszentrum im Frankenreich aus. Ein straffällig gewordener Kleriker, der 802 aus dem Kerker in Orléans geflohen war, wusste, wo er das sicherste Asyl fand: in der Martinskirche in Tours, wo der Freund Kaiser Karls residierte.[56] Im Godescalc-Evangelistar, das der König und seine Frau Hildegard in Auftrag gegeben hatten, durfte unter den Heiligen Martin selbstverständlich nicht fehlen.[57]

Nachdem Karl im Frühjahr 800 die gallische Küste gegen die Seeräuber gesichert hatte, zog er eigens nach Tours, „um beim heiligen Martin zu beten". Er blieb länger als vorgesehen, weil seine fünfte und letzte Gemahlin Liutgard dort erkrankte und am 4. Juni starb. Sie wurde in Tours begraben. Sein Sohn Ludwig, Unterkönig in Aquitanien, bat ihn, er möge ihn und sein Herrschaftsgebiet besuchen. Doch Karl lehnte die Einladung höflich, aber bestimmt ab und forderte ihn auf, nach Tours zu kommen.[58] Seine Nachfolge war zu regeln. Stadt und Grab des dynastischen Heiligen Martin waren dafür der passende Ort.

Wie stark sich Martinsverehrung und Martinspatrozinien auch im Karolingerreich ausgebreitet hatten, dokumentiert eine Urkunde, die Ludwig der Fromme am 19. Dezember 822 in Frankfurt ausstellte. Auf Bitten des Bischofs Wolfgar von Würzburg bestätigte er frühere Schenkungen für die Kirche von Würzburg. Darunter waren allein elf Martinskirchen.[59] Das Ende der karolingischen Dynastie wirkte sich auf die Martinsverehrung aus. Sie verlor an Lebendigkeit und Dynamik. Ein anderer Heiliger machte Martin inzwischen Konkurrenz: der heilige Dionysius, dessen Reliquien die Franken auf ihren Sachsenfeldzügen begleiteten.

Für das mittelalterliche Mönchtum blieb Martin das große Vorbild. Nach Benedikt von Nursia war Odo, der zweite Abt des Klosters Cluny (927–942), einer der eifrigsten Martinsverehrer. Sein Vater hatte ihn gleich nach der Geburt dem Heiligen geweiht, der zum Schutzengel für ihn wurde. Die Klosterreform, die er von Cluny aus betrieb, richtete er an dem Asketen von Tours aus, der seinen Mantel mit einem Bettler geteilt hatte. In Tours ließ sich Odo auch begraben.[60]

Suger, der berühmte Abt von St-Denis (1122–1151), pilgerte, obwohl bereits schwer krank, nach Tours, um vor seinem Tod am Grab Martins für sein Seelenheil zu beten.[61]

Martin war ein Heiliger, der im Mittelalter vielseitig verwendbar war. Bischof Fulbert von Chartres (1006–1028) erinnerte seine Amtsbrüder, die sich in bewaffnete Händel einmischten, Söldner anwarben und sich mit Truppen umgaben, an Martin, der dem Caesar Julian den Kriegsdienst verweigert hatte.[62] Nicht der Kriegsdienstverweigerer, sondern der Soldat Martin gab den Dienstmannen des Erzbischofs Willigis von Mainz (975–1011), dessen Dom Martin geweiht ist, den Namen „Martinssoldaten", *milites Sancti Martini*.[63] Als Graf Gottfried von Anjou im Jahr 1044 gegen die Grafen von Blois kämpfte, welche die Touraine einschließlich

Tours besetzt hatten, „rief er die Hilfe des heiligen Martin an". Er versprach, er werde gutmachen, was man an den Besitztümern des heiligen Bekenners und anderer Heiliger geraubt habe. Daraufhin habe er eine Fahne Martins erhalten, sie an seiner Lanze befestigt, und er habe so den Sieg über seine Gegner errungen.[64]

Der liturgische Kalender sorgte dafür, dass Martin an jedem 11. November nicht nur in der Messe als Tagesheiliger geehrt, sondern auch anschließend bei Speise und Trank gebührend gefeiert wurde. Ob allerdings Klerus und Laien immer noch wussten, warum man seiner gedachte? Ihrem Gedächtnis half der Dominikaner Jacobus de Voragine auf die Sprünge. Um 1263–1267 verfasste er seine *Goldene Legende* mit Lebensbeschreibungen der Heiligen des Kirchenjahres. Sie wurde im lateinischsprachigen Westen Europas zu einem der meistgelesenen Werke, das, in die Landessprachen übersetzt, zu einem regelrechten Volksbuch wurde.[65] Gleich zu Beginn bekannte Jacobus, dass er Sulpicius' Martinsvita benutzt habe, dazu seine Briefe und Dialoge, „in denen vieles ergänzt wurde, was er in der Vita übergangen hatte". An vielen Stellen blieb er nahe an Sulpicius' Wortlaut. Zur Eröffnung machte er sich Gedanken über die Bedeutung des Namens Martin, wobei er in Antike und Mittelalter nicht der Einzige war, der völlig falschlag: *Martin* heiße so, weil er einer der *Martyrer* gewesen sei, und zwar „seinem Willen und der Abtötung seines Fleisches nach. Der unblutige Märtyrer Martin war Sulpicius nachgesprochen,[66] der jedoch als guter Lateiner nie auf den Gedanken verfallen wäre, eine sprachliche Beziehung zwischen den beiden Wörtern herzustellen.

Zu Martins Nachleben hatte Jacobus einige Ergänzungen gesammelt Als Bischof Ambrosius in Mailand an Martins Todestag die Messe feierte, schlief er vor der Epistel ein, und sein Diakon wagte weder die Lesung zu übernehmen noch ihn wachzurütteln. Erst nach zwei oder drei Stunden machte man sich daran, ihn zu wecken, während das Volk geduldig gewartet hatte. Ambrosius rechtfertigte sein Nickerchen: „Lasst es euch nicht verdrießen. Mein Bruder Martin ist zum Herrn eingegangen, und ich habe ihm das Totengeleit gegeben. Doch die Schlusspredigt konnte ich nicht halten, weil ihr mich geweckt habt." Für die Rolle von Martinus' *capa* und deren Wächter, die *capellani*, berief Jacobus sich auf den im zwölften Jahrhundert in Paris lehrenden Johannes Beleth: Die französischen Könige pflegten die *capa* zu tragen, wenn sie in den Kampf zogen. Nach einem Hinweis auf Perpetuus, den Erbauer der Martinsbasilika, machte Jacobus einen Sprung zu seinem Mönchsbruder Odo von Cluny, der berichtete, dass bei der Überführung von Martins Leichnam alle Glocken von selbst geläutet und die Lichter von selbst aufgeleuchtet hätten. Odo erzählte auch die Geschichte zweier Lahmer – nach einer anderen Vision waren es ein Lahmer und ein Blinder –, die sich mit ihrer Behinderung viel Geld erbettelten. Als nun die Leiche Martins bei der Überführung nach Tours auch an ihrem Haus vorbeiziehen sollte, fürchteten sie, der tote Martin könne sie heilen, wie er so viele geheilt hatte. Daher flohen sie, begegneten aber ausgerechnet dem Leichenzug und wurden geheilt. Die beiden raffgierigen Schlaumeier waren danach über ihre Heilung ausgesprochen betrübt, weil sie aus ihrem Leid keinen Profit mehr schlagen konnten. Jacobus bot ein Beispiel dafür, dass Martin auch in die volkstümliche Schwankliteratur Eingang fand, die sich einen vorsichtigen Spott über die vielen Wunder des lebenden und des toten Martin erlaubte, „weil Gott Menschen selbst gegen ihren Willen viel Gutes spendet". Doch mit solchem Sarkasmus wollte Jacobus nicht enden und kam daher noch einmal auf Ambrosius zurück. Der Bischof stimmte einen kleinen Lobgesang auf Martin und seine berühmte Tat, die Teilung des Mantels, an. Mit der einen Hälfte habe er Christus in Gestalt eines Bettlers bedeckt und so Menschen Hoffnung auf Heilung gegeben.

Im fünfzehnten Jahrhundert geriet Martin in die konfessionellen Auseinandersetzungen. Der Reformator Martin Luther wurde am 10. November 1483 in Eisleben geboren und am folgenden Tag auf den Namen Martin getauft. Seine Eltern übernahmen die beliebte

Tradition, ihrem Kind den Namen des Tagesheiligen zu geben. Seit dem sechsten Jahrhundert war der Martinskult mit der Ausbreitung des Fränkischen Reiches nach Osten in die thüringische Heimat Luthers gekommen. Er war daher mit so manchem Martinsbrauch vertraut. Selbst in protestantischen Gegenden wird noch heute der Martinstag gefeiert. Zur Erinnerung an den Heiligen von Tours ist das Gedächtnis an Martin Luther getreten. Anstelle von Brezeln und Weckmännern werden bei den Laternenumzügen Lutherbrötchen verteilt. Besonders in Erfurt, wo Luther als Student wohnte, ist der 11. November von großer Bedeutung. Zu Ehren des Reformators wird dort ein Bescherfest für die Kinder gefeiert. In einer Predigt vom 11. November 1516 legte Luther Lukas' Perikope 11,34 aus: „Das Auge ist des Leibes Licht. Wenn nun dein Auge einfältig sein wird, so ist dein ganzer Leibe lichte. So aber dein Auge ein Schalk sein wird, so auch dein Leib finster." Über den Heiligen des Festtags schrieb er: „Ein solch Auge ist gewesen der heilige Martinus nach seinem Leibe, welcher zu Tours befindlich, welcher Leib dazumal ganz licht war, weil das Auge einfältig und wahrhaftig war." Eine geistige Verwandtschaft zwischen dem Reformator und dem Bischof von Tours drückt auch sein Wort aus: „Es ist leicht gesagt, dass man Gott lieb hat. Denn er kommt nicht persönlich zu uns. Aber man sehe zu, wie wir uns gegen die bedürftigen Leute verhalten."[67]

Vom Asketen zum Schirmherrn der Martinsgans

Die Martinsverehrung kennt viele Gesichter, die sich mit der Zeit ausprägten und die mit dem historischen Martin kaum mehr etwas zu tun haben. Um keinen anderen Heiligen hat sich – mit Ausnahme des heiligen Nikolaus – ein so breit gefächertes Brauchtum entwickelt wie um Martin von Tours.[68] Eine Wurzel liegt im bäuerlich-wirtschaftlichen Umfeld. Der 11. November war ein Fest- und Zahltag. Neben dem Übergang vom Herbst zum Winter, der sich ebenfalls mit dem 11. November verband, setzte der Martinstag auch liturgisch eine Zäsur. Er war der Schwellentag zu einer vierzigtägigen Fastenzeit, der *Quadragesima Sancti Martini*, auch Weihnachtsfasten genannt, die auf das Epiphaniefest vorbereitete. Da der Samstag und Sonntag nicht unter die Fastentage fielen, kam man nur auf fünf Abstinenztage pro Woche und brauchte daher 56 Tage für das vierzigtägige Fasten gemäß der gallikanisch-mailändischen Kirchenordnung. Als das 354 erstmals dokumentierte Weihnachtsfest dem „Tag der Darstellung des Herrn" am 6. Januar den Rang ablief, musste die adventliche Bußzeit umstrukturiert werden. Ab dem Martinifest sollte fortan bis Weihnachten an drei Tagen gefastet werden. Die Synode von Mâcon bestimmte im Jahr 581 den Montag, den Mittwoch und den Freitag zu Tagen der Enthaltsamkeit.[69] Im Festkalender der Diözese Tours hielt auch Bischof Perpetuus an diesen Fasttagen fest zusätzlich zu den zwei wöchentlichen Fasttagen vom 1. Oktober bis zum 11. November.[70] Der älteste Volksbrauch hat mit Wein zu tun und lässt sich bis ins sechste Jahrhundert zurückverfolgen. War Martin in der *Vita* des Sulpicius der unerbittliche Asket, der sich selbst einen Schluck Wein versagte, ließ Gregor von Tours seinen Vorgänger mit Wein Wunder wirken: Martin soll einen wundertätigen Weinstock gepflanzt, einen armen Fährmann mit Wein bedacht und sogar aus dem Grab heraus Wasser zu Wein verwandelt haben.[71]

Der 11. November war bereits im vierten Jahrhundert ein bäuerlicher Festtag in Gallien. Im Mittelalter feierten die bäuerlichen Familien einen zweiten Erntedanktag, weil die Früchte des Herbstes verarbeitet waren und viele Köstlichkeiten die Vorratskammern füllten. Zur Feier des Tages wurde der neue Wein kredenzt, der seit dem sechzehnten Jahrhundert im Süddeutschen passend zum Fest „Martiniwein" oder „Märtenswein" hieß. Nicht selten ging es dabei hoch her, und die ausgelassene Laune artete leicht in Exzesse aus. Die übermütige Stimmung am Martinstag war schon früh der Kirche ein Dorn im Auge, weswegen die Synode von Auxerre im Jahr 585 die nächtlichen Feiern zu Ehren des heiligen Martin verbot.[72] Der pastoralen Maßnahme war kein Erfolg beschieden. Der Brauch breitete sich rasch über die Grenzen Galliens aus. Im Hochmittelalter gehörten die weinseligen Dankfeste in Mitteleuropa zur Tradition. Weingärtner tranken den Martinswein, um im nächsten Jahr eine gute Ernte zu erzielen. In manchen Gegenden war man der Meinung, er gebe den Männern Kraft und den Frauen Schönheit. In Ungarn trank man ihn außerdem, um Magen- und Kopfschmerzen vorzubeugen.[73]Martin und der Wein waren eine Symbiose eingegangen, und das Essen und Trinken zu Ehren des Heiligen von Tours war in der Volkssprache angekommen, wie der Begriff „Martinsminne" belegt. Die Zecher und Trinker sahen in dem heiligen Bischof ihren barmherzigen Fürsprecher im Himmel und scheuten sich nicht, die beiderseitige Verbundenheit in Trinkliedern zu verewigen. Ein aus dem sechszehnten Jahrhundert stammender Vierzeiler zeigt den Witz der Vagantenlyrik:[74]

Sankt Martin war ein milder Mann

Trank gerne Cerevisiam [Bier]

Und hatt' doch kein Pecuniam [Geld]

Drum mußt er lassen Tunicam [Gewand]

Der historische Martin hätte sich sicherlich gegen diese Vereinnahmung gewehrt und versucht, die Auswüchse der feucht-fröhlichen Gelage einzudämmen. Eine Tradition, die der Bischof dagegen befürwortet hätte, waren die mit dem Fest beginnenden freien Tage, an denen die schwer arbeitenden Knechte und Mägde ihre Familien besuchen durften. Denn die Feldarbeit war getan, und anfallende Instandsetzungen konnten bis zum Winter warten. Mit der Zeit verwob sich das ländliche Brauchtum immer tiefer mit dem Martinsfest.

Am 11. November wurden nicht nur Feste gefeiert, sondern auch Rechnungen bezahlt. Denn am Ende des bäuerlichen Wirtschaftsjahres wurden Abgaben fällig, die meist in Naturalien beglichen wurden. Die „kleine Pacht" für einen Acker oder eine Wiese beglichen die Bauern häufig mit einer sogenannten Pachtgans, die über den Sommer und Herbst gemästet wurde und am 11. November fett genug war. Aus der Pachtgans, über die sich weltliche Grundherren wie Klöster freuten, wurde mit der Zeit die Martinsgans. Da die Reicheren sich erlauben konnten, am Martinsfest eine Gans zu schlachten, wurde der Gänsebraten im Mittelalter und in der Frühen Neuzeit zu einem Merkmal der Oberschicht.

Die Gans landete nicht nur auf dem Teller, sondern fand auch Eingang in die Kunst. Sie entwickelte sich zu einem Symbol für das Martinsfest. Die Begründung für diese Verbindung stellte Martinsverehrer wie Gänseliebhaber vor einige Schwierigkeiten. Denn die *Vita Martini* des Sulpicius war ohne das Schnattervieh ausgekommen. Aus der Not machte man schließlich eine Tugend und erfand ein Jahrtausend nach Sulpicius, wahrscheinlich im Rheinland, eine sogenannte Sekundärlegende, die Martin in einen Gänsestall fliehen ließ, um dem Bischofsamt in Tours zu entgehen. Da die Gänse ihren ungebetenen Gast mit ihrem Geschnatter verrieten, wurde er auf den Bischofsthron gesetzt, und die Verräter werden seitdem geschlachtet.[75] Die Kunst ging gnädiger mit den Gänsen um: Seit dem 16. Jahrhundert wird der Bischof von Tours auch mit einer Gans als Attribut dargestellt. Vor allem die Barockzeit liebte das Gänsemotiv. Ein regionaler Schwerpunkt war der deutsche Süden.[76]

In manchen Gegenden war der 11. November Steuertag. In gewisser Hinsicht könnte man Martin auch den Steuerheiligen nennen. Bei den Betroffenen trübte sich die Festfreude wohl ein wenig. Denn drohend hieß es: „Auf Martini ist Zinszeit." Der Volksmund stellte den Zahltag mit Martin zusammen und reimte: „Sankt Martin ist ein harter Mann, für den, der nicht bezahlen kann."

Seit dem fünfzehnten Jahrhundert entwickelte sich verstärkt im niederrheinischen Gebiet der Brauch, am Abend des Martinstags mächtige Feuer zu entzünden, wie entsprechende Verbote durch

Martinsgrab und Martinsaltar in der Krypta der Basilika Saint-Martin in Tours. Die zahlreichen Votivtafeln im Gewölbe und an den Wänden erinnern an die Gelübde und den Dank von Pilgern aus der ganzen Welt.

Stadtmagistrate belegen.[77] Aus den Martinsfeuern entstanden Fackelzüge, die Gläubige offensichtlich zu Protesten gegen Abgaben und die beginnende Bußzeit nutzten. Nach der alten Leseordnung, die erst in der Liturgiereform des Zweiten Vatikanischen Konzils aufgehoben wurde, wurde am Festtag des heiligen Martin die Lucerna-Perikope aus dem Lukasevangelium (11,33–36) vorgetragen:[78] „Niemand zündet ein Licht an und stellt es in einen versteckten Winkel oder stülpt ein Gefäß darüber, sondern man stellt es auf einen Leuchter, damit alle, die eintreten, es leuchten sehen."

Die Aufklärung und das neunzehnte Jahrhundert milderten den subversiven Charakter der Martinsfeuer. Aus dem Protest erwachsener Katholiken wurde ein Kinderumzug. Um die Gefahr von Bränden klein zu halten, trugen die Kinder um die Mitte des 19. Jahrhunderts statt der Fackeln geschlossene Laternen oder bunte Lampions in der Hand. Der erste organisierte Laternenumzug fand wohl 1890 in Düsseldorf statt.[79] Musikkapellen begleiteten die Gesänge der Kinder. Der heilige Martin rückte wieder in den Mittelpunkt des Geschehens. Das Festessen, die Martinsgans und die Heischegänge wurden in die neue Form integriert. Die Mantelteilung wurde nachgespielt, Martinsfeuer wurden abgebrannt. Während des Dritten Reichs und des Zweiten Weltkriegs ruhte das Brauchtum um den heiligen Martin. Nach 1945 kam es zu einem Neubeginn. Pfarreien, Schulen und Stadtteile organisierten ihre eigenen Martinszüge, deren Ausrichtung religiös und sozial war. Das Teilen wurde großgeschrieben, und Martin wurde der „Sozialheilige".[80]

„Teile und liebe" steht auf einer Tafel, welche die Martinus-Pfarrei aus Richterich in der Diözese Aachen auf einer Wallfahrt nach Tours in der Grabkapelle der Martinsbasilika angebracht hat. Sie ist eine von hunderten Votivtafeln, mit denen Pilger aus aller Welt Zeichen ihres Dankes und der Verehrung für den heiligen Bischof gesetzt haben. Zu den alten Geschichten über Martin treten neue. Der Mythos Martin lebt.

Laternen, Martinswecken und Gänse – Kindheitserinnerungen, die von lokalen Traditionen geprägt sind, bestimmen vielfach die Erinnerung an Martin von Tours. Es ist zumindest ein gutes Gefühl, das sich mit dem heiligen Mann verbindet, ein Gefühl, in das auch einige Tropfen Nostalgie fallen, weil die Geborgenheit der Kindertage vergangen ist. Aus gutem Grund säumen so viele Erwachsene die Straßen, auf denen die junge Generation am 11. November mit ihren phantasievoll gestalteten Laternen entlangzieht. Die Sehnsucht nach einer heilen Welt bietet aber auch eine Chance, die Ebene der Gefühle zu verlassen, sich dem Hier und Heute zu stellen und zu fragen: Was können wir tun, um unsere kleine und die große Welt lebens- und liebenswerter zu machen? Martin von Tours bietet Antworten, die ein von seiner Person losgelöstes Sonne-

Hotel Saint Martin hinter dem ‚Martinsmünster', der ehemaligen Stiftskirche Saint-Martin.

Mond-und-Sterne-Fest nicht bieten kann.[81] Welche Antworten weiterführen, ist eine persönliche Entscheidung. In seiner Gottes- und Nächstenliebe war und ist der Bischof von Tours ein Heiliger. Der Mensch Martin hatte Ecken und Kanten. Und das ist doch sehr tröstlich.

Anhang

Anmerkungen

Die Macht der Erinnerung

1 Vgl. die Tageszeitung „Die Welt", Linke entfacht Streit über St. Martin in NRW, 5. 11. 2013.
2 Zu den Patronaten vgl. Ökumenisches Heiligenlexikon: www.heiligen-lexikon.de, s. unter „Martin von Tours".
3 Vgl. Becker-Huberti, Der Heilige Martin, Vorwort. Die vollständigen Angaben zu den öfter zitierten Werken finden sich im Literaturver-zeichnis im Anhang.
4 Die wissenschaftliche Textgrundlage ist die Ausgabe von Halm (vgl. das Quellenverzeichnis). Wichtig ist auch die dreibändige Ausgabe mit Text und Kommentar von Fontaine, Vie de Saint Martin, der die text-kritischen Verbesserungen nach Halm verarbeitet hat.

1. Eine gute Tat und ihre langen Folgen

1 Vgl. Sulpicius Severus, Vita Martini 3,1 f. Die Übersetzungen der Quel-len und der fremdsprachigen Literatur stammen weitgehend von mir.
2 Vgl. Coulon, Les Gallo-Romains, 20; 23 f.; zu Tours vgl. Pietri, La ville de Tours, 344–355.
3 Ammianus Marcellinus, Römische Geschichte 15,11,10: *urbs inter alias eminens*.
4 Vgl. O. Seeck, Valentinian I., in: RE 7,2 (1917), 1831–1832.
5 Vgl. S. Lauffer (Hrsg.), Diokletians Preisedikt, Berlin 1971, 158, § 19, 73.
6 Vgl. Lukas 19,30–35.
7 Venantius Fortunatus, Das Leben des heiligen Martin 1,67.
8 Vgl. ebd. 1,66.

9 Sulpicius Severus, Vita Martini 3,1.

10 Ebd. 3,2.

11 Vgl. Markus 15,16–20a; Matthäus 27,27–31a; Johannes 19,2 f.

12 Vgl. Sulpicius Severus, Vita Martini 3,2.

13 ILCV 4443; zur Datierung vgl. Kaufmann, Handbuch der christlichen Epigraphik, 120 f.

14 ILCV 1681; vgl. Atsma, Die christlichen Inschriften, 6; 47.

15 Vgl. die Karte bei Atsma, ebd.

16 Die Überlieferung ist im Einzelnen unsicher. Zu entschieden ist Godet, Amiens, in: Dictionnaire d'histoire et géographie ecclesiastique 2 (1914), 1254, der Martin sogar zum Bischof von Amiens erhebt. Zu den Märtyrern in Amiens vgl. Delehaye, S. I., Les origines du culte des martyrs, 411.

17 Vgl. Kimpel, Martin von Tours, in: LCI 7 (1974/94), 572–579.

18 Vgl. Happ, Alte und neue Bilder vom Heiligen Martin, 297, der die Manteilung vom Pferd herab ein Stereotyp nennt, das vor allem im 19. Jahrhundert verbreitet war. Die Darstellungen Martins in der bildlichen Kunst des 19. und 20. Jahrhunderts gehen wiederum auf mittelalterliche Vorbilder zurück; vgl. ebd., 296. Zeitgenössische Darstellungen brechen immer öfter mit dem Stereotyp.

19 Vgl. Happ, Alte und neue Bilder vom Heiligen Martin, 297 f.

20 Zitiert nach Mensing, Martin von Tours, 92.

2. Ein literarischer Glücksfall mit Fußangeln

1 Zu Sulpicius Severus vgl. PLRE 2,1006; Schwarte, in: LACL ([3]2002), 659–690; PCBE 4,2,1744–1752. Zur Abfassungszeit der *Vita Martini*: Der berühmte Bischof Paulinus von Nola in Italien schrieb im Frühjahr 397 seinem Freund Sulpicius Severus einen Brief, in dem er dessen Martinsvita lobte (11,11). Im Jahr 400 berichtete er in einem weiteren Schreiben, dass er Besuchern die gesamte Martinsvita vorgelesen habe (29,14).

2 Vgl. Frank, Geschichte des christlichen Mönchtums, 35 f.

3 Vgl. Rubenson, Mönchtum I, in: RAC 24 (2012), 1047 f. Rubenson zufolge ist die verallgemeinernde Annahme falsch, das Mönchtum sei nur von Ägypten ausgegangen und habe sich von dort verbreitet. Vielmehr ist von zahlreichen asketischen Traditionen in den verschiedenen Re-

gionen der frühchristlichen Welt auszugehen, aus denen sich das Mönchtum entwickelt hat; vgl. ebd., 1027.

4 Zu Paulinus von Nola vgl. Mratschek, Paulinus von Nola.

5 Vgl. ebd., 141.

6 Vgl. Paulinus von Nola, Epistula 1,9.

7 Zur Diskussion, ob die Villa bei Toulouse auch der Ort Primuliacum war, wo er seine asketische Gemeinschaft gründete, vgl. Mratschek, Paulinus von Nola, 141; 143. Infrage kommen die Umgebung von Toulouse und Prémillac im Périgord.

8 Vgl. Mratschek, Paulinus von Nola, 36. Das asketische Zentrum des Sulpicius wurde als *ecclesia domestica* bezeichnet, nicht als *monasterium*.

9 Vgl. Matthews, Western Aristocracies and Imperial Court, 1–12.

10 Vgl. Sulpicius Severus, Vita Martini 10; zum Jahr der Begegnung vgl. PCBE 4,2,1745.

11 Sulpicius Severus, Vita Martini 25,2–3.

12 Vgl. Fontaine, Vie de Saint Martin, 1,32,2.

13 Johannes 13,1–20.

14 Sulpicius Severus, Vita Martini 25,3.

15 Ebd. 25,4 f.

16 Ansprache Papst Benedikts XVI. am 25. September 2011 in Freiburg, Libreria Editrice Vaticana 2011.

17 S. 102.

18 Paulinus von Nola, Epistula 1,1. Zum Datum vgl. den 1. Band der Briefe, 32; 76.

19 Sulpicius Severus, Vita Martini 25,1.

20 Sulpicius Severus, ebd.; Dialogus 2,13,3–4; Epistula 2,14.

21 Paulinus von Nola, Epistula 29,14.

22 Herodot, Historien 1,8,2.

23 Otto, Die Sprichwörter, 251.

24 Vgl. Fontaine, Commentaire, 1,99.

25 Vgl. S. 36; S. 185; S. 192; Sulpicius Severus, Vita Martini 27,2–5.

26 Ebd. 27,2–7.

27 Ebd. 27,2.

28 Ebd.

29 Vgl. ebd. 27,4.

30 Eine andere Zählung geht von zwei Dialogen aus; vgl. K. Rosen, Der heilige Martin, 62.

31 Vgl. Huber-Rebenich, Das Leben des heiligen Martin, Nachwort, 103. Die Vita datiert aus dem Jahr 396, spätestens 397; die Briefe entstanden zwischen 397 und 398, die Dialoge zwischen 403 und 404 oder 406.

32 Vgl. S. 190 f.

33 Vgl. Huber-Rebenich, Das Leben des heiligen Martin, Nachwort, 118.

34 Sulpicius Severus, Dialogus 1, 26,4.

35 Ebd. 27,7.

36 Vgl. Kap. 5, S. 135–151.

37 Vgl. Sulpicius Severus, Chronica 2,50,4–6.

38 Ebd. 2,51,8–10.

39 Sulpicius Severus, Vita Martini 1,7–8.

40 Ammianus Marcellinus, Römische Geschichte 26,1,1.

41 Sulpicius Severus, Vita Martini 1,9.

42 Ebd. 25,1–8; der *illiterate* Martin: 25,8.

43 Vgl. ebd. 1,6.

44 Vgl. ebd.,1,6; 27,7.

45 Ebd. 27,7.

46 Vgl. Fontaine, Vie de Saint Martin, 1,99.

47 Sallust, Die Verschwörung des Catilina 8,4.

48 Vgl. Kelly, Jerome, 170–174.

49 Vgl. Fontaine, in: Herzog/Schmidt (Hrsgg.), Handbuch der lateinischen Literatur der Antike 5, 537–539.

50 Nach Fontaine, Vie de Saint Martin, 1,65–66,1 ist Suetons Einfluss eher unwahrscheinlich. Dem widerspricht Vielberg, Der Mönchsbischof, 239–244.

51 Berschin, Biographie und Epochenstil, 211.

52 Sulpicius Severus, Epistula 2,9.

53 Vgl. Slusser, Martyrium III/1, in: TRE 22 (1992/2000), 210.

54 Magnus Maximus regierte von Trier aus und herrschte nicht nur über Gallien, sondern auch über Spanien und Britannien; vgl. Demandt, Die Spätantike, 159–162.

55 Sulpicius Severus, Vita Martini 20,1.

56 Sulpicius Severus, Vita Martini 26,3.

57 E. R. Curtius gab seiner Stellensammlung den Titel „Affektierte Bescheidenheit", mit dem er andeutete, dass man solche Aussagen nicht auf die Goldwaage legen sollte: Europäische Literatur und Lateinisches Mittelalter, 93–95.

58 Sulpicius Severus, Vita Martini, Vorwort.

59 Vgl. Klein, Die Praefatio der Martinsvita, 13.
60 Vgl. Vielberg, Der Mönchsbischof, 21.
61 S. 216–222.
62 Zu Brictius vgl. Staab, Brictius, in: LThK 3 (2006), 687–688.
63 Sulpicius Severus, Dialogus 3,15,1–7; vgl. S. 94; 98; 164.
64 Sulpicius Severus, Dialogus 1,26,4.
65 Ebd. 1,26,4–5.
66 Zu Martins' Nachfolger vgl. Gregor von Tours, Zehn Bücher Geschichten 2,1 (mit der Namensform Brictius). Gregor berichtet weitere Zwistigkeiten zwischen Martin und seinem Ziehsohn; vgl. S. 210 f.
67 Sulpicius Severus, Dialogus 3,16,1–3.
68 Babut, Saint Martin, 107–109.
69 Analecta Bollandiana, 38 (1920), 5–136.
70 Bloch, Saint Martin de Tours.
71 Babut, Saint Martin, 75–83; Delehaye, Analecta Bollandiana 38 (1920), 40–48.
72 Bloch, Saint Martin de Tours, 941.
73 Sulpicius Severus, Vita Martini 7,1; vgl. 20,1; vgl. Babut, Saint Martin, 235 f.
74 Vgl. Bloch, Saint Martin de Tours, 944.
75 Fontaine, Vie de Saint Martin, 1,177. In der Anmerkung 177,1 nennt er Jullians Ausführungen zur *Vita Martini* ein methodisches Muster.
76 Vgl. Fontaine, Vie de Saint Martin, 1,199–203.
77 Ebd. 1,205.
78 Stancliffe, St. Martin and His Hagiographer, 249.
79 Loyen, Les miracles, 156 und Anmerkung 14.
80 Vgl. ebd.
81 Vgl. Gnilka, Aetas spiritalis, 98–104.
82 Vgl. Pilcher, Heilungen und Wunder.
83 Carmina Latina epigraphica, Bd. 2, Nr. 1445 = CIL 12,2115.
84 Vgl. S. 25; 102 f.

3. Eine „unheilige" Karriere

1 Vgl. S. 199.
2 Vgl. N. Vulić, Savaria, in: RE A2 (1921/1964), 249–250.
3 Vgl. Mensing, Martin von Tours, 17–20.

4 Sulpicius benutzte statt des üblichen Savaria die Form Sabaria, weil b und v schon in der Antike oft gleich gesprochen wurden. Sulpicius könnte Savaria gesprochen haben, schrieb den Ort aber mit b.

5 Sulpicius Severus, Vita Martini 2,1.

6 S. Sólymos nennt in seinem Reiseführer Pannonhalma. Ein Reiseführer, Erzabtei Pannonhalma 2010, 7, einen antiken Ort namens Savaria in der Nähe der Erzabtei. Doch kennen für die Antike weder der Atlas von Barrington noch Mócsy, Pannonia and Upper Moesia, eine zweite Ortschaft namens Savaria.

7 Sulpicius Severus, Vita Martini 1,9.

8 Diese Informationen liefert ein Staatshandbuch vom Ende des 4. oder Anfang des 5. Jahrhunderts, die Notitia dignitatum, Occidens 5,152; 7,82; 11,25.

9 Ammianus Marcellinus, Römische Geschichte 30,5,14.

10 Vgl. Huber-Rebenich, Das Leben des heiligen Martin, Nachwort, 103 f.

11 Die neuere Forschung tendiert zu 316 als Geburtsjahr, verweist aber auf die weitgehend unsichere Chronologie; vgl. Labarre, Martin von Tours, in: RAC 24 (2012), 288 f.; ausführliche Diskussion der „langen" und „kurzen" Chronologie bei Stancliffe, St. Martin and His Hagiographer, 112–133, die das Jahr 336 für „the most likely hypothesis" hält.

12 Vgl. Dialogus 2,7,4; Chronica 50,5–6; zum Datum 385 (auch 384 wurde vertreten) vgl. Dörner, Ambrosius in Trier, 217–244.

13 Vgl. Gregor von Tours, Zehn Bücher Geschichten 1,36; Barnes, The Historia Augusta and Christian Hagiography 37; 18 verwirft Sulpicius' Angabe als Glosse, die von Gregors falschem Geburtsdatum inspiriert worden sei. Das Umgekehrte ist wahrscheinlicher. Barnes vertritt das vielfach behauptete Geburtsjahr 337.

14 Vgl. ausführlich zur Diskussion S. 46; 48; 52; 68; 170.

15 Sulpicius Severus, Vita Martini 2,1 f.

16 Vgl. Codex Theodosianus 6,13.

17 Vgl. S. 57.

18 Beispiele: vgl. Enßlin, Martinus mit 19 Beispielen, darunter der heilige Martin, die sich aber vermehren lassen, in: RE 14,2 (1930/1966), 2018–2023. Chronologisch ist der 316/17 geborene Martin das älteste Beispiel.

19 Leumann, Lateinische Laut- und Formenlehre, 326 f.

20 Solin, Zur Entwicklung des römischen Namensystems, 11.

21 Diehl, ILCV 3, 108.

22 Vgl. Opelt, Griechische und lateinische Bezeichnungen der Nichtchristen, 14 f. *Gentilis, gentiles*: 4; 9; 12,1; 13,1 u. ö. *Gentilitas*: 5,3; 6,3; 17,3.

23 Vgl. Clauss, Ein neuer Gott für die alte Welt, 295 f.

24 Hieronymus, Chronica, 2,189; Gregor von Tours, Zehn Bücher Geschichten 1,35; B. Mombritius, Sanctuarium seu Vitae Sanctorum 2, 422–424: Passio Beatissimi Quirini Martyris.

25 Diehl, Inscriptiones Latinae Christianae veteres, Bd. 1, Nr. 2201; 2208.

26 Thomas, Das frühe Christentum in Pannonien, 278 f.

27 Zur römischen Heeresreligion vgl. Clauss, Heeresreligion, in: RAC 13 (1986), 1078–1094.

28 Vgl. Sulpicius Severus, Vita Martini 2,1.

29 Notitia dignitatum, Occidens 9,28; vgl. ferner Grosse, Römische Militärgeschichte, 148.

30 Ammianus Marcellinus, Römische Geschichte 15,5,9.

31 Wann genau Konstantin die ersten *scholae palatinae* eingerichtet hat, ist nicht überliefert. Manches spricht für das Jahr 330, in dem er seine neue Hauptstadt Konstantinopel einweihte; vgl. Frank, Scholae Palatinae, 48 f.

32 Vgl. Clauss, Der magister officiorum, 40 f.; ferner Frank, Scholae Palatinae, 50–53.

33 Vgl. Frank, ebd., 59–72.

34 Sulpicius Severus, Vita Martini 2,2: *armatam militiam ... secutus inter scholares alas ... militavit.* Sulpicius benutzte statt der üblichen *scholares* die Form *scolares*.

35 Ebd.

36 Der Historiker Ammianus Marcellinus hat ausführlich in den Büchern 16–20 seiner Römischen Geschichte diese Feldzüge beschrieben.

37 Sulpicius Severus, Vita Martini 2,2.

38 Vgl. ebd. 2,3–4.

39 Eine umfangreiche Untersuchung zu dem Ideal bietet Gnilka, Aetas spiritalis; vgl. ferner Festugière, Lieux communs littéraires et thèmes, 137–139.

40 Zu Jesus vgl. Gnilka, Aetas spiritalis, 239 f. u. ö. (vgl. Register 265).

41 Lukas 2,41–52.

42 Sulpicius Severus, Vita Martini 2,5.

43 Vgl. Aurelius Victor, Buch über die Kaiser, 42,15.

44 Vgl. K. Rosen, Konstantin, 70 f.

45 Grosse, Römische Militärgeschichte, 205. Da die Söhne von *domestici,*

die im Rang unter den Tribunen standen, als *accrescentes* bereits Lebensmittelrationen wie die Aktiven erhielten, dürfte das erst recht für die Söhne von Tribunen gegolten haben; vgl. Codex Theodosianus 6,24,2.

46 Vgl. Notitia dignitatum, Occidens 5,152.

47 Vgl. Grosse, Römische Militärgeschichte, 36.

48 Vgl. Markus 13,13; Lukas 21,17; Johannes 15,18.

49 Matthäus 10,21.

50 Vgl. S. 51.

51 Rudolf Knopf, Ausgewählte Märtyrerakten, neubearb. u. Nachtr. v. Gustav Krüger u. Gerhard Ruhbach, Tübingen 4. Aufl. 1965, 86 Nr. 19.

52 Codex Theodosianus 7,22,1.

53 Vgl. ebd. 7,22,2.

54 Vgl. Seeck, Scholae palatinae, 622 f.

55 Vgl. S. 36.

56 Vgl. K. Rosen, Konstantin, 70 f.

57 Vgl. Sulpicius Severus, Vita Martini 25,8.

58 Vgl. K. Rosen, Julian, 270–273.

59 Sulpicius Severus, Dialogus 1,27,3.

60 Vgl. Sulpicius Severus, Vita Martini 25,6.

61 Ebd. 2,5–8.

62 Brief an Lucilius 47,1 f.; zu Seneca und der Sklaverei vgl. Griffin, Seneca, 256–285.

63 Galater 3,28.

64 Sulpicius Severus, Vita Martini 2,6.

65 Ebd. 2,7.

66 Ebd. 2,6–7.

67 Ebd. 2,8.

68 Ebd.

69 Ebd. Zu den sprachlichen und inhaltlichen Anklängen an das Neue Testament, an pagane Literatur und die Kirchenväter, die sich in 2,6–8 finden, vgl. Fontaine, Commentaire, a. l. Sulpicius' Hinweis, dass Martin nicht an das Morgen dachte, spielte auf Matthäus 6,25–34 an.

70 Vgl. Sulpicius Severus, Vita Martini 3,3–5.

71 Vgl. Matthäus 25,40.

72 Ausführlich zu den Anlässen, den Daten und der Höhe der Donative in der Spätantike vgl. Bastien, Monnaie et *Donativa* au Bas-Empire.

73 Sulpicius Severus, Vita Martini 4,1–6.

74 Knopf, Märtyrerakten, 87–89, Nr. 20; vgl. S. 56.

75 Laktanz, Über den Tod der Verfolger, nannte die bekannten Christenverfolger Nero und Domitian sowie Maximian und Maximinus *tyrannus* (2,6; 3,1; 4; 7; 31,5; 49,1).

76 Sulpicius Severus, Epistula 2,9.

77 Vgl. Ammianus Marcellinus, Römische Geschichte 16,2,12–3,2. Vor der Rückgewinnung Kölns hatte Julian Brumath (Brotomagus) von den Germanen erobert.

78 Ammianus Marcellinus, Römische Geschichte 17,9,3–7.

79 Sulpicius Severus, Vita Martini 4,9.

80 Vgl. zur Diskussion Happ, Alte und neue Bilder vom Heiligen Martin, 408 f.; Böll, Die Fähigkeit zu trauern. Schriften und Reden 1984–1985, 45 (zitiert nach Happ, ebd. 409).

81 Vgl. Kap. 5, S. 135–151.

82 Sulpicius Severus, Vita Martini 5,1.

83 Dies als weiteres Argument zu der ausführlichen Diskussion bei Brennecke, Hilarius von Poitiers, 243–347, der mit Recht zum Schluss kommt, dass sich beide erstmals um 360/61 getroffen haben.

84 Sulpicius Severus, Dialogus 1,27,7–8.

85 Sulpicius Severus, Vita Martini 5,3.

86 Ebd.

87 Vgl. Kuch, Der antike Roman, Register 245 s. unter „Räuber".

88 Vgl. Sulpicius Severus, Vita Martini 5,4–6.

89 Venantius Fortunatus, Vita sancti Hilarii 9,23, MGH AA 4,2,5.

90 Ders., Vita Martini 1,78, MGH AA 4,1,298.

91 Sulpicius Severus, Vita Martini 6,1.

92 Vgl. ebd. 6,1–2.

93 Zu den Karten vgl. DNP. Historischer Atlas der antiken Welt, Stuttgart-Weimar 2012, 195 f.

94 Vgl. S. 128; 133; 153–167; 193 f.

95 Eine gute Darstellung des Arianismus bietet A. M. Ritter, TRE 3 (1978/1993), 692–719, hier vor allem 709 f.

96 Sulpicius Severus, Vita Martini 6,4.

97 Ebd. 6,4–5; Sozomenos, Kirchengeschichte 3,14,40. Zur „Hühnerinsel" vgl. Nissen, Italienische Landeskunde, 2,1,142.

98 Sulpicius Severus, Vita Martini 6,5–6.

99 Ebd. 19, 4.

100 Ebd. 7,1; vgl. S. 70.

101 Ebd.

102 Hauschild, Lehrbuch der Kirchen- und Dogmengeschichte, Bd. 1, 88.

103 Vgl. Anm. 94.

104 Vgl. Nagel, Exorzismus II, 751.

105 Sulpicius Severus, Vita Martini 7,1. Den Ortsnamen überlieferten Gregor von Tours und Venantius Fortunatus; Sulpicius überging ihn, weil er ihn vielleicht nicht in Erfahrung bringen konnte; vgl. Sulpicius Severus, Vita Martini 7,1–5.

106 Die Gemeinschaft in Ligugé war die erste zönobitische Gemeinschaft im Westen Römischen Reiches. An ihr zeigt sich die Entwicklung von der Einsiedelei zum *monasterium*; vgl. Huber-Rebenich, Das Leben des heiligen Martin, 81, Anm. 59.

107 Sulpicius Severus, Vita Martini 7,1–5.

108 Vgl. 1 Korinther 12,9; 29; 30.

109 Sulpicius Severus, Vita Martini 7,5.

110 Ebd. 7,6 f.

111 Vgl. Markus 5,35–36; Matthäus 9,18; Lukas 8,49.

112 Vgl. Johannes 11,39.

113 Vgl. ebd. 11,35 f.

114 Vgl. Markus 5,40; Matthäus 9,25; Lukas 8,51.

115 Vgl. Johannes 11,41.

116 Vgl. Matthäus 10,8.

117 Vgl. K. Berger, Kommentar zum Neuen Testament, Gütersloh 2011, 236.

118 Vgl. Platon, Politeia 10,613–621b.

119 Vgl. Plutarch, Über die später von Gott Bestraften 563–568a.

120 Vgl. Origenes, Gegen Celsus 1,6; 1,38; 1,46.

121 Vgl. Leroy, Erträge, Überlieferung und Deutung, 90.

122 W. Singer, in: Zur Debatte. Themen der Katholischen Akademie in Bayern 6 (2015), 26.

123 Vgl. Stancliffe, St. Martin, Kap. 14, 183–202: Literary Complexities; vgl. S. 79.

124 Loyen, Les miracles, 156. Einen Überblick der verschiedenen Deutungen, die alle dem schlichten übernatürlichen Wunder ausweichen, bietet Kollmann, Neutestamentliche Wundergeschichten, 89–96.

125 Sulpicius Severus, Vita Martini 8,1–3.

126 Zur Verbreitung seines Rufs vgl. Matthäus 9,26. Jesus befahl den Eltern des Mädchens Stillschweigen; vgl. Markus 5,43; Lukas 8,56. Nach Lazarus' Tod glaubten viele an Jesus; vgl. Johannes 11,45.

127 Sulpicius Severus, Dialogus 2,4,2–9; vgl. S. 80; 84; 89; 101; 104; 117; 200.
128 Sulpicius Severus, Vita Martini 7,7.
129 Vgl. S. 81; 108; 153; 159; 165.

4. Mönch – Bischof – Missionar

1 Ausführlich zur Christianisierung der Stadt und zur legendarischen Überlieferung von Litorius' Vorgänger Catianus vgl. Pietri, La ville de Tours, 17–36.
2 Vgl. den Stadtplan von Tours bei Pietri, La ville de Tours, 797.
3 Gregor von Tours, Zehn Bücher Geschichten 10,31,2; PCBE 4,2,1182.
4 Sulpicius Severus, Vita Martini 9,2–3.
5 Ebd. 9,3.
6 Vgl. Martin, Zwischen Stadt und Land, 30.
7 Vgl. Angenendt, Martin als Gottesmann, 42.
8 Vgl. Sulpicius Severus, Vita Martini 9,4.
9 Sulpicius Severus, Dialogus 2,4,1.
10 Ebd. 3,13,5; vgl. S. 80; 85; 105; 142; 149; 151.
11 Vgl. Angenendt, Martin als Gottesmann, 39.
12 Sulpicius Severus, Vita Martini 6,4.
13 Vgl. Dassmann, Ambrosius, 27–31.
14 Vgl. Sulpicius Severus, Vita Martini 9,2.
15 Ebd. 9,4; zu Defensor vgl. PCBE 4,1,551; zu Angers vgl. Notitia Galliarum III 5 (S. 264 Seeck).
16 Konzil von Arles 314, Kanon 20: Concilia Galliae, A. 314 – A. 506, CCL 148 (1963), 13.
17 Sulpicius Severus, Vita Martini 9,5–7.
18 Paulinus, Leben des Ambrosius 6.
19 Dassmann, Ambrosius, 27–31.
20 Livius, Römische Geschichte 5,47,4–5.
21 Zur *recusatio* vgl. ausführlich Huttner, Recusatio imperii.
22 Vgl. Tacitus, Annalen 1,11–13.
23 Hieronymus, Contra Vigilantium § 15 und § 16 = Migne Patrologia Latina 23,351–352.
24 Vgl. Elm, Die Macht der Weisheit, 82.
25 Frank, Geschichte des christlichen Mönchtums, 34.
26 Sulpicius Severus, Vita Martini 10,2; Dialogus 2,3,2.

27 Sulpicius Severus, Vita Martini 10,1.

28 Vgl. ebd. 10,2.

29 Vgl. Augustinus, Bekenntnisse 6,3,3.

30 Vgl. Schieffer, Der Bischof zwischen Civitas und Königshof, 20–22.

31 Vgl. ebd., 21.

32 Zu Marmoutier vgl. J. Fontaine, Martin, hl., in: LThk 6 (1997/2006), 1427–1428. Er datiert die Gründung Marmoutiers um das Jahr 375; vgl. ferner K. S. Frank, Marmoutier, in: LThK 6 (1997/2006), 1408–1409. Das genaue Gründungsjahr bleibt offen.

33 Sulpicius Severus, Vita Martini 10,4.

34 Vgl. K. S. Frank, Marmoutier, in: LThK 6 (1997/2006), 1408.

35 Sulpicius Severus, Dialogus 3,10,3; Vita Martini 10,3.

36 Sulpicius Severus, Vita Martini 10,5.

37 Vgl. von der Nahmer, Martin von Tours, 5.

38 Sulpicius Severus, Vita Martini 10,6–8.

39 Vgl. Huber-Rebenich, Das Leben des heiligen Martin, 83, Anm. 79.

40 Vgl. Markus 1,6; Matthäus 3,4.

41 Das tut Frank in einer Anmerkung zu seiner Übersetzung der Martins-vita, Frühes Mönchtum, 2,273,36.

42 Vgl. Frank, Geschichte des christlichen Mönchtums, 42 f.

43 Vgl. Sulpicius Severus, Dialogus 3,15,1–2, vgl. S. 36 ff.; 94; 98 f.; 210.

44 Vgl. von der Nahmer, Martin von Tours, 20 f.

45 Benedicti regula, Prolog 45.

46 Vgl. Sulpicius Severus, Vita Martini 26,3.

47 Vgl. von der Nahmer, Martin von Tours, 12.

48 Vgl. S. 36; 98.

49 Vgl. S. 169 f.

50 Vgl. von der Nahmer, Martin von Tours, 17.

51 Vgl. Paulus, Brief an Philemon

52 Vgl. Sulpicius Severus, Dialogus 3,14,6–9.

53 Ebd. 3,14,3–6.

54 Apostelgeschichte 2,44–46.

55 Vgl. Sulpicius Severus, Vita Martini 23,1–11; vgl. S. 157 f.

56 Vgl. Sulpicius Severus, Vita Martini 10,8–9.

57 Vgl. Martin, Zwischen Stadt und Land, 31; von der Nahmer, Martin von Tours, 18 f.

58 Augustinus, Bekenntnisse 6,2,2.

59 Vgl. Sulpicius Severus, Vita Martini 11,1–5.

60 Vgl. Giardina, Banditi e santi, 381 f.

61 Vgl. S. 71 f.

62 Sulpicius Severus, Dialogus 3,15,1–7; vgl. Anm. 43.

63 Zur späteren Karriere des weiterhin umstrittenen Brictius vgl. S. 37; 99; 198; 203; 209; 213. PCBE 4,1,370–372.

64 Sulpicius Severus, Dialogus 1,24,3.

65 Ebd. 2,1,2–3.

66 H. U. Instinsky, Bischofsstuhl und Kaiserthron, München 1955; ders., Offene Fragen um Bischofsstuhl und Kaiserthron.

67 Sulpicius Severus, Dialogus 2,1,2–3.

68 Eine Nebenbemerkung bei Sulpicius lautet *amphimallum*. Diese Wortform findet sich schon im ersten Jhr. v. Chr. bei Varro, De lingua Latina 5,167 und im ersten Jhr. n. Chr. bei Plinius d. Ä, Naturalis historia 8,193, sowie bei Hieronymus, Brief 71,7. Das griechische Original bedeutet: „auf beiden Seiten zottig". Sulpicius wählte als erster die Form *amphibalum*, war er offensichtlich vom Griechischen „umwerfen" ableitet, also „Umwurf", „Umhang". Ihm folgen in ihren Martinsviten Paulus von Petricordia 4,49 und Venantius Fortunatus 3,42. Die Form behalten spätere christliche Schriftsteller (Gregor von Tours und Gregor der Große) bei; vgl. Thesaurus linguae Latinae 1 (1900), 1981–82, s. v. amphimallum.

69 Ebd. 2,1,1–2,2.

70 Vgl. Frank, Lehrbuch der Geschichte der Alten Kirche, 363.

71 Sozomenos, Kirchengeschichte 4,10,4–5; Ammianus Marcellinus, Römische Geschichte 15,7,7–8; Clauss, Athanasius der Große, 75 f.

72 Hilarius, Collectanea antiariana Parisina A IV 1,27,6 = CSEL 65,66; vgl. Dickie, Magic and Magicians, 276 f.

73 Zum Text des Kanons vgl. Peterson, Die geheimen Praktiken, 344.

74 Vgl. Origenes, Gegen Celsus 1,71; 6,42; 8,41.

75 Sulpicius Severus, Vita Martini 18,1; ders., Dialogus 2,4,4; vgl. ferner S. 25; 42; 102.

76 Sulpicius Severus, Vita Martini 19,3.

77 Zu antiken Augenärzten und ihren Methoden vgl. zusammenfassend Nutton, Augenheilkunde; vgl. Künzel, Medizin in der Antike, 77–88.

78 Paulinus von Nola, Epistula 18,9; zum Datum vgl. Bd. 1,33.

79 Vgl. S. 41 ff.

80 Sulpicius Severus, Vita Martini 7,3.

81 Vgl. Sulpicius Severus, Dialogus 3,14.

82 Vgl. ebd. 2,2,3.

83 Ebd. 2,2,4–7.

84 Vgl. S. 213.

85 Sulpicius Severus, Vita Martini 18,3.

86 Vgl. Lukas 17,11–19; Matthäus 8,1–4; Markus 1,40–45.

87 Vgl. Gregor von Tours, Zehn Bücher Geschichten 8,33.

88 Vgl. Sulpicius Severus, Vita Martini 18,4.

89 Markus 5,25–34.

90 Vgl. Matthäus 14,36; Markus 6,56.

91 Vgl. Sulpicius Severus, Dialogus 2,4,1; S. 80 f.; 84 f.; 144; 200.

92 Vgl. Sulpicius Severus, Dialogus 3,13,5.

93 Vgl. Matthäus 15,58.

94 Vgl. Sulpicius Severus, Dialogus 2,4,2.

95 Vgl. ebd. 3,2,3–8.

96 Sulpicius Severus, Vita Martini 16,1.

97 Vgl. ebd. 16,2–8.

98 Sulpicius Severus, Dialogus 2,4,4–9.

99 Vgl. Lukas 9,6.

100 Vgl. Hieronymus, Epistula 108; Historia Lausiaca 46; 54.

101 Vgl. Gerontius, Leben der Melania.

102 Sulpicius Severus, Dialogus 2,4,5. *Nec mortale sonans* sagt Vergil über die Sibylle von Cumae; vgl. Aeneis 6,50. Es ist eines von mehreren Beispielen dafür, dass man Sulpicius' Versicherung im Vorwort (5), er habe seine Sprachkunst völlig vergessen, nicht auf die Goldwaage legen darf.

103 Sulpicius Severus, Vita Martini 13,1–9.

104 Tacitus, Germania 10,1; Justin 24,4,3; vgl. ferner R. Much, Die Germania des Tacitus, Heidelberg [3]1967, 189.

105 Vgl. von der Nahmer, Martin von Tours, 20 f.

106 Vgl. ebd., 29 f.

107 Sulpicius Severus, Dialogus 3,8,4–7.

108 Vgl. ebd. 2,8,7.

109 Vgl. ebd. 2,4,5.

110 Vgl. ebd. 3,13,3.

111 Vgl. Sulpicius Severus, Vita Martini 14,3.

112 Ebd. 14,3.

113 Ebd. 14,1–2.

114 Ebd. 14,3–6.

115 Vgl. K. Rosen, Julian, 295 f.
116 Libanius, Rede 30,8–9; 11; 48.
117 Ambrosius, Brief 41,27.
118 Sulpicius Severus, Vita Martini 15,1–2.
119 Ebd. 15,3.
120 Vgl. R. Weynand, Marius (14), in: RE Supplementband 6 (1935), 1413 f.
121 Vgl. Sulpicius Severus, Vita Martini 15,4.
122 Zu den rhetorischen Termini vgl. H. Lausberg, Handbuch der literarischen Rhetorik. Eine Grundlegung der Literaturwissenschaft, 1–2, München ²1972.
123 Zur Blüte der Rhetorik im spätantiken Gallien vgl. umfassend Haarhoff, Schools of Gaul.
124 Sulpicius Severus, Vita Martini 4,5; vgl. Vergil, Aeneis 6,50.
125 Sulpicius Severus, Dialogus 3,9,4.
126 Ebd. 3,7,1–5.
127 Gregor von Tours, Zehn Bücher Geschichten 6,44.
128 MGH SS rer. Merov. 1, Hannover 1885, 584–661; vgl. Stancliffe, From Town to Country, 56–58.
129 Vgl. Sulpicius Severus, Vita Martini 12,1–5.
130 Vgl. Angenendt, Martin als Gottesmann, 40–43; 46.

5. Zwischen Himmel und Erde

1 Vgl. Hilarius, In Matthaeum, 152–154.
2 Ich benutze der Einfachheit halber die traditionellen Begriffe Arianismus und arianisch, obwohl die jüngere Forschung zur Genüge nachgewiesen hat, dass es die Einheit, die sie zu bezeichnen scheinen, unter den Arianern nicht gegeben hat.
3 Vgl. K. Rosen, Ilario di Poitiers e la relazione tra le chiese e lo stato, 63–74; ders., Lucifer von Cagliari und Constantius II., 63–71.
4 Vgl. Clauss, Athanasius der Große.
5 Vgl. S. 74.
6 Ammianus Marcellinus, Römische Geschichte 30,9,5.
7 Vgl. S. 74; 122.
8 Sulpicius Severus, Dialogus 2,5,6.
9 Umfangreiches Material dazu bietet O. Weinreich, Religionsgeschichtliche Studien, Darmstadt 1968, 38–298.

10 Grundlegend zum Zeremoniell vgl. Alföldi, Die monarchische Repräsentation.

11 Sulpicius Severus, Dialogus 2,5,7–9.

12 Vgl. ebd. 2,5,10.

13 Vgl. Seeck, Regesten der Kaiser und Päpste, 244–246.

14 Vgl. PRLE 1, Avitianus 2.

15 Vgl. Sulpicius Severus, Dialogus 3,3,2–4.

16 Vgl. ebd. 3,4,1–7.

17 Vgl. Baumgart, Die Bischofsherrschaft im Gallien des 5. Jahrhunderts.

18 Vgl. Sulpicius Severus, Dialogus 3,8.

19 Lukas 3,14.

20 Vgl. Sulpicius Severus, Dialogus 2,3,1–10.

21 Vgl. Graf, Gottesnähe und Schadenzauber, 108–157.

22 PLRE I,97–98.

23 Vgl. Sulpicius Severus, Vita Martini 19,1 f.; Dialogus 3,7,1.

24 Vgl. Sulpicius Severus, Dialogus 3,7.

25 Sulpicius Severus, Vita Martini 17,1–4.

26 Vgl. Dassmann, Kirchengeschichte 2/1, 85.

27 Sulpicius Severus, Vita Martini 18,1–4; vgl. S. 159.

28 Vgl. Sulpicius Severus, Dialogus 1,25.

29 Ebd. 18,3 f.

30 Sulpicius zitiert den Korintherbrief 6,1–3, nach dem Martin gehandelt habe. Grundlegend zu Priscillian und dem Priscillianismus vgl. Chadwick, Priscillian of Avila.

31 Vgl. Sulpicius Severus, Vita Martini 20,1 f.

32 Vgl. S. 141 f.; 148 f.

33 Sulpicius Severus, Chronica 2,46,1; Tacitus, Annalen 15,44.

34 Vgl. CTh 16,5,40; 5,43.

35 Vgl. Fontaine, Priszillian/Priszillianismus, in: TRE 27 (1997/2000), 450.

36 Sulpicius Severus, Chronica 2,46,3.

37 Ebd. Chronica 2,46,1–6.

38 Zur verderbten Überlieferung des Namens und des Bischofssitzes von Ithacius vgl. Chadwick, Priscillian of Avila, 20 f.

39 Vgl. Sulpicius Severus, Chronica 2,46,7–9; 47,1–3.

40 Ebd. 2,47,2–4; Priscillian, Traktat II an Bischof Damasus, in: Priscillian of Avila: The Complete Works, M. Conit (Hrsg.), Oxford 2010, 74, Z. 110–113. Dazu vgl. Chadwick, Priscillian of Avila, 27; Giradet, Trier, 579 f.; 583.

41 Sulpicius Severus, Chronica 2,47,5.
42 Vgl. CTh 16,2,35 vom 4. Februar 405.
43 Sulpicius Severus, Chronica 2,47,6.
44 Vgl. ebd. 2,48,1–3.
45 Vgl. ebd. 2,48,4–6; 49,1–4.
46 Hydatius, MGH AA 11,15, Nr. 13, wo der eine Ankläger Hydatius genannt. Wird.
47 Sulpicius Severus, Chronica 2,50,1.
48 Vgl. Giradet, Trier, 592.
49 Vgl. Sulpicius Severus, Chronica 2,50,2–4.
50 Vgl. ebd. 2,50,5–6.
51 Vgl. Sulpicius Severus, Dialogus 2,7,4.
52 Vgl. Sulpicius Severus, Vita Martini 16,2–8; vgl. S. 178 f.
53 Vgl. Sulpicius Severus, Vita Martini 20,1–3.
54 Ebd. 20,8 f.
55 Postumianus: „Ich habe es immer gewusst und geglaubt" (Dialogus 2,5,1); Gallus: „Ich habe es selbst nicht gesehen" (ebd. 5,4).
56 Vgl. Sulpicius Severus, Dialogus 2,6,3–7. Zur Sünderin im Neuen Testament vgl. Matthäus 26,6–13; Markus 14,3–9; Lukas 7,36–50; Johannes 3,12,3–8. Zur Königin von Saba im Alten Testament vgl. 1 (3) Könige 10,1–8; im Neuen Testament vgl. Matthäus 12,42; Lukas 11,31.
57 Vgl. Sulpicius Severus, Dialogus 2,7.
58 Vgl. ebd. 2,50,8.
59 Ebd.
60 Sulpicius Severus, Chronica 2,51,2; ders., Dialogus 3,11,4.
61 Vgl. Sulpicius Severus, Dialogus 3,11,4.
62 Vgl. ebd. 3,11,5.
63 Vgl. ebd. 3,11,4.
64 Vgl. Pietri, La ville de Tours, 11–17.
65 Vgl. Sulpicius Severus, Dialogus 3,11,1–11.
66 Vgl. ebd. 3,12,1–4.
67 Vgl. ebd. 3,13,1–2.
68 Vgl. ebd. 3,11,1.
69 Ebd. 3,13,1–3. Andethanna ist das heutige Niedenanven, vgl. Barrington, Atlas, Directory 1,147.
70 Sulpicius Severus, Dialogus 3,13,4–6.
71 Vgl. Sulpicius Severus, Chronica 2,51,7–10.
72 Vgl. Sulpicius Severus, Vita Martini 21,1; Dialogus 1,25.

73 Vgl. Sulpicius Severus, Dialogus 2,13,8.

74 Zur Nachgeschichte von Turin vgl. Ch. Piétri, in: ders./L. Piétri, Das Entstehen der einen Christenheit, 494–496.

6. Von Dämonen, verhexten Tieren und frommen Frauen

1 Vgl. Matthäus 4,1–11; Markus 1,12–13; Lukas 4,1–13.

2 Vgl. u. a. Matthäus 8,28–34; Markus 5,1–17; Lukas 8,26–37.

3 Vgl. Matthäus 11,8; Markus 3,15.

4 Vgl. Plinius, Naturgeschichte 29,54.

5 Vgl. Cain/Rieckhoff, fromm – fremd – barbarisch, 158 f.

6 Vgl. Ihm, Druidae, in: RE 5,2 (1905), 1735; zur Renaissance der Druiden vgl. Coulon, in: Cain/Rieckhoff, fromm – fremd – barbarisch, 44.

7 Vgl. Sulpicius Severus, Vita Martini 6,1; vgl. S. 72 f.

8 Lukas 4,13.

9 Vgl. Sulpicius Severus, Vita Martini 24,1–3.

10 Vgl. Studer, Zu einer Teufelserscheinung, 360.

11 Vgl. Sulpicius Severus, Vita Martini 7,3: „dann fühlte Martin, wie der Heilige Geist in ganz erfüllte".

12 Ebd. 24,4–8.

13 Vgl. Studer, Zu einer Teufelserscheinung, 364 f.

14 Vgl. ebd., 386 f.

15 Vgl. ebd., 351–354.

16 Sulpicius Severus, Epistula 1,14.

17 Ebd. 1,10–14.

18 Sulpicius Severus, Vita Martini 23,1; vgl. S. 96 zu Clarus.

19 Vgl. Sulpicius Severus, Vita Martini 23,1–11.

20 Matthäus 24,5.

21 Vgl. Sulpicius Severus, Chronica 2,29,6.

22 Fontaine, Vie de Saint Martin 1,167 f.

23 Vgl. Dinzelbacher u. a., Besessenheit, in: LThK 2 (2006), 312–318.

24 Vgl. Codex Iuris Canonici 1983, § 1172.

25 Vgl. Markus 26,9; Lukas 8,2.

26 Vgl. Matthäus 12,45; Lukas 11,26.

27 Vgl. Sulpicius Severus, Vita Martini 18,1–2.

28 Vgl. Markus 3,11; 5,7; 9,26.

29 Vgl. Sulpicius Severus, Vita Martini 17,1–4; vgl. S. 133 ff.

30 Vgl. Sulpicius Severus, Vita Martini 17,5–7. In der ältesten Handschrift aus dem siebten Jahrhundert, einem Codex aus Verona, ist der Hausherr der Besessene. Jüngere Handschriften nennen dagegen dessen Koch oder sprechen unbestimmt von einer Person aus der Familie. Einer späteren Zeit, mancher moderne Übersetzer eingeschlossen, schienen der tobende Hausherr und sein Durchfall gegen die Würde des *pater familias* zu sein.

31 Vgl. Sulpicius Severus, Vita Martini 22,1.

32 Vgl. 1 Korinther 10,20.

33 Vgl. Offenbarung 9,20; 2,13.

34 Zu diesen Gesten vgl. ausführlich J. Dölger, Heidnische Begrüßung, in: Antike und Christentum, Bd. 3, ²1975, 192–203.

35 Caesar, Gallischer Krieg 6,17,1.

36 Meid, Die Kelten, 136 f.

37 Sulpicius Severus, Vita Martini 22,1 f.

38 Lukas 11,24–26; vgl. S. 159.

39 Sulpicius Severus, Vita Martini 22,3–5.

40 Vgl. Sulpicius Severus, Dialogus 33,15,1–7; vgl. S. 36 ff.

41 Vgl. Sulpicius Severus, Dialogus 3,15,7.

42 Vgl Matthäus 12,32; Markus 3,29; Lukas 12,10.

43 Vgl. Tractatus 1 § 32, Z. 14.

44 Vgl. Sulpicius Severus, Dialogus 3,7; Van Andel, Sulpicius Severus and Origenism, 278–287.

45 Vgl. Brennecke, Hilarius von Poitiers, 325.

46 Vgl. Sulpicius Severus, Vita Martini 22,5.

47 Vgl. Sulpicius Severus, Dialogus 3,6,1.

48 Vgl. ebd. 3,6,2–5; 1 Korinther 6,2.

49 1 Petrus 5,8.

50 Für eine Aufstellung vgl. Böcher, Dämonen IV, in: TRE 8 (1981/1993), 280.

51 Vgl. Matthäus 8,28–34; Markus 5,1–20; Lukas 8,26–39.

52 Vgl. Sulpicius Severus, Vita Martini 21,2–5.

53 Vgl. ebd. 21,1.

54 Vgl. Sulpicius Severus, Dialogus 2,9,1–4,

55 Vgl. Porphyrius, Leben des Pythagoras 23; vgl. ferner Jamblichus, Leben des Pythagoras 13,60.

56 Vgl. Athanasius, Leben des Antonius 9.

57 Vgl. Sulpicius Severus, Epistula 3,6: *Condacensem diocesim*, woraus

Barrington, Directory 1,203 den Ortsnamen Condate erschließt, das heutige Candes-St-Martin.

58 Ausführlich interpretiert diese Episode Gnilka, St. Martin und die Möwen, 82–104; vgl. Sulpicius Severus, Epistula 3,7–8.

59 Vgl. Sulpicius Severus, Dialogus 3,9,4.

60 Ebd. 3,3,6–8.

61 Vgl. ebd. 3,9,6; vgl. S. 129 f.

62 Vgl. Heinz-Mohr, Lexikon der Symbole, 127 f.

63 Sulpicius Severus, Dialogus 3,10,4; Thebais 8,750.

64 Vgl. Lukas 5,4–11.

65 Vgl. Johannes 21,5 f.

66 Vgl. Sulpicius Severus, Dialogus 3,10,1–6.

67 Vgl. Sulpicius Severus, Vita Martini 12,1–5; vgl. S. 118.

68 Vgl. Sulpicius Severus, Dialogus 2,6–7.

69 Vgl. S. 48; 142 f.

70 L. Friedländer, Darstellungen aus der Sittengeschichte Roms in der Zeit von Augustus bis zum Ausgang der Antoninen, Leipzig [10]1922, ND Aalen 1979, 291–293.

71 Tacitus, Germania 19,1.

72 Vgl. Sulpicius Severus, Dialogus 2,6–7.

73 Vgl. Sulpicius Severus, Vita Martini 2,5; 3,5.

74 Vgl. ebd. 2,7.

75 Vgl. Sulpicius Severus, Dialogus 2,11; vgl. S. 164.

76 Vgl. Sulpicius Severus, Dialogus 2,11,1–7.

77 Vgl. ebd. 3,9.

78 Vgl. ebd. 3,3; vgl. S. 127.

79 Vgl. Sulpicius Severus, Vita Martini 19,1; vgl. S. 132.

80 Vgl. Sulpicius Severus, Dialogus 3,2; vgl. S. 196 f.

81 Vgl. Sulpicius Severus, Vita Martini 16.

82 Vgl. Sulpicius Severus, Dialogus 2,8.

83 Vgl. Wittern, Frauen, Heiligkeit und Macht, 104–107.

84 Vgl. Muschiol, Vorbild und Konkurrenz.

85 Gregor von Tours, Liber Vitae Patrum 19,3, MGH SS rer. Mer. 739.

86 Vgl. Muschiol, Vorbild und Konkurrenz, 78–82.

7. Wie im Leben – so im Sterben

1 Sulpicius Severus, Vita Martini 26,1.
2 Vgl. ebd. 26,2–5; 27,1–7.
3 Vgl. Sulpicius Severus, Epistula 1,5; zu Eusebius vgl. PCBE 4,1,699.
4 Vgl. Sulpicius Severus, Epistula 1,10–15; vgl. S. 157.
5 Vgl. PCBE 4,1,285.
6 Vgl. Näf, Traum und Traumdeutung, 156 f.
7 Vgl. Sulpicius Severus, Epistula 2,1–7.
8 Vgl. ebd. 2,7.
9 Vgl. Ameling, Das Jenseits der Märtyrer, 81.
10 Sulpicius Severus, Epistula 2,3.
11 Vgl. R. Hurschmann, Toga, in: DNP 12/1 (2002), 654 f.; M. Pausch, Die römische Tunika. Ein Beitrag zur Peregrinisierung der antiken Kleidung, Augsburg 2003, 31.
12 Vgl. Matthäus 17,2; Markus 9,3; Lukas 9,29.
13 Sulpicius Severus, Chronica 2,50,4; Dialogus 2,5,2.
14 Vgl. Sulpicius Severus, Epistula 2,9–14.
15 Ebd. 2,14–18.
16 Vgl. ebd. 2,18 f.
17 Vgl. Sulpicius Severus, Epistula 3,1.
18 Ebd. 3,1 f.
19 Sulpicius Severus, Epistula 3,5.
20 Paulinus von Nola, Epistula 5,6.
21 Ebd. 31,1.
22 Sulpicius Severus, Epistula 3,6.
23 Vgl. S. 167 f.
24 Vgl. Gregor, Zehn Bücher Geschichten 10,3.
25 Vgl. Matthäus 26,31; Sacharja 13,7.
26 Vgl. Sulpicius Severus, Epistula 3,13; Harnack, Militia Christi.
27 Vgl. Ameling, Das Jenseits der Märtyrer, 72.
28 Sulpicius Severus, Epistula 3,16.
29 Vgl. Johannes 14,30.
30 Apostelgeschichte 7,56.
31 Zu dem Bild von Abrahams Schoß vgl. Merkt, Abrahams Schoß.
32 Vgl. Lukas 16,22.
33 Vgl. Sulpicius Severus, Dialogus 2,14.

34 Vgl. Fontaine, Vie de Saint Martin, 167 f.

35 Vgl. Sulpicius Severus, Epistula 3,17; Matthäus 17,1–2; Markus 9,3; Lukas 9,29.

36 Sulpicius Severus, Epistula 3,17–19.

37 Vgl. Lukas 16,22 f.

38 Sulpicius Severus, Epistula 3,21.

39 Vgl. Gregor von Tours, Zehn Bücher Geschichten 1,48.

40 Vgl. ebd. 10,31,4.

41 Ebd. 10,31,3.

42 Ebd. 7,14.

43 Ebd. 1,48.

44 Gregor von Tours, De virtutibus Martini 1,3.

45 Ebd. 2,14.

46 Ebd. 1,48; Gregor von Tours, De virtutibus Martini 1,3.

47 Vgl. S. 35.

48 Vgl. S. 80; 84; 105; 149.

49 Vgl. Gregor von Tours, Zehn Bücher Geschichten 1,48.

50 Vgl. Pietri, La ville de Tours, 752.

51 Vgl. Apostelgeschichte 19,21–40; Elliger, Ephesos, 138–140.

52 Vgl. S. 35.

53 Vgl. Pietri, La ville de Tours, 752 f.

54 Sulpicius Severus, Epistula 3,20; Gregor, Zehn Bücher Geschichten 10,31,3.

55 Vgl. S. 199; 214; 226.

56 Vgl. Pietri, La ville de Tours, 376–378.

57 Vgl. ebd. 72,226.

8. Mythos Martin

1 Vgl. Paulinus von Nola, Epistula 32,6; PCBE 4,1,479.

2 Paulinus von Nola, Epistula 32,3–4; zitiert nach Frank, Martin von Tours und die Anfänge seiner Verehrung, 54.

3 Vgl. Urban, Der Heilige am Thron Christi, 193.

4 Paulinus von Nola, Epistula 32,3.

5 Vgl. Frank, Martin von Tours und die Anfänge seiner Verehrung, 55.

6 K. Herbers, Geschichte des Papsttums im Mittelalter, Darmstadt 2012, 211.

7 Vgl. Gregor der Große, Dialoge 2,8; Frank, Martin von Tours und die Anfänge seiner Verehrung, 55; 62, Anm. 14.

8 Eine Bischofsliste mit den Daten der einzelnen Amtsinhaber bei Pietri, La ville de Tours, 4.

9 Grundlegend zu Gregor von Tours vgl. B. K. Vollmann, Gregor IV, in: RAC 12 (1983), 895–930.

10 Gregor von Tours, Zehn Bücher Geschichten 1,36; vgl. S. 45 f.

11 Vgl. ebd. 1,38.

12 Ebd. 1,39.

13 Vgl. ebd. 1,48; oben S. 198 f.

14 Vgl. ebd. 1,39. Gregor hat die Namensform Brictius, die auch ich benutzt habe, Sulpicius dagegen Brictio.

15 Vgl. S. 212.

16 Vgl. Gregor von Tours, Zehn Bücher Geschichten 2,1.

17 Vgl. ebd.

18 PCBE 4,1,370 f.

19 Vgl. Gregor von Tours, Zehn Bücher Geschichten 2,1.

20 Vgl. Gregor von Tours, ebd. 10,31,4.

21 Vgl. Sulpicius Severus, Dialogus 2,13,6; Ewig, Der Martinskult, 12 f.

22 Vgl. S. 203.

23 Vgl. Pietri, La ville de Tours, 4.

24 Gregor von Tours, Zehn Bücher Geschichten 2,14. Die christliche Topographie der Stadt hat ausführlich Pietri, La ville de Tours, behandelt; vgl. ihren Index, 849 f.

25 Gregor von Tours, Zehn Bücher Geschichten 2,14; 10,31,6.

26 Ch. Luetjohann (Hrsg.), Gai Solli Apollinaris Sidonii epistulae et carmina, Buch 4, Brief 18, MGH AA 8, 1887, ND 1961, 68–70. Das Gedicht hat auch der *Martinellus* aufgenommen zusammen mit weiteren Gedichten auf die Basilika, die an den Wänden angebracht waren. Pietri, La ville de Tours, hat sie zusammengestellt: Appendix 6, 804–812.

27 Pietri, ebd. 810, Nr. 16.

28 H. Sedlmayr, Saint-Martin de Tours im elften Jahrhundert, Bayerische Akademie der Wissenschaften. Philosophisch-historische Klasse. Abhandlungen. Neue Folge, Heft 69 (1970), 9.

29 Scholz, Neue Zugänge zu Martin, 194.

30 Gregor von Tours, Zehn Bücher Geschichten 10,31,6.

31 Paulinus verwies darauf in einem Brief an Perpetuus, dem er neben *Über die Beter* ein weiteres Gedicht zusandte, nachdem er ihm auch

seine Martinsvita gewidmet hatte; vgl. Petschenig, Paulini Petricordiae quae supersunt, CSEL 16,160 f.

32 Vgl. S. 8.

33 M. Petschenig, Paulini Petricordiae quae supersunt, CSEL 16,165.

34 Vgl. Paulinus, De vita Martini 6,111–151. Eine Kurzfassung dieser vierzig Verse in Prosa bei Gregor von Tours, De virtutibus S. Martini 1,2, MGH SS rer. Mer. 1,587.

35 Vgl. Pietri, La ville de Tours, 129; 123.

36 Vgl. ebd., 141–143.

37 Vgl. S. 74; 122.

38 Zum Datum vgl. PLRE 2,1183.

39 Vgl. Gregor von Tours, Zehn Bücher Geschichten 2,26; 10,31,7.

40 Pietri, La ville de Tours, 160 f.

41 Vgl. E. Ewig, Chlodwig, Lexikon des Mittelalters 2 (1983/1999), 1865; M. Rouche, Die Bedeutung der Taufe Chlodwigs, in: Die Franken, Wegbereiter Europas, Katalog 1, Mannheim–Mainz 1996, 196; vgl. umfassend zu Chlodwig: M. Becher, Chlodwig I. Der Aufstieg der Merowinger und das Ende der antiken Welt, München 2011.

42 Vgl. Gregor von Tours, Zehn Bücher Geschichten 2,37 f. Der Akt in der Martinskirche und der Zeitpunkt von Chlodwigs Taufe haben zu einer langen Diskussion in der Forschung geführt. Ein knapper Überblick bei R. Kaiser, Das römische Erbe und das Merowingerreich, Enzyklopädie deutscher Geschichte 26, München 1997, 65 f.; M. Hartmann, Die Merowinger, München 2012, 13–22.

43 Vgl. Ewig, Der Martinskult, 18.

44 Zusammenfassende Übersicht bei Ewig, ebd., 13 ff.

45 ILCV 1820b; 2070; 2105; vgl. Frank, Martin von Tours und die Anfänge seiner Verehrung, 57.

46 Vgl. Frank, ebd.

47 Vgl. F. Martine (Hrsg.), Vies des pères du Jura, SCh 142, Paris 1968, 469: Index III: *Martinus episcopus (Turonicae civitatis) apostolicus vir.*

48 Vgl. Frank, Martin von Tours und die Anfänge seiner Verehrung, 58 f.

49 Vgl. Gregor von Tours, Zehn Bücher Geschichten 3,28.

50 Vgl. Venantius Fortunatus, Vita Sanctae Radegundis 14,33 f., MGH AA 4,2,42.

51 Vgl. Venantius Fortunatus, Gedichte 10,11,25–28, MGH AA 4,1,246.

52 Venantius Fortunatus, Gedichte 10,7,57 f.

53 Vgl. S. 12.

54 Vgl. Urban, Der Heilige am Thron Christi, 194

55 Ebd., 195 f.

56 J. Fried, Karl der Große. Gewalt und Glaube, München 2013, 366 f.

57 Vgl. ebd., 481 R. McKitterick, Karl der Große, Darmstadt 2008, 91; 280.

58 Das Leben Kaisers Ludwig vom sogenannten Astronomen 12, Quellen zur karolingischen Reichsgeschichte 1, R. Rau (Hrsg.), Darmstadt 1955, 272.

59 Vgl. Die Urkunden Ludwigs des Frommen, Th. Kölzer (Hrsg.), Nr. 117, MGH, Diplomata Karolinorum 2, Teil 1, 534–537.

60 Vgl. Hattenauer, Sankt Martin als Sozialpolitiker, 35–59.

61 Vgl. P. Dinzelbacher, Bernhard von Clairvaux. Leben und Werk des berühmten Zisterziensers, Darmstadt 1998, 337.

62 Vgl. C. Erdmann, Die Entstehung des Kreuzzugsgedankens, Stuttgart 1935, ND Darmstadt 1980, 69

63 Vgl. Thietmar von Merseburg, Chronik 5,2. Ausgewählte Quellen zur deutschen Geschichte des Mittelalters 9, Darmstadt [4]1970, 116.

64 Vgl. C. Erdmann, Die Entstehung des Kreuzzugsgedankens, Stuttgart 1935, ND Darmstadt 1980, 43.

65 Vgl. Lexikon des Mittelalters 5 (1999), 1796–1801. Zitiert wird das Kapitel 162 der *Legenda aurea* über Martin nach der Edizione nazionale dei testi mediolatini, Bologna–Florenz 2007, 1271–1290.

66 Vgl. S. 33; 222 f.

67 Vgl. J. G. Walch (Hrsg.), Dr. Martin Luthers sämtliche Schriften, 12, 1777; Mezger, „Brenne auf mein Licht", 331–338.

68 Eine schöne Zusammenstellung der Legenden und Bräuche um den heiligen Martin bietet Becker-Huberti, Der Heilige Martin.

69 Vgl. Mezger, „Brenne auf mein Licht", 276.

70 Vgl. S. 215.

71 Vgl. Mezger, „Brenne auf mein Licht", 274.

72 Vgl. ebd.

73 Vgl. H. Bächtold-Stäubli, Handwörterbuch des deutschen Aberglaubens, Berlin–New York 1942, ND 2000, Bd. 5, 1713.

74 Zitiert nach Mezger, „Brenne auf mein Licht", 276.

75 Vgl. S. 87; wo auf das mögliche Vorbild beim Galliereinfall verwiesen wird.

76 Vgl. Mezger, „Brenne auf mein Licht", 279–291.

77 Vgl. ebd., 309–321.

78 Vgl. H. Wolf, Sankt Martin I, in: Erinnerungsorte des Christentums, Ch. Markschies/H. Wolf (Hrsgg.), München 2010, 676 f.

79 Mezger, „Brenne auf mein Licht", 339.

80 Vgl. Wolf, Sankt Martin I, 672.

81 Vgl. S. 7.

Quellen und Literatur

Abkürzungen

CCL – Corpus Christianorum. Series Latina, Turnhout 1954 ff.

CIL – Corpus Inscriptionum Latinarum, Berlin 1883 ff.

CSEL – Corpus Scriptorum ecclesiasticorum Latinorum, Wien 1866 ff.

DNP – Der Neue Pauly. Enzyklopädie der Antike, H. Cancik u. a. (Hrsgg.), 16 Bde., Stuttgart–Weimar 1996–2003.

ILCV – Inscriptiones Latinae Christianae veteres, E. Diehl (Hrsg.), 1–3, Berlin 1925–1931, ND Dublin–Zürich 1961.

JbAC – Jahrbuch für Antike und Christentum.

LACL – Lexikon der antiken christlichen Literatur, S. Döpp / W. Geerlings (Hrsgg.), 3. vollständig neu bearbeitete und erweiterte Auflage, Freiburg im Breisgau–Basel–Wien 2002.

LCI – Lexikon der christlichen Ikonographie, begründet von E. Kirschbaum SJ, W. Braunfels (Hrsg.), 8 Bde., Freiburg u. a. 1968–1976, ND1994.

LThK – Lexikon für Theologie und Kirche, 3. vollständig neu bearbeitete Auflage, W. Kasper u. a. (Hrsgg.), 11 Bde. und 1 Abkürzungsverzeichnis, Freiburg im Breisgau 1993–2001.

MGH AA – Monumenta Germaniae Historica, Auctores antiquissimi, Berlin 1877–1919, ND 1961 ff.

MGH SS rer. Mer. – Monumenta Germaniae Historica. Scriptores rerum Merovingicarum 1–7, Hannover 1884–1920.

PCBE – Prosopographie chrétienne du Bas-Empire 4,1–2, L. Pietri/M. Heijmans (Hrsgg.), Paris 2013.

PLRE – The Prosopography of the Later Roman Empire, Bd. 1: A. D. 260–395, A. H. M. Jones/J. R. Martindale/J. Morris (Hrsgg.), Cambridge 1971; Bd. 2: A. D. 395–527, J. R. Martindale (Hrsg.), ebd. 1980; Bd. 3.1: A. D. 527–641 (Abdanes – 'Iyād ibn Ghanm), J. R. Martindale (Hrsg.), ebd. 1992;

263

Bd. 3.2: A. D. 527–641 (Kâlâdji – Zudius), J. R. Martindale (Hrsg.), ebd. 1992.

RAC – Reallexikon für Antike und Christentum, Th. Klauser u. a. (Hrsgg.), Stuttgart 1950 ff.

RE – Paulys Realencyklopädie der classischen Altertumswissenschaft, neue Bearbeitung von G. Wissowa u. a., 1. Reihe: 49 Bde., 2. Reihe: 19 Bde., 15 Supplement-Bde., Stuttgart – München 1893–1978.

RGA – Reallexikon der Germanischen Altertumskunde, 35 Bde., H. Beck u. a. (Hrsgg.), Berlin–New York 1973–2007.

SCh – Sources chrétiennes, Paris 1941 ff.

TRE – Theologische Realenzyklopädie, G. Krause u. a. (Hrsgg.) in Gemeinschaft mit H. R. Balz u. a., 36 Bde. und 4 Register-Bde., Berlin–New York 1976–2007.

Quellen und Übersetzungen

Ammianus Marcellinus
W. Seyfarth (Hrsg.), Ammianus Marcellinus, Römische Geschichte. Lateinisch-deutsch und mit einem Kommentar versehen, 1–4, Berlin 1968–1971.

Codex Theodosianus
Th. Mommsen/P. M. Meyer, Theodosiani libri XVI cum constitutionibus Sirmondianis, Berlin 1905, ND Dublin–Zürich 1970.

Concilia Galliae
C. Munier (Hrsg.), Concilia Galliae A. 314 – A. 506, Corpus Christianorum, Series Latina 148, Turnhout 1963.

Gregor von Tours
B. Krusch (Hrsg.), Gregorii episcopi Turonensis miracula et opera minora, MGH SS rer. Mer., Teil 1,2, Hannover 1885.

R. Buchner (Hrsg.), Gregor von Tours, Zehn Bücher Geschichten, 1–2, Darmstadt [8]2000.

Hieronymus
A. Schöne (Hrsg.), Hieronymus, Chronica, Bd. 2, Berlin 1866, ND Dublin–Zürich 1967.

Inscriptiones Latinae Christianae veteres
E. Diehl (Hrsg.), Inscriptiones Latinae christianae veteres, 1–3, Berlin 1925–1931, ND Dublin–Zürich 1961.

Notitia dignitatum

O. Seeck (Hrsg.), Notitia dignitatum. Accedunt Notitia urbis Constantinopolitanae et Latercula provinciarum, Berlin 1876, ND Frankfurt am Main 1962.

Paulinus von Nola

M. Skeb OSB (Hrsg.), Paulinus von Nola, Briefe. Lateinisch – deutsch, Fontes Christiani 25,1–3, Freiburg u. a. 1998.

Paulinus von Petricordia

M. Petschenig (Hrsg.), Paulini Petricordiae quae supersunt, CSEL 16, Wien u. a. 1988.

Sanctuarium seu vitae sanctorum

B. Mombritius (Hrsg.), Sanctuarium seu vitae sanctorum, Bde. 1–2, Paris 1910, ND Hildesheim–New York 1978.

Sulpicius Severus

C. Halm (Hrsg.), Sulpicius Severus, Libri qui supersunt, CSEL 1, Wien 1866, ND Hildesheim u. a 1983.

J. Fontaine, Sulpice Sévère, Vie de Saint Martin 1: Introduction, texte et traduction; 2: Commentaire (jusqu'à Vita 19); 3: Commentaire (fin) SCh 133–135, Paris 1967–1969, ND 2004.

Ders., Sulpice Sévère, Gallus. Dialogues sur les „vertus" de Saint Martin, Introduction, texte critique, traduction et notes, SCh 510, Paris 2006.

G. de Senneville-Grave, Sulpice Sévère, Chroniques, Introduction, texte critique, traduction et commentaire, SCh 441, Paris 1999.

Deutsche Übersetzungen

J. Drumm (Hrsg.), Martin von Tours. Der Lebensbericht von Sulpicius Severus, Übertragung von W. Rüttenauer, Ostfildern 1997.

K. S. Frank, Frühes Mönchtum im Abendland. 2: Lebensgeschichten, Zürich–München 1975, 13–52, 269–276.

G. Huber-Rebenich, Sulpicius Severus, Vita sancti Martini. Das Leben des heiligen Martin, Lateinisch/Deutsch. Übersetzung, Anmerkungen und Nachwort, Stuttgart 2010.

Venantius Fortunatus

F. Leo (Hrsg.), Venanti Honori Clementiani Fortunati presbyteri Italici opera poetica, MGH AA 4,1, Berlin 1881, ND München 1981.

Literatur

A. **Alföldi**, Die monarchische Repräsentation im römischen Kaiserreiche, Darmstadt 1970.

W. **Ameling** (Hrsg.), Topographie des Jenseits. Studien zur Geschichte des Todes in Kaiserzeit und Spätantike, Stuttgart 2011.

Ders., Das Jenseits der Märtyrer, in: Ders., Topographie des Jenseits. Studien zur Geschichte des Todes in Kaiserzeit und Spätantike, Stuttgart 2011, 69–81.

A. **Angenendt**, Martin als Gottesmann und Bischof, Rottenburger Jahrbuch für Kirchengeschichte 18 (1999), 33–47.

Ders., Heilige und Reliquien. Die Geschichte ihres Kultes vom frühen Christentum bis zur Gegenwart, München 1994.

H. **Atsma**, Die christlichen Inschriften Galliens als Quelle für Klöster und Klosterbewohner bis zum Ende des 6. Jahrhunderts, Francia 4 (1976), 1–57.

E.-Ch. **Babut**, Saint Martin de Tours, Paris 1912.

T. D. **Barnes**, The Historia Augusta and Christian Hagiography, in: Historiae Augustae Colloquium Genevense, F. Paschoud (Hrsg.), Bari 1999, 33–41.

Ders., The Military Career of Martin of Tours, Analecta Bollandiana 114 (1996), 25–32.

Barrington Atlas of Greek and Roman World. Map-by-Map Directory 1–2, edited by R. J. A. Talbert, Princeton–Oxford 2000.

P. **Bastien**, Monnaie et *Donativa* au Bas-Empire, Wetteren 1988.

S. **Baumgart**, Die Bischofsherrschaft im Gallien des 5. Jahrhunderts. Eine Untersuchung zu den Gründen und Anfängen weltlicher Herrschaft der Kirche, Münchner Arbeiten zur Alten Geschichte 8, München 1995.

M. **Becker-Huberti**, Der Heilige Martin. Leben, Legenden und Bräuche, Köln ²2005.

W. **Berschin**, Biographie und Epochenstil im lateinischen Mittelalter 1, Stuttgart 1986.

M. **Bloch**, Saint Martin de Tours. A propos d'une polémique, in: Revue d'histoire et de litérature religieuse 7 (1921), 44–57 = ders., Mélanges historiques 2, Paris 1963, ND Paris 1983, 939–947.

O. **Böcher**, Dämonen IV, in: TRE 8 (1981/1993), 279–286.

H. Ch. **Brennecke**, Hilarius von Poitiers und die Bischofsopposition gegen Konstantius II. Untersuchungen zur dritten Phase des Arianischen Streits (337–361), Berlin–New York 1984.

P. **Brown**, Authority and the Sacred. Aspects of the Christianisation of the Roman World, Cambridge 1997.

Ders., Die Heiligenverehrung. Ihre Entstehung und Funktion in der lateinischen Christenheit, Leipzig 1991.

H.-U. **Cain** / S. **Rieckhoff**, fromm – fremd – barbarisch. Die Religion der Kelten, Leipzig–Mainz 2002.

H. **Chadwick**, Priscillian of Avila. The Occult and the Charismatic in the Early Church, Oxford 1976, ND 1997.

M. **Clauss**, Athanasius der Große. Der unbeugsame Heilige, Darmstadt 2016.

Ders., Ein neuer Gott für die alte Welt. Die Geschichte des frühen Christentums, Berlin 2015.

Ders., Heeresreligion, in: RAC 13 (1986), 1073–1113.

Ders., Der magister officiorum in der Spätantike (4.–6. Jahrhundert). Das Amt und sein Einfluß auf die kaiserliche Politik, Vestigia 32, München 1980.

G. **Coulon**, Les Gallo-Romains. 1. Les villes, les campagnes et les échanges, Paris 1990.

Ch. **Courtois**, Die Entwicklung des Mönchtums in Gallien vom heiligen Martin bis zum heiligen Columban, in: Mönchtum und Gesellschaft im Früh-Mittelalter, F. Prinz (Hrsg.), Darmstadt 1976, 13–36.

E. R. **Curtius**, Europäische Literatur und Lateinisches Mittelalter, Bern–München [5]1965.

E. **Dassmann**, Ambrosius von Mailand. Leben und Werk, Stuttgart 2004.

Ders., Kirchengeschichte 1: Ausbreitung, Leben und Lehre der Kirche in den ersten drei Jahrhunderten, Stuttgart [2]2000; 2/1: Konstantinische Wende und spätantike Reichskirche, Stuttgart 1996; 2/2: Theologie und innerkirchliches Leben bis zum Ausgang der Spätantike, Stuttgart 1999.

H. **Delehaye**, S. I., Les origines du culte des martyrs, Brüssel [2]1933, ND 1976.

G. **Delling**, Zur Beurteilung des Wunders durch die Antike, Wissenschaftliche Zeitschrift der Moritz-Arndt-Universität Greifswald, Gesellschafts- und sprachwissenschaftliche Reihe 4–5 (1955/56), 221–229 = ders., Studien zum Neuen Testament und zum hellenistischen Judentum, Göttingen 1970, 53–71.

A. **Demandt**, Die Spätantike. Römische Geschichte von Diocletian bis Justinian 284–565 n. Chr. Vollständig bearbeitete und erweiterte Neuauflage, Handbuch der Altertumswissenschaft, Abt. 3, Tl. 6, München [2]2007.

M. W. **Dickie**, Magic and Magicians in the Greco-Roman World, London–New York 2001, ND 2003.

St. **Diefenbach**, Bischofsherrschaft. Zur Transformation der politischen Kultur im spätantiken und frühmittelalterlichen Gallien, in: Gallien in Spätantike und Frühmittelalter. Kulturgeschichte einer Region, ders./G. M. Müller (Hrsgg.), Berlin–Boston 2013, 91–148.

P. **Dinzelbacher** u. a., Besessenheit, in: LThK 2 (2006), 312–318.

F. J. **Dölger**, Antike und Christentum. Kultur- und religionsgeschichtliche Studien 1–6, Münster 1929–1950, ND 1976.

N. **Dörner**, Ambrosius in Trier. Zu den Hintergründen der zweiten Gesandtschaft bei Maximus (Ambrosius, epist. 30 [24 J]), Historia 50 (2001), 217–244.

A. **Drouve**, Der heilige Martin. Patron der Armen – Vorbild der Nächstenliebe, Kevelaer 2011.

W. **Elliger**, Ephesos. Geschichte einer antiken Weltstadt, Stuttgart 1985.

E. **Elm**, Die Macht der Weisheit. Das Bild des Bischofs in der *Vita Augustini* des Possidius und anderen spätantiken und frühmittelalterlichen Bischofsviten, Leiden–Boston 2003.

W. **Enßlin**, Martinus. (9), Bischof von Tours, in: RE 14,2 (1930/1966), 2020–2022.

E. **Ewig**, Der Martinskult im Frühmittelalter, Archiv für mittelrheinische Kirchengeschichte 14 (1962), 11–30 = ders., Spätantikes und fränkisches Gallien, Beihefte der Francia 3,2 (1979), 371–392.

A. J. **Festugière**, Lieux communs littéraires et thèmes de folk-lore dans l'Hagiographie primitive, Wiener Studien 73 (1960), 123–152.

St. M. **Fischbach**, Totenerweckungen. Zur Geschichte einer Gattung, Würzburg 1992.

J. **Fontaine**, Priszillian/Priszillianismus, in: TRE 27 (1997/2000), 449–454.

Ders., Martin, hl., in. LThk 6 (1993–ł2001/2006), 1427–1428.

Ders., L'ascétisme chrétien dans la littérature gallo-romaine d'Hilaire à Cassien, in: Colloquio sul tema La Gallia Romana, Atti, Academia nazionale dei Lincei 370, Quaderno N. 158 (1973), 87–115.

K. S. **Frank**, Martin von Tours und die Anfänge seiner Verehrung, in: Martin von Tours. Ein Heiliger Europas, W. Groß/W. Urban (Hrsgg.), Ostfildern 1997, 21–61.

Ders., Grundzüge der Geschichte des christlichen Mönchtums, Darmstadt ⁴1975.

R. I. **Frank**, Scholae Palatinae. The Palace Guards of the Later Roman Empire, Papers and Monographs of the American Academy in Rome 23, Rom 1969.

W. H. C. **Frend**, Town and Countryside in Early Christianity, in: The Church in Town and Countryside, D. Baker (Hrsg.), Oxford 1979, 25–42.

F.-L. **Ganshof**, Saint Martin et le Comte Avitianus, Analecta Bollandiana 57 (1949), 203–223.

F. **Ghizzoni**, Sulpicio Severo, Parma 1983.

A. **Giardina**, Banditi e santi: Un aspetto del folklore gallico tra tarda antichità e medioevo, Athenaeum 61 (1983), 374–389.

K. **Girardet**, Kaisertum, Religionspolitik und das Recht von Staat und Kirche im spätantiken Trier, Kurtrierisches Jahrbuch 24 (1984), 35–50.

Ders., Trier 385 – Der Prozeß gegen die Priszillianer, Chiron 4 (1974), 577–608.

Ch. **Gnilka**, St. Martin und die Möwen, in: ders., Chrêsis. Die Methode der Kirchenväter im Umgang mit der antiken Kultur, Bd. 9: Sieben Kapitel über Natur und Menschenleben, Basel 2005, 82–104.

Ders., Aetas spiritalis. Die Überwindung der natürlichen Altersstufen als Ideal frühchristlichen Lebens, Theophaneia 24, Köln–Bonn 1972.

M. **Godet**, Amiens, in: Dictionnaire d'histoire et géographie ecclesiastique 2 (1914), 1254.

R. J. **Goodrich**, VIR MAXIME CATHOLICUS: Sulpicius Severus' Use and Abuse of Jerome in the Dialogi, Journal of Ecclesiastical History 58 (2007), 189–210.

F. **Graf**, Gottesnähe und Schadenzauber. Die Magie in der griechisch-römischen Antike, München 1996.

M. T. **Griffin**, Seneca. A Philosopher in Politics, Oxford 1976.

W. **Groß** / W. **Urban** (Hrsgg.), Martin von Tours. Ein Heiliger Europas, Ostfildern 1997.

R. **Grosse**, Römische Militärgeschichte von Gallienus bis zum Beginn der byzantinischen Themenverfassung, Berlin 1920, ND New York 1975.

T. J. **Haarhoff**, Schools of Gaul. A Study of Pagan and Christian Education in the Last Century of the Western Empire, Johannesburg ²1958.

M. **Happ**, Alte und neue Bilder vom Heiligen Martin. Brauchtum und Gebrauch seit dem 19. Jahrhundert, Köln–Weimar–Wien 2006.

A. **Harnack**, Militia Christi. Die christliche Religion und der Soldatenstand in den ersten drei Jahrhunderten, Tübingen 1905.

H. **Hattenauer**, Sankt Martin als Sozialpolitiker, in: Jahres- und Tagungsbericht der Görres-Gesellschaft, Köln 2002, 35–59.

W.-D. **Hauschild**, Lehrbuch der Kirchen- und Dogmengeschichte, Bd. 1: Alte Kirche und Mittelalter, Gütersloh 1995.

G. **Heinz-Mohr**, Lexikon der Symbole. Bilder und Zeichen der christlichen Kunst, München ⁹1988.

M. **Heinzelmann**, Martin von Tours, in: RGA 19 (2001), 365–368.

Ders., Gallische Prosopographie 260–527, Francia 10 (1982), 531–718.

Ders., Bischofsherrschaft in Gallien. Zur Kontinuität römischer Führungsschichten vom 4. bis zum 7. Jahrhundert. Soziale, prosopographische und bildungsgeschichtliche Aspekte, Beihefte der Francia 5, Zürich–München 1976.

Ders., Neue Aspekte der biographischen und hagiographischen Literatur in der lateinischen Welt (1.–6. Jahrhundert), Francia 1 (1973), 27–44.

R. **Herzog** / P. L. **Schmidt** (Hrsgg.), Handbuch der lateinischen Literatur der Antike, Bd. 5: Restauration und Erneuerung 284–374 n. Chr., Handbuch der Altertumswissenschaft, Abt. 8, Bd. 5, München 1989.

P. **Horden**, Saints and Doctors in the Early Byzantine Empire: The Case of Theodore of Sykeon, Studies in Church History 19 (1982), 1–13.

U. **Huttner**, Recusatio imperii. Ein politisches Ritual zwischen Ethik und Taktik, Spudasmata 93, Hildesheim 2004.

M. **Ihm**, Druidae, in: RE 5,2 (1905), 1730–1738.

H.-U. **Instinsky**, Offene Fragen um Bischofsstuhl und Kaiserthron, Römische Quartalschrift 66 (1971), 66–77.

Ders., Bischofsstuhl und Kaiserthron, München 1955.

C. **Jullian**, Notes Gallo-Romaines, Remarques critiques sur la vie et l'œuvre de Saint Martin, Revue des Études anciennes 25 (1923), 49–55; 139–143; 234–250.

Ders., Notes Gallo-Romaines, La jeunesse de Saint Martin, Revue des Études anciennes 12 (1910), 259–280.

C. M. **Kaufmann**, Handbuch der christlichen Epigraphik, Freiburg 1917.

J. N. D. **Kelly**, Jerome. His Life, Writings and Controveries, London 1975.

S. **Kimpel**, Martin von Tours, in: LCI 7 (1974/94), 572–579.

R. **Klein**, Die Praefatio der Martinsvita des Sulpicius Severus. Form, Inhalt und überzeitliche Bedeutung, Der altsprachliche Unterricht 31/4 (1988), 5–32.

R. **Knopf**/G. Krüger/G. Ruhbach, Ausgewählte Märtyrerakten, Tübingen ⁴1965.

B. **Kollmann**, Neutestamentliche Wundergeschichten. Biblisch-theologische Zugänge und Impulse für die Praxis, Stuttgart 2002.

H. **Kuch** u. a., Der antike Roman. Untersuchungen zur literarischen Kommunikation und Gattungsgeschichte, Berlin 1989.

E. **Künzel**, Medizin in der Antike. Aus einer Welt ohne Narkose und Aspirin, Stuttgart 2002.

S. **Labarre**, Martin von Tours, in: RAC 24 (2012), 287–300.

Dies., Le Manteau Partagé. Deux métamorphoses poétiques de la vie de saint Martin chez Paulin de Périgueux (Ve s.) et Venance Fortunat (VIe s.), Paris 1998.

H. **Leroy**, Jesus. Überlieferung und Deutung, Darmstadt 1978.

M. **Leumann**, Lateinische Laut- und Formenlehre, München 1977.

A. **Loyen**, Les miracles de saint Martin et les débuts de l'hagiographie en Occident, Bulletin de littérature écclesiastique 73 (1972), 147–157.

J. **Martin**, Zwischen Stadt und Land. Christentum im spätantiken Gallien. Ein gesellschaftliches und kirchliches Koordinatensystem für das Wirken Martins, Rottenburger Jahrbuch für Kirchengeschichte 18 (1999), 18–32.

J. **Matthews**, Western Aristocracies and Imperial Court A. D. 364–425, Oxford ^{2}1990.

W. **Meid**, Die Kelten, Stuttgart 2007.

R. **Mensing**, Martin von Tours, Düsseldorf 2004.

A. **Merkt**, Abrahams Schoß: Ursprung und Sinngehalt eines antiken christlichen Jenseitstopos, in: Topographie des Jenseits. Studien zur Geschichte des Todes in Kaiserzeit und Spätantike, W. Ameling (Hrsg.), Stuttgart 2011, 83–101.

W. **Mezger**, "Brenne auf mein Licht …„. Zur Entwicklung, Funktion und Bedeutung der Brauchformen des Martinstages, in: W. Groß/W. Urban (Hrsgg.), in: Martin von Tours. Ein heiliger Europas, Ostfildern 1997, 273–350.

A. **Mócsy**, Pannonia and Upper Moesia. A History of the Middle Danube Provinces of the Roman Empire, London–Boston 1974.

S. **Mratschek**, Der Briefwechsel des Paulinus von Nola. Kommunikation und soziale Kontakte zwischen christlichen Intellektuellen, Hypomnemata 134, Göttingen 2002.

G. **Muschiol**, Vorbild und Konkurrenz. Martin von Tours und die heiligen Frauen, Rottenbuger Jahrbuch für Kirchengeschichte 18 (1999), 77–88.

B. **Näf**, Traum und Traumdeutung im Altertum, Darmstadt 2004.

Ders., Senatorisches Standesbewusstsein in spätrömischer Zeit, Freiburg/ Schweiz 1995.

A. **Nagl**, Valentinianus I., in: RE 7 A 2 (1948), 2158–2204.

W. **Nagel**, Exorzismus II, in: TRE 10 (1982/1993), 750–756.

D. von der Nahmer, Die lateinische Heiligenvita. Eine Einführung in die lateinische Hagiographie, Darmstadt 1994.

Ders., Martin von Tours: Sein Mönchtum – seine Wirkung, Francia 15 (1987), 1–41.

H. Nissen, Italienische Landeskunde 2,1, Berlin 1902, ND Amsterdam 1967.

V. Nutton, Augenheilkunde, in: DNP 2 (1997), 277–279.

I. Opelt, Griechische und lateinische Bezeichnungen der Nichtchristen. Ein terminologischer Versuch, Vigiliae Christianae 19 (1965), 1–22.

A. Otto, Die Sprichwörter und sprichwörtlichen Redensarten der Römer, Leipzig 1890, ND Hildesheim–New York 1971.

R. Pernoud, Martin von Tours. Einer, der wusste, was recht ist – Biographie, Freiburg 1997.

E. Peterson, Die geheimen Praktiken eines syrischen Bischofs, in: ders., Frühkirche, Judentum und Gnosis, Freiburg 1959, ND Darmstadt 1982, 333–345.

Ch. Piétri/L. Piétri (Hrsgg.), Die Geschichte des Christentums. Religion – Politik – Kultur. Altertum Bd. 2: Das Entstehen der einen Christenheit (250–430), Freiburg–Basel–Wien 1996/2005.

L. Pietri, La Capa Martini. Essai d'identification de la relique martinienne, in: Romanité et cité chrétienne. Permanences, mutations, intégration et exclusion du 1e au VIe siècle, Mélanges en l'honneur d'Y. Duval, Paris 2000, 343–57.

Dies., La ville de Tours du IVe au VIe siècle. Naissance d'une cité chrétienne, Collection de l'École Française de Rome 69, Paris 1983.

J. Pilcher (Hrsg.), Heilungen und Wunder. Theologische, historische und medizinische Zugänge, Darmstadt 2007.

F. Prinz, Der Testfall. Das Kirchenverständnis Bischof Martins von Tours und die Verfolgung der Priscillianer, Hagiographica 3 (1996), 1–13.

Ders., Frühes Mönchtum im Frankenreich. Kultur und Gesellschaft in Gallien, den Rheinlanden und Bayern am Beispiel der monastischen Entwicklung (4. bis 8. Jahrhundert), München – Wien 1965; 2. durchgesehene und um ein Nachwort ergänzte Auflage, Darmstadt 1988.

K. Rosen, Konstantin der Große. Kaiser zwischen Machtpolitk und Religion, Stuttgart 2013.

Ders., Der heilige Martin – Bischof, Arzt und Missionar. Das Zeugnis der Vita Sancti Martini des Sulpicius Severus, Jahrbuch für Antike und Christentum 52 (2009), 61–80.

Ders., Julian. Kaiser, Gott und Christenhasser, Stuttgart 2006.

Ders., Lucifer von Cagliari und Constantius II. Ein Beitrag zur Quellenkritik, in: La figura e l'opera di Lucifero di Cagliari. Una rivisitatione, S. Lanconi (Hrsg.), Studia Ephemeridis Augustinianum 75 (2001), 63–71.

Ders., Ilario di Poitiers e la relazione tra la chiesa e lo stato, in: I cristiani e l'opera di Lucifero di Cagliari nel IV secolo, G. Bonamente/A. Nestori (Hrsgg.), Università degli studi di Macerata, Atti di Convegni 9 (1988), 63–74.

A. **Rousselle**, Croire et guérir. La foi en Gaule dans l'Antiquité tardive, Paris 1990.

S. **Rubenson** / Ch. **Hornung**, Mönchtum I, in: RAC 24 (2012), 1009–1064.

R. **Schieffer**, Der Bischof zwischen Civitas und Königshof (4.–9. Jahrhundert), in: Der Bischof in seiner Zeit. Bischofstypus und Bischofsideal im Spiegel der Kölner Kirche, FS Joseph Kardinal Höffner, P. Berglar/O. Engels (Hrsgg.), Köln 1986, 17–39.

F.-R. **Scholz**, Neue Zugänge zu Martin und seiner Verehrung. Mit Martin "on tour(s)„, in: W. Groß/W. Urban (Hrsgg.), Martin von Tours. Ein heiliger Europas, Ostfildern 1997, 183–192.

K.-H. **Schwarte**, Sulpicius Severus, in: LACL (³2002), 659–660.

O. **Seeck**, Scholae palatinae, in: RE 2 A1 (1921/1964), 621–24.

Ders., Regesten der Kaiser und Päpste für die Jahre 311 bis 476 n. Chr., Stuttgart 1919, ND Frankfurt am Main 1964.

M. **Slusser**, Martyrium III/1, in: TRE 22 (1992/2000), 207–212.

H. **Solin**, Zur Entwicklung des römischen Namensystems, in: Ergänzungsbände zum Reallexikon der Germanischen Altertumskunde 32 (2002), 1–17.

W. **Speyer**, Toleranz und Intoleranz in der alten Kirche, in: Christentum und Toleranz, I. Broer/R. Schlüter (Hrsgg.), Darmstadt 1996, 83–106.

F. **Staab**, Brictius, in: LThK 2 (2006), 687–688.

C. E. **Stancliffe**, St. Martin and His Hagiographer. History and Miracle in Sulpicius Severus, Oxford ²1987.

Dies., From Town to Country: The Christianisation of the Touraine 370–600, in: The Church in Town and Countryside, D. Baker (Hrsg.), Oxford 1979, 43–59.

B. **Studer**, Zu einer Teufelserscheinung in der Vita Martini des Sulpicius Severus, Oikumene. Studia paleocristiani pubblicati in onore del concilio ecumenico vaticano II, Catania 1964, 351–404.

R. G. **Tanner**, The Historical Method of Sulpicius Severus, Studia Patristica 19 (1989), 106–110.

E. B. **Thomas**, Das frühe Christentum in Pannonien im Lichte der archäologischen Funde, in: Severin zwischen Römerzeit und Völkerwanderung, Katalog der Ausstellung des Landes Oberösterreich 1982 im Stadtmuseum Enns, Linz 1982, 255–293.

J. **Traeger**, Pferd, in: LCI 3 (1971/1994), 411–415.

W. **Urban**, Der Heilige am Throne Christi. Die Darstellung des heiligen Martin im Überblick von der Spätantike bis zur Gegenwart, in: W. Groß/W. Urban (Hrsg.), Martin von Tours. Ein Heiliger Europas, Ostfildern 1997, 193–172.

G. K. **Van Andel**, Sulpicius Severus and Origenism, Vigiliae Christianae 34 (1980), 278–287.

R. **Van-Dam**, Saints and Their Miracles in Late Antique Gaul, Princeton 1993.

M. **Vielberg**, Der Mönchsbischof von Tours im ,Martinellus'. Zur Form des hagiographischen Dossiers und seines spätantiken Leitbilds, Untersuchungen zur antiken Literatur und Geschichte 79, Berlin–New York 2006.

St. **Weber**, Die Chronik des Sulpicius Severus. Charakteristika und Intentionen, Trier 1997.

O. **Weinreich**, Antike Heilungswunder. Untersuchungen zum Wunderglauben der Griechen und Römer, Religionsgeschichtliche Versuche und Vorarbeiten, Bd. 8,1, Gießen 1909, ND 1969.

Ders., Religionsgeschichtliche Studien, Darmstadt 1968.

S. **Wittern**, Frauen, Heiligkeit und Macht. Lateinische Frauenviten aus dem 4. bis 7. Jahrhundert, Stuttgart–Weimar 1994.

H. **Wolf**, Sankt Martin 1, in: Erinnerungsorte des Christentums, Ch. Markschies/H. Wolf (Hrsgg.), München 2010, 668–678.

Zeittafel

Politische und kirchenpolitische Ereignisse

373–397	Ambrosius Bischof von Mailand
375–383	Kaiser Gratian
378	Niederlage und Tod Kaiser Valens' bei Adrianopel
379	Verbot aller Häresien
379–395	Kaiser Theodosius I. (im Ostreich)
380 Edikt	*Ad cunctos populos* – Nicäisches Glaubensbekenntnis wird Reichsbekenntnis
383–392	Kaiser Valentinian II. (im Westreich)
ab 388	Zerstörung der Tempel
392–395	Theodosius Alleinherrscher
392	Verbot der heidnischen Kulte
486	Sieg Chlodwigs über Syagrius, Ende der römischen Herrschaft in Gallien

Martins Lebenslauf

316/17	Geburt in Savaria (Ungarn)
	Kindheit und Jugend in Pavia
Um 337	Eintritt in die Armee
ab 355	Martin mit Julian auf Feldzügen in Germanien und Gallien
355/56	Erster Winter in Vienne
356	Erste Kämpfe gegen die Alemannen, Befreiung Kölns von den Franken
356/57	Erster Winter in Paris
August 357	Sieg bei Straßburg über eine Alemannenkoalition, Zug an den Untermain
358	Erste Kämpfe gegen die Franken am Niederrhein
um 358	Quittierung des Militärdiensts
359	Julians zweiter Zug an den Niederrhein, Vorstoß über den Rhein
358–360	Heimatbesuch, Eremit in Mailand und auf der Insel Gallinara vor Genua
360	Rückkehr des Hilarius von Poitiers aus dem Exil
	Begegnung mit Hilarius, Weihe zum Exorzisten
um 361	Gründung von Ligugé, des ersten gallischen Klosters
	Zehn Jahre Mönch
371	Wahl und Weihe zum Bischof von Tours

371–375	Begegnung mit Valentinian I.
372–375	Gründung des Klosters *maius monasterium* – Marmoutier jenseits der Loire
380	Synode von Saragossa
381	Priscillian Bischof von Avila
385	Kaisergericht des Magnus Maximus (383–388) über Priscillian und seine Gefährten, Martin als Fürsprecher Priscillians in Trier
386	Hinrichtung Priscillians und seiner Gefährten in Trier Martin erneut in Trier
396	*Vita sancti Martini* von Sulpicius Severus Veröffentlichung spätestens im Frühjahr 397
8.11.397	Tod Martins in Candes
11.11.397	Beisetzung Martins in Tours

Nachleben

397–444	Brictius mit Unterbrechung Bischof von Tours Kapelle über Martins Grab
460–470	Paulinus von Périgueux verfasst sechs Bücher *Über das Leben des Bischofs Martin* in Hexametern
461–491	Perpetuus Bischof von Tours
um 471	Prächtige Basilika über Martins Grab Mönchskonvent an der Martinsbasilika, Zunahme der Wallfahrten
471/72	Weihe der Martinsbasilika in Tours mit klösterlicher *cella*, aus der die Abtei St. Martin entsteht
496	Sieg Chlodwigs über die Alemannen bei Zülpich,
498	Übertritt zum katholischen Christentum, Taufe durch Remigius in Reims
507	Chlodwig erhebt Martin zum Schutzherrn des Frankenreichs nach dem Sieg über die Westgoten
511	Synode von Orléans: Wallfahrt nach Tours den Wallfahrten nach Jerusalem und Rom gleichgestellt
573–594	Gregor Bischof von Tours Gregor verfasst: *Über die Wundertaten des heiligen Martins* und *Zehn Bücher Geschichten*

574/76	Venantius Fortunatus verfasst *Das Leben des heiligen Martin*
Mitte 7. Jhr.	Die *capa* wird Reichsreliquie
um 700	Weitere Hochzeit der Martinsverehrung
994	Brand der Martinsbasilika, Neuaufbau 1122 vollendet Zwischenziel von Jakobspilgern auf dem Weg nach Santiago de Compostela
1562	Plünderung der Martinsbasilika durch die Hugenotten
18./19. Jhr.	Verfall der Martinsbasilika
1798	Abbruch der Basilika, teilweise Zerstörung der Martinsreliquien
1860	Wiederentdeckung von Teilen des Martinsgrabes
1924	Weihe der neuen Martinsbasilika in Tours
1996	Papst Johannes Paul II. in Tours und am Martinsgrab
2005	Europarat nimmt den Martinus-Weg, die *Via Sancti Martini*, in die Liste der europäischen Kulturwege auf, Ausbau der Wege durch mehrere Länder (Deutschland, Frankreich, Italien, Slowakei, Tschechien)
8. 12. 2015	Papst Franziskus eröffnet das außerordentliche Heilige Jahr der Barmherzigkeit 2016
2016	1700. Geburtstag Martins von Tours im Jahr der Barmherzigkeit

Dank

Professor Dr. mult. Manfred Clauss danke ich, dass er meinem Vorschlag gefolgt ist und „meinen Martin" in die Reihe „Historische Biogafie" aufgenommen hat. Ihm und meinem Lektor Herrn Daniel Zimmermann bin ich dankbar für die freundliche, geduldige und sorgfältige Betreuung der Biographie. Herr Zimmermann hat mich überdies mit seiner Begeisterung für den Bischof von Tours bestärkt. Ich widme „den Martin" meinem Mann.

Abbildungsnachweis

akg images: S. 2, 15, 24, 65, 92, 125, 196, 200, 220/221, 233; *Universitätsbibliothek Heidelberg*: S. 21; *wikimedia Commons*: S. 231

Karten auf S. 47 und S. 114: Peter Palm, Berlin

Personenregister